造极

WORK
AT
ITS
BEST

重新定义『一技之长』

王付有——著

中国工人出版社

本书推荐

只要你以后不想陷入中年职业断崖困境，就该提前准备：必须找到并掌握自己专属的“一技之长”，以此为支点，撬动自己的未来、稳固自己的地位、提升自己的能力、保持自己的优势。

——锌财经创始人　潘越飞

职场如战场，要想赢得残酷的竞争，需要掌握一些混迹江湖的真本事。王老师的理论不是武器，而是心法。只要领会了这套心法，就可以将手里的武器运用得炉火纯青。

——CGL 创始人　庄　华

付有梳理了自己十几年的职业咨询经验，结合大量真实案例来告诉你，怎么样打造自己的“一技之长”。书中很多实用干货颠覆了传统职场书的鸡血式鼓励，让你的职场身价可以翻倍增长。

——中冀投资合伙人　吴赋珅

在职场中，很多人的焦虑和迷茫都源于没有“一技之长”。如果找到兴趣、能力和价值三者统一的领域持续投入，便能够适应职场环境的千变万化了。

——蘑菇租房联合创始人　龙东平

目　录

推荐序>>>

致那些喜欢创造极致的人

余清泉　51社保CEO

那些在职场中“登峰造极”的人，究竟比普通人强在了哪里？这是每个职场人都会关心的问题。

老王告诉大家，主要是差在了“一技之长”。他重新阐述了“一技之长”的定义，指出这是职场发展的关键性因素，并系统规划了定义、寻找、培养、精进它的完整路径。

没有一技之长的人，工作缺乏方向，只能从事基层的工作。

没有一技之长的人，在职场中容易被人替代，抗风险能力差。

没有一技之长的人，无法获得脱胎换骨式的成长，总是与机会擦肩而过。

其实，职场进阶是链条式的“多米诺”反应。有时，你感觉只是落后了一步，最后的差距可能是天壤之别。

在“一技之长”这件事上，就足以造就截然不同的两种人生。

在职场中，普通人只能被动接招，但高手都有自己的规则。在每个人都勤奋努力的基础上，我们需要有更清晰的规划和思路。

年薪百万和月薪三千的人，往往不是智商或学历的差异，而是认知与思维模式的不同。职场没有什么捷径，它是一套组合拳，每一个维度的修炼都会影响结果。但是职场也讲究战术和战略，可以帮助你“事半功倍”。

重新定义“一技之长”，就是打造自己的安身立命之本。这是职场人必须重视起来的事情。它是我们不断向前的一种辅助，是透过现象看到本质的一项修炼。

经历了2020年的疫情，每一个职场人都在经受着更大的考验。无论站在职场进阶的哪一个阶段，多存点钱，多学点东西，总没有什么坏处。

聪明的人不会穷途末路，努力的人不会穷困潦倒，希望看到这本书的每个人都能找到自己的“一技之长”，永远不做“被时代抛弃的人”。

前　言

到底该如何重新定义“一技之长”

说到“一技之长”，很多职场人立刻会想到要具备某项技能，给自己的职业做PlanB。没错，这种想法是狭义的“一技之长”。而本书要强调的“一技之长”不是仅仅具备一种特有的技能，还要具有立体感、时空感，比如你要有体系化的知识为基础、强者的心态，还要有展示自己个人品牌的能力，向上管理和向下激励的方法，更要有持续成长的能力。

你可能会说，怎么搞得这么复杂？其实，这个问题本身并不复杂，而是因为职场变化得太快。为了适应快速变化的职场，我们不得不重新定义“一技之长”。

常言道，职场是强者的奋斗场，弱者的屠宰场。所以，在职场中，你必须有强者的心，努力提升自己，塑造自己的“一技之长”，这样，你才不用担心被迫离职，更不用担心公司衰败而面临失业。

我个人认为，对职场人来说，你必须持续创造价值，这是职场人生存的基础；当你没有创造价值时，你就会被替换。所谓持续提供创造价值就是你要一直努力帮助公司解决问题，让公司价值最大化。当你不能持续创造价值，只能说明你在该公司的职业使命到此结束。

为了让自己更好地适应快速变化的职场，我们要重新定义个人的“一技之长”——修炼自我，不断刷新自己，让自己立于不败之地。到底该如何做呢？我建议从以下几点着手：

1. 建立体系化的知识，修炼强者心态，是你区别他人的根本。对现代职场而言，体系化的知识是极为稀缺的资源，谁拥有了它，谁就能在职场中脱颖而出，就能成为稀缺人才。当稀缺人才再拥有已经修炼好的强者心态，你的成功是无人能比的。我在《登峰——顶级猎头眼中的职场进阶法则》里，面对如何建立体系化的知识、修炼强者心态做了详细的阐述，这里就不再赘述。

2. 塑造个人职业品牌，不断展示自我，你才能更值钱。对我们来说，个人品牌是现在及未来最有价值的东西，拥有了个人职业品牌，再加上不断地展示传播，你一定会在业内成为焦点。焦点能聚集更多能量，当能量聚集多起来后，你才会更强大。职场最可怕的是，你没有个人职业品牌，又不会展示自己。2020 年后，很多流量都会向用于个人职业品牌的职场人靠拢，这些人才能挣到大钱。没有个人职业品牌，就等于告诉别人，你没有流量，没有流量就意味着你是别人的“韭菜”。我建议职场人一定要创造一切条件来建立个人职业品牌。

3. 学会向上管理和向下激励的方法，你才会在职场中游刃有余。向上管理和向下激励，是职场人都必须要掌握的方法。因为这些是你行走职场的润滑剂。我为职场人做职业咨询时，碰到超过八成的职场人不会向上管理，导致自己与老板相处不融洽，这些严重影响着自己的职业发展。一位职场人对我说过，学会向上管理，哪怕自己的能力不如同事，在职业发展上，也一定能超过同事。可见，学会向上管理是多么重要的事情！

4. 做好 Plan B，提高你抗风险的能力，让你不再因失业而焦虑。2020 年，你会发现，谁拥有了 Plan B，谁就能淡定如初。为什么说 Plan B 如此重要呢？因为 Plan B 能提高你抗风险的能力，让你不为收入和失业而焦虑。根据我的调查，进入 2020 年，有 76% 的职场人都想拥有 Plan B。许多人已经开始行动了，你呢？是不是也应该思考这些问题了呢？

5. 持续成长，让你的能力随着时空变化而变化。所有的能力都需要持续学习、持续优化，只有这样，你的能力才能与时俱进，并适应快速变化的职场。我在做职业咨询时，发现很多职场人都有间歇性的努力，到最后，能力还是以前的能力。这也是为什么很多人在 35 岁后，担心自己会失业的原因。因为你的能力没有持续成长和优化，无法适应快速变化的市场环境，也无法持续创造价值，所以随时面临被替换或彻底淘汰的风险。

所有目标的实现都需要强大的执行力，你才能与众不同；重新定义“一技之长”，才会让你的能力具有立体感，你才能在职场中游刃有余，成为真正的强者。

WORK
AT
ITS
BEST

第一章 个人职业品牌塑造

学会将自己看作一个产品

在现代职场生存环境下，企业与个人早已脱离了简单的“雇佣与被雇佣”关系。如果想要塑造有价值的个人品牌，需要具备一定的产品思维能力。换句话说，传统打工思维已经渐渐不再适用于职场发展。

固守打工者思维的人，将职场看作短期赚钱的平台，一旦离开了组织，就会陷入惶恐。坚持产品思维的人，则是以产品交付为目的，与企业达成合作共赢，更具备不可替代的价值感。

很多人在职场上过得不如意，归根结底在于将自己定义为“出卖劳动力的人”，那么主动权永远掌握在别人的手里，沦为一个被使用的工具人。

在提供职业咨询服务的过程中，我遇到过许多困惑彷徨的年轻人，宋文是令我印象深刻的一位。当时，宋文的职场经验已经有 4 年多，算不上一个新人了，但薪资仍然与职场新人相差无几。他苦恼自己为何一直得不到重用，领导交代的工作他都做了，却总是与升职加薪擦肩而过。

在咨询的过程中，他更像是一个失望的倾诉者。他说：“在工作中，大家都是黄牛，就是个耕地的，区别无非是谁耕得多一点，谁耕得少一点而已。”而当听到“黄牛”这个词的时候，我还是看到了他眼神里的不甘。我欣慰于这个眼神。因为这种不甘，就是改变的希望。

我曾和一位企业家朋友讨论，让他为自己看重的潜力股员工画个像。他半开玩笑地说：“这个问题太简单了，就是不把自己看作员工的人。”

如果一个员工，可以做到不是简单应付工作，而是把每次工作汇报当作一次产品交付，注重打造自己和工作的产品价值，那么他眼中的企业，以及对自我的要求与心态，则会完全不同于众人。

职场上的“宋文”们都误以为，既然与公司签订了雇佣关系的契约，那么今后该如何使用自己的能力，便是公司需要考虑的事情，自己只要服从指令就可以了，实际上这种想法大错特错，是放弃主动权的作为。

获得主动权的关键，就在于你怎么看待自我价值，以及希望别人怎样看待你的价值。放弃了主动权的人，就会像那些摆在柜台角落里的滞销产品一样，永远卖不上一个好价钱。如果想摆脱这种境遇，最重要的是找到自己的核心价值，积极提高自身性能，在劳资市场中做一个有竞争力的产品。

那么，一个产品如何才能卖上一个好价钱？

第一，要思考产品的市场适应能力，也就是这个产品能够在市场上占据怎样的地位。

每个人都是从职场新人开始起步，如同每一款产品都有初入市场的那一天。要想有清晰的职业规划与发展，必然要搞清楚市场需求。假如你是一个 HR 专员，那么人力资源的社会需求是你首先要了解的。

第二，要思考产品的市场竞争力，也就是在面对其他类似产品时，自己有多大的优势和劣势。

经得住市场检验的才是好产品。想要成为更有价值的人，就要分析自己的优势与劣势，不断锻造自己的稀缺性。比如 HR 是个宽入窄出的行业，那么未来发展就要考虑，是深入研究成为某个模块的专家，还是在运营层面灵活完成 HR 和模块之间的转换，参与到公司的管理当中去。总之，你需要去判断自身的性格和特长更能支撑你向哪一个方向发展。

第三，要思考产品的市场可持续力，也就是这个产品能够在市场走多远。

还是以 HR 专员来举例。你要清楚从一个 HR 小白到高级 HR，每个职业阶段的核心素质要求是什么，并因此知道自己要付出哪些努力。我认识一位半路转行做 HR 的女孩，如今已经是一个大型互联网公司的 HRD。她用了 6 年半的时间，就达成了这样的职业迁跃，几乎是一个奇迹。但她说，其实她只是每天抽出两个小时看书、听课。一直坚持，从不间断，突破自己的舒适区，更新专业领域的知识。

想要攀到金字塔的顶端，成为顶尖的 20%，最重要的不仅仅是经验和努力，还有正确的思维方式。拥有产品思维，可以助力你在职场飞速奔跑。从用户、需求、功能、流程到沟通，只有这样的思维，才可以正面影响你的方法选择，进而影响你的效率与结果。

宋文最终也明白了这个道理，走出了那“一亩三分地”，不再让自己陷入工作的具体细节中，完成了认知层面的迁跃。他开始获得更多的施展空间，摆脱了“做苦力”的困境。

打造个人品牌，本质上就是一种自我的输出。树立产品思维，就是帮助我们去深入解读这种供应链的关系，最终对自己形成积极调整。

在职场中，或许我们都做不到完美无缺，但是产品思维会让我们找到理论上最好的那条路径，帮助我们有效深耕，体会到“弯道超车”的快感。

卖点是职业品牌的识别

在产品思维中，有一项核心的元素，即打造产品卖点。在市场上，一个产品卖得好不好，或者一个职场人是否在人才竞争中如鱼得水，很大程度上是卖点决定的。

卖点，其实就是别人选择你的理由，就是你的识别度和稀缺性。

蛋糕店里，销量最好的甜甜圈永远是口味最讨喜的那个；服装店里，卖得最快的衣服永远是应季时尚款……那么，职场人要想成为受人瞩目的焦点，关键就是要找到与众不同之处。

A 先生是一位设计师，如今已经具备一定的行业影响力。但当他还是一个新人的时候，也曾经遇到困扰。

他是一所全国知名艺术院校的高才生，毕业后进入了一家很有影响力的公司。一向是天之骄子的他，自认为业务水平并不差，为人处事也十分得体，但是在公司里，他始终不显眼，用普遍的说法就是，似乎缺少了一些存在感。他是那种被人呼之即来挥之即去的小兵，由于业务能力不错，所以很多人会觉得他比较好用，当需要帮忙时总能想起他。但是，当公司任命一些重要项目的负责人时，几乎没人能想得到他。

当他开始意识到这个问题的时候，便开始自主思考，并探寻原因。他发现，若想在职场中风生水起，身上一定要有被别人牢记的闪光点。而这个闪光点，就是体现自己的最大优势。作为一名设计师，A 先生的最大优势当然是设计，但如何在一众设计师中脱颖而出呢？他发现，优势仍然需要继续细分，找到一个细节来放大。比如在他的前辈中，有人被认为是基本功最扎实的，有人被认为在快消品领域是最具天赋的，有人被认为是最懂得与甲方沟通的，甚至有人被认为是最帅最有魅力的。在具备才华的同等条件下，这些特质让他们被人记住，并因此获得更多机会，在机会中继续不断证明他们的才华与实力。

想通了这一点，A 先生开始思考自己的卖点。后来他找到了那个切入点，就是古风。他认为，古风已经越来越受到年轻人的喜爱，在这个领域不断深耕、强化，就是他为自己设定职业品牌卖点的第一步。果然，在他的不断努力下，公司渐渐开始记住，有一个小伙子十分擅长且喜欢古风设计，于是每当有相关项目时都会想到他，他在项目中的存在价值也随之提升了起来。

自古以来，每个人都有自己的看家本领。江南有园林，东北有雾凇；沃尔沃汽车安全系数高，农夫山泉的水是纯天然的……没有特色，就意味着被忽视甚至遗忘。

如何打造职业品牌的卖点，我认为有两个关键步骤：

第一，清楚自己的特长与优势。

也就是说，你总要有一出拿手好戏，否则就必然被淹没在芸芸众生之中。那么究竟选择哪一出戏，当然要考虑自身条件与喜好。它甚至意味着你很有可能未来以此为生，所以不能随心所欲。所以，打造一个独一无二的标识，是一项重要选择。它是职业价值的体现，一定要在你的特长和优势中产生。

第二，不断强化这个识别标签。

如同我上文中提到的 A 先生，在寻找到“古风”这个领域后，他要做的就是强化它。强化方式分为内部与外部两方面：内部强化是指不断付出时间来修炼技能，将它落到实处。在这个细分领域内，你要成为顶尖者。外部强化就是将结果不断外化。在做好准备后，你需要将它们充分展示出来，具备可视化和可传播化。

这世界的真相就是：没有标识，就没有价值。没有价值，就没有市场。一个没有市场的职场人，无论你身在民企也好，外企也罢，大企业也好，小企业也罢，都无法施展出任何品牌效应。

当然，职业品牌的识别度不是一天就可以打造的。但从你认识到它的那一刻起，就要不断为之添砖加瓦，将自己这个职业产品做深做透，树立出差异化与专业化兼具的职业形象。

能够为企业或者他人提供与众不同的价值和服务，是打造个人职业品牌的根基。这将是一生的修行与功课，是每个人赖以生存的必由之路。

锁定长板，寻找内心原动力

职场晋升就像是一次攀登。登峰的人往往都具备某一种精神特质，可以生成内心的源泉，在流汗中找到快感。而“造极”的人，更是懂得锁定长板，并将之转化为巨大的持久力量。

职场不是短跑赛道，而是一场马拉松。所以一个人的职场价值，并不是一蹴而就的，而是要经过长久的积累与叠加。

我们都有过这种经历：看到一个商品不错，立刻把它买回家。后来才发现它并不实用，只能丢到箱子里渐渐蒙尘，之后在某个大扫除的日子里，直接把它扔到垃圾堆里。

真正能在市场上常胜不败的产品，都不是一成不变的。它们需要产品经理根据市场不断进行更新迭代。所有的因循守旧，都会被市场无情淘汰。

有位女孩子，在北京某广告公司做策划。她告诉我，策划这个行业需要源源不断的灵感与创造力，尤其是还要跟上社会审美的节奏与趋势。在这个过程中，只要稍微松懈，就会面临被淘汰的风险。

起初她凭借出色的策划能力被公司重用。但她很快发现，这一行更新速度真的太快了，当她最初树立的理念开始不再适应时代的审美趋向时，就出现了连续几次的失败——成品没能得到市场的肯定。她知道，再这样下去就会失去自己的竞争力。

当年，她的风格在市场上还很稀有，所以她在行业内打出了一片天。但对于广告界来说，如果长久没有新意，那几乎是致命的。人们很快会感到审美疲劳，当某种设计变得烂大街的时候，就几乎宣告了策划者的死亡。她意识到，自己需要立刻做出改变。

其实，当遇到这样的时刻，并不是每个人都有这位女孩的清醒。尤其是涉及艺术类的职业，很多人会感到沮丧，认为自己被否定，感到委屈，甚至抱怨大众不懂得欣赏，直至产生自我怀疑。

女孩的具体做法是，继续锁定自己擅长的领域，研究趋势，甚至研究跨界，将更多新鲜元素运用起来，做出新的风格，引领新的潮流。她要向前走，就绝对不能局限于此。后来她阅读了大量书籍，深入研究国外的广告网站，极尽各种可能去学习更多的知识，最终融入策划设计中。这个过程是艰难的，需要不断推翻与重建，但她并不感到痛苦。因为她清楚这是市场的客观规律，发展是永恒的，这并不意味着她被抛弃，而是她不断进步的号角。

在以往的市场环境中，或许出现过那样的天才设计师，在年轻时凭着灵感做出了一个优秀的作品，从今往后这个设计师便靠着这唯一的作品吃一辈子红利。在今天，这样的情形几乎不会再有。

在职场中，比起创意，可持续性前进的原动力才是更重要的。你擅长什么，就让自己在这一领域变得更加擅长。就像这个女孩，既没有丢掉自己的风格，也没有被市场抛弃。

寻找自己的原动力，可以从以下几个方面来做出努力：

第一，你的个人品牌定位，一定要是你自身能力的长板。

在每个人的一生中，工作都占据了我们相当多的时间。因此一个人的职业成就感，几乎影响了我们的幸福指数。所以在进行个人品牌定位的过程中，要充分了解自己的优势与天赋，先“做对事”，然后“跟对人”，才能在职业发展中扬长避短。一旦找准了个人品牌定位，就意味着会一直深耕下去，所以选择很重要。

第二，培养发现与解决问题的能力。

既然今天的社会已经没有吃遍天下的“一招鲜”，那么就意味着，如果我们缺乏发现问题和解决问题的能力，就会很容易被困难打败，被变化打败。这其实是平庸和优秀之间的本质差距，会造成截然不同的结果。在没有硝烟的战场上，这就是最锋利的矛和最坚固的盾。

第三，不断精进自己的学习能力。

很多人工作的时日越长状态越差，还是因为无法做到持续学习和成长。事实上，只有学习才可以让我们在职场中越走越远，才能让我们的竞争力越来越强。这更像是始终为自己加满燃料的过程，是打赢一场持久战的关键。

无论身处什么样的时代、什么样的企业、什么样的岗位，如果可以参照以上3点，不断打磨与淬炼自己，这样的人想不成功都难。所有的鸿鹄之志，都要依赖于脚踏实地；所有的登峰造极，也都要找到科学的路线。寻找内心的原动力，其实是一种职业心态。在相对浮躁的环境下，只有找到那颗恒心，才是制胜的法宝。

极致聚焦，取舍有道

一个人的精力永远是有限的，虽然我们总希望能将任何事情都做到完美，但实际上，我们既没有那么多精力，也没有那么多时间。如果我们非要强求面面俱到，那么很可能会适得其反。

职场人都渴望成功，但可以真正达成目标的往往是那些能够聚焦的人。他们更知道自己想要什么，也知道自己需要为此做些什么。他们可以准确了解自己实际能力与目标的差距，还会针对差距制订提升计划并立刻采取行动。

如果已经选定了聚焦的目标，就不要有任何迟疑。否则就会遇到与许京相似的遭遇与难题。我们相识多年，他是我很钦佩的一位行业佼佼者。成为行业佼佼者，这是从许京第一天跨入职场开始就为自己树立的目标。由于出色的工作能力和极其敬业的工作精神，他在入职不久便受到了领导的重视和同事的信任。短短一年，上级就给他连续两次加薪，并获得了令人羡慕的绩效和分红。

他想在这个行业走得更远，想让自己的能力变得更加无可替代，希望自己的名字能够真的成为这个行业中的品牌，并不是这个行业内一个看似光鲜亮丽拿着高薪，实质上却是可以随时被踢开的苦力。

考验无处不在。在几次项目中，许京都体现出了对行业发展的敏感度，公司意识到他是个值得培养的人才，于是给出了两个选择：一是去国外学习更加成熟的技术，回来之后带队做出国内顶尖作品；二是现在就给许京一个团队，去做一个当下十分热门的题材。

这两件事对公司来说都至关重要。前者，关系到未来；后者，关系到现在。取舍，看起来很简单。可许京不想只是去做一场利益最大化的计算，而是反复地问自己，跨入这行的初心是什么。

很多人都劝他，抓住眼前的机会更重要，因为未来的事情，谁又说得准呢？在连续几夜的辗转反侧后，许京终于想通了。他选择出国学习，他放弃了眼前一战成名、一飞冲天的机会。

成为行业佼佼者，是一个简单模糊的目标。许京意识到，如果深爱这个行业，想要拥有不可替代的地位，就是要将职场品牌做到极致。他看起来选择了更难走的一条路，可一旦走下去，一定能带给他更大的价值。

在职场发展的道路上，既然我们要将自己看作一个产品，那么就应该懂得，产品只有做到极致，才能真正地拥有市场，甚至掌控市场。

其具体步骤如下：

第一，目标聚焦。

你想做什么事，成为什么人？如果有人问你这个问题，你应该毫不犹豫地立刻回答出来，且要简单清晰。如果你陷入了思考，或者回答得很零散很模糊，就说明你事实上仍然处于混沌状态。缺乏目标或目标不清晰，这是让你无法成功的第一个障碍。

第二，资源聚焦。

目标有了，我们接下来看与你的工作和生活有哪些联系最紧密的人与事。这些人与事，与你上面的目标是否相关，关联度如何。如果你的回答是没有关联，或者关联度很低，那么很遗憾，你的目标，已经成了伪目标。或者说，你可能目前不具备实现目标的资源。这个时候你的做法应该是，想办法调动与目标相关联的资源，保障它的逐步实现。

第三，时间聚焦。

我们要问自己的第三个问题是，你把时间都用在了哪里。既然是倾尽一生要去做好的目标，那么当然值得花费更多时间。如果答案是，你把时间都花在了其他事务上，这显然很荒谬。事实上，这样荒谬的答案随处可见。比如有的人目标是成为作家，但是他连每天两个小时的读写时间都没有，我很怀疑，作家莫非是可以空想出来的吗？

第四，精力聚焦。

精力与时间时常捆绑出现，也并不是一回事。在最想做的事情上，我们值得投入最好的精力和状态。有时候也需要我们花时间走出舒适区，不断学习和探索，用心体会不断精进和提升的过程。

这 4 种聚焦看起来严苛，却是一种很好的检验方式，只要问一问自己这 4 个问题，就会立刻知道自己的定位在哪里。

聚焦，其实就是学会做减法。那些总是觉得自己面临好多机会，什么都想试一试的人，反而会丢掉最宝贵的那一个。所以请千万记得，要聚焦在目标上，学会取舍。机会太多，往往就等于没有机会。

构建个人认知体系

在职场成长的过程中，很多人只关注眼前的事情，对未知领域没有探索的欲望与动力。但无论你身处任何职业环境，要想获得长久的发展，就必须时刻关注如何提升自己，尤其是要突破自己认知的局限，不断打开新的窗口。

我认为谈个人成长，首先要谈个人认知体系，它包括个人战略系统、个人认知体系、个人知识体系与社会实践 4 个方面。

在职场中，很多人看似拼命地努力，其实质是为了减少焦虑。而这种带有“罪恶感”、“焦虑感”的努力，其实只是非常表面化的“伪努力”。

一家教育机构的产品经理曾告诉我，做教育其实就是满足用户炫耀的心理。其炫耀的背后不是为了自己真正去提升什么，而是为了给领导、老板和同事们看的，让别人看到并且认同自己很努力的样子。其实，拥有这样认知的人，绝不在少数。

我认识一个女孩，她每天都在朋友圈晒自己读的书或内容，但工作绩效就是无法提升。她来做职业咨询，专门询问了这个问题。我告诉她，她所谓的读书，只是为了展示而读书，其实缺少系统思考。

真正的读书，是借助阅读构建完整的知识体系，并且可以在工作中正确运用起来。它的范围也一定不是广泛涉猎，而是在某一个领域深度挖掘，直到自己逐渐成为该领域的高手。这种方式看似很笨，却能很快建立自己的知识体系。

什么才是真正的努力？真正的努力是目标驱动或兴趣驱动。我们所有学习到的知识或技能都应该可以切切实实地应用，而不是满足自己“我很努力、我很优秀”的幻想。

职场人究竟该如何构建自己的个人能力体系呢？可以从以下 4 点着手：

第一，个人认知体系，也就是深度认识和了解自我。首先，我们要知道“我是谁”和“想成为什么样的人”，具体可以从这几点来思考：个人形态仪表、性格特征、个人经历、做事情的动机、思维、行为习惯以及自己的理想目标。

对于大多数人来说，这都是一个复杂的问题。我们并非如想象中的那样了解自己。我时常会向那些职业咨询者抛出一个问题：“未来 5—10 年你个人想达到什么层级”或者“你的理想目标是什么”，目的就是找到触发咨询者自己认知的按钮。在职场中，如果一个人没有建立个人认知体系，则很难有良好的发展。“深度认识和了解自我”，就是第一步。

第二，个人知识体系，也就是树立适合自己的知识架构。清楚“我会什么”、“能做什么”、“擅长什么”，在“我的擅长点”上，“我”还要补充什么知识、技能，才能达到专业选手级别。

在职业咨询的过程里，我碰到的很多案例中，很多人都认为自己知道要做什么，但在实践中根本无从下手。为什么会出现这种现象呢？正是过高地评估自己的能力所致。我一直认为，你知道什么不重要，重要的是你会做什么，这才是职业发展的根本。

第三，个人社会实践，也就是要知道“我该如何做才能把自己最擅长的内容发挥到极致”，然后转化为收入。我一直认为，学习的目的就是实践，为了更好地证明自己，为了生活得更美好。一切不以应用为目的的社会实践都是伪命题。

第四，构建个人战略系统，也就是如何沿着擅长点一步步实现目标，并形成自己独特的模式。所有的战略系统都是为了更好、更精准地完成个人目标。所以说，战略系统不能离开目标而设立，一定要紧紧围绕核心。

构建个人认知系统，是为了更好的社会实践，更好的职业发展。这个系统可以让理想变得实在可控，可以帮助我们拿到高薪，进而过上有尊严的生活。一旦缺失了个人认知系统，那么想要在职场中登峰造极，几乎是不可能的事情。

构建个人认知系统，就是为了运用和践行。自此，我们不仅能够成为思想的巨人，也会成为认知与行动上的牛人。

被看见时，你才是金子

我们从小都被教育“只要是金子，在哪里都能发光”。长大后我们才明白，若是被掩埋在沙子中，金子永远只能被认定为沙子。

在职场发展中，展示价值至关重要。这是扩大公开象限的过程，只有积极与人连接，输出自己，才能更好地展示自己的品牌形象。

在“猎头老王”的自媒体后台，我时常看到很多读者发来他们的困惑。

这其中很多都与“展示自我”相关。比如：“每次看到同事向老板展示他的业绩和能力时，我内心都在流血。他们因此得到认可，也得到了更好的资源和机会，我却非常茫然，不懂该怎么做。”

“公司里能力不如我的人，却因为表达能力强而得到认可，我感觉吃了很多亏，该怎么办?”

“我知道向老板展示个人能力的重要性，但具体该如何展示呢?”

看了这些留言，我也感到有些惊讶：在职场中，竟然有这么多人不会自我展现。为此，我针对322人做了一个小样本的在线调查。结果显示，只有5.6%的人会展示自己的能力，并取得了很好的效果；68.9%的人不会展示自己的业绩和能力，完全被动地等待他人来发现；22.5%的人处于混沌状态，压根没有意识到这个问题的存在。

这个结果，让我想起了曾经的一个案例：一位名校毕业的职场女性，由于不会主动展示自己的业绩，导致公司很多好的项目都落到其他同事身上。我告诉她，“你能力很强，但缺乏推销自己的能力”。

在咨询结束后，她成功克服了“不敢主动展示自我”的心理障碍，渐渐获得认可。公司重要的项目中出现了她的身影。不到一年的时间，她就获得了加薪和升职的机会。

“会哭的孩子有奶吃”这个道理，很多人并不陌生。但在职场中，该如何去“哭”才能获得“牛奶”呢?你可以考虑如下建议：

第一，你的工作内容和工作进度要让老板看见。

特劳特说过，“我们的工作，一定要在老板的视线范围内”。请一定记得，等待是愚蠢的。因为企业经营者都管理着很多人，有许多事情要分心。这些因素，都会导致他的“近视”。在职场中，你只有做到主动展示，并表现出绝对的真诚、忠心，才会被发现和认可。但在这里我也要提醒大家：不要表现得过度精明，这在同事眼中并不是一种讨喜的品质，还有可能反而弄巧成拙。

第二，表达需求。

在向老板展示业绩和能力的同时，也要说明需求。你总要让人知道你的需求，是资源还是权利，是机会还是薪水。在表达需求时，也要有一些小技巧。首先要给老板信心，让他产生对你的信赖与期待，然后再提需求。有三分需求，请说出四分，这样成功的可能性更大。

第三，展现业绩。

在业绩面前，很多人都过于谦虚，感觉不好意思说。但是一旦这样，老板往往认为你根本就没有业绩。在职场中，一定不要无底线地谦虚，而要勇敢去展现。正如心理学家说的，过度谦虚就是自卑的表现。

第四，积极面对自己遇到的困难。

展现过业绩后，也要适当告知困难，这样可以获得帮助来更好地完成业绩。但也要注意，困难不能刻意夸大，否则有可能会导致项目换人。

我认识一个人就很有智慧。即便项目面临很大的困难，他在汇报工作时仍然很乐观。正是他的乐观让老板们看到希望，才给予他更多支持，最后使得项目在不懈努力之下成功了。

第五，提出未来规划，让领导听到振奋人心的好消息，并无条件支持你。

每当向老板展示业绩或项目进展时，你可以提出未来的规划，这样不仅彰显了工作的主动性，也调动了老板的情绪。

比如，当项目进展到某个十字路口时，你可以这样建议老板："针对项目情况，目前有两种方案，一是……，二是……我个人建议使用方案一，这样对我们未来发展有以下 3 种好处，分别是……"这样，你的老板一定会认真思考你的方案，并认为你是他的左膀右臂。

总之，恰到好处地让别人看到自己的价值，是职场发展的重要助力。因为感知是理解的前提，理解是信任的基础。感知不到的价值，注定是徒劳无功的。那些聪明的职场人，都懂得让周围人读懂自己的"可感知价值"。

个人品牌打造实操方法

美国管理学者彼得斯说："21 世纪的工作生存法则就是建立个人品牌。"

在这个酒香也怕巷子深的时代，作为职业经理人，唯一让自己快速增值的方法，就是打造个人品牌。

说到个人品牌，很多人都存在严重误解，认为注册自媒体就是个人品牌，或者认为公开演讲几次就算建立了个人品牌。其实这些都是错的。目前市场上搞个人品牌的人，可以说是数不胜数，但都是围绕“术”的层面来谈个人品牌的，却很少有人真正从“道”的角度来讲个人品牌。

到底什么是个人品牌呢？个人品牌就是你在别人心智中特有的一种印象，也是别人私下对你的评价。

对于职业经理人来说，建立个人品牌有哪些好处呢？我以多年经验告诉大家，有个人品牌的职业经理人，比没有个人品牌的职业经理人至少高出3倍以上收入。

除此之外，他们通常会获得更好的职业价值，更好的口碑传播，这些会导致更强的职业幸福感。

个人品牌到底该如何建立呢？可从以下几方面着手：

第一，一个好的定位。

用最好的方法喊出行业“第一”，用“第一”去抢占用户心智。

关于职业经理人个人品牌的定位，特劳特认为，你必须要明白4个问题：你是谁？你的定位是什么？能否用一句话或一个简单的词来概括自己？你的事业能建立和利用你的定位吗？

比如，你的着装要有职业特点，不能给人造成错乱的印象。某程序员西装革履去面试，被公司拒绝。这位程序员永远不会明白自己为什么被拒绝。其实就是风格不符，气场不对，给用人公司造成一种印象，认为这个人无法融入现在的程序员团队。

第二，准备一个简单好记的昵称和一句不超过30字的个人介绍。

大家在购物的时候，当看到“超市入口”4个字，就会立刻接收到信息——从这儿可以进入并获得生活所需，这就是自动反应模式。

好的名字往往是成功的一半，它必须遵守以下原则：好的传播和过目不忘。比如猎头老王的昵称，如果改成猎头小王、猎头老周，在传播性上都会弱一些。另外，就是要借势明星或者一些约定俗成的事物，前有“隔壁老王”深入人心，“猎头老王”自然不容易被忘记；最后，这个名字最好雅俗共赏且有个性。

第三，学会互动。

有了好的定位和名字，我们还要与潜在用户进行互动。无论是演讲、名人背书，还是自媒体传播均可，目的就是提高活跃度。

在传播过程中，千万不要去模仿别人的风格，更不能抄袭别人的思想。在这个过程中最重要的是树立自己的风格和个性，然后不断坚持和重复下去。坚持和重复说来简单，其实能做到的人寥寥无几。

自从各大自媒体平台开始涌现的那一天开始，有多少人前仆后继，如今大多数如沙掷大海。我认为，想成为一个优秀的个人品牌，就必须坚持下去。我做自媒体以来，每天都会坚持写一篇用心思考过的文章。唯有坚持，才是将个人品牌做好的坚实基础。

第四，资金投入。

适当的资金投入，可以帮助我们把个人品牌做大。这或许不适用于大多数人，但我们也要有这个认知。

其实不管是明星或者网红的个人品牌，还是职业经理人的个人品牌，都需要一定的投入。当个人品牌树立起来以后，它也会反过来为我们创造价值，甚至可能让我们实现“睡后收入”。

第五，不要害怕冲突。

很多人在做个人品牌的时候，随着曝光率越来越高，就开始害怕遇到非议。这个大可不必，不被他人的情绪所干扰，是你成功的必要素质。

没有个人品牌的职业经理人，就像在职场“裸奔”，永远无法实现梦想。打造好的个人品牌，是一个长期、持久的过程，也是可以持续一生的修行。

个人品牌危机公关处理办法

最常出现的个人品牌危机，就是信誉危机。虽然个人品牌越来越受到重视，但是在职场中，每个人都难以避免一些意外状况的发生。

即便是最资深的医生，也有可能出现误诊的情况；最厉害的程序员，也有可能写出 bug。当出现这种问题时，如果不能很好地处理，个人品牌的价值就会大打折扣。

那么，遇到这种问题时，我们究竟该如何挽救品牌形象呢？

这种时候，最糟糕的处理办法就是为自己辩解。无论失误来自哪里，哪怕它绝非是你主观所愿，都不要试图辩解和推卸，这是一种非常愚蠢的行为。正确的做法应该是：

首先，统一口径，拿出诚意，第一时间真诚道歉。

很多道理在职场生活和家庭生活中都是相通的。夫妻之间发生矛盾，如果丈夫懂得第一时间真诚向妻子道歉，也会极大地提升沟通效率和婚姻幸福感。

道歉，永远是危机公关处理的最佳策略。

在海底捞厨房被爆出有老鼠的时候，董事长张勇第一时间承认自己的管理失误，并表示损失由他和董事会高层承担。这样主动的行为，硬是把一个严重的危机事件演变成了海底捞的刷屏广告。

但在现实生活中，很多人面对危机时会选择欺骗大众，采取踢皮球的策略，这种做法的最终结果必然是被大众摒弃。

其次，给出解决方案，并制定可行的监督机制。

个人品牌出现了危机，只承认错误还远远不算结束，要进一步给出解决方案，让用户来监督。

我们来回顾一下当年唐骏的“学历门”事件。正是由于唐骏不善于处理危机公关，才导致个人品牌一落千丈，到目前来看，唐骏基本上已经被人选择性地遗忘。

再来看看李开复副教授身份被方舟子质疑的事件。李开复和唐骏的处理方式完全不同，李开复首先承认自己有夸大事实的成分，然后立即公开道歉，最后再修改自己夸大事实的内容。就这样，李开复依然是出名的李开复，唐骏却不再是原来的唐骏了。

未来，类似这种个人品牌危机的事件还会有更多，我提醒 CEO 或职业经理人朋友们，遇到个人品牌危机不可怕，可怕的是你不知道该如何处理。在这个信息爆炸的年代，其实真的没人会咬着谁不放。真诚的行为和负责任的解决方案一定会得到用户的认可，个人品牌价值反而会提升，甚至成为值得效仿的学习案例。

再次，如果你是被黑或被人碰瓷，请别认真；如果后果很严重，请拿起法律武器。

必须要承认的是，名气有时候是一把双刃剑，难免会引来是非。我们都见过一些专门找名人碰瓷的“小丑”，还有通过诋毁他人来提升自己影响力的“寄生虫”，他们不害怕打官司，因为名人一旦对“小丑与寄生虫”提起诉讼，他们的曝光率就会大大提升，引来更多不知内情的人们的关注。

所谓危机公关，并不是研究如何掩盖事实真相，而是该搞清，应选择哪种大众情感最容易接受、最恰当的方式，将真相公布于众，最终得到大众的理解和接受。

最后，个人品牌危机的问题，还是重在预防。

自媒体时代，我们如果可以将个人品牌真正重视起来，时刻做到价值观与行为的统一，做好长期性的个人品牌建设，必然可以最大限度减少类似错误的产生。

靠谱，也是最好的个人职业品牌

有人说，如果我天生资质平庸，即便选择了一项技能反复锤炼，可短时间内还是做不到十分亮眼。那么这样的我，是不是很难在职场中发挥品牌效应呢？此言差矣。

俗话说，“与聪明的人聊天，与靠谱的人做事”。我们还可以努力为自己贴上“靠谱”这个标签。这几乎是任何人都可以做到的，且是职场中不可多得的一种素养。

是的，这是一个专业为王的时代，但同样也是讲求多元合作的时代。在每个团队的组成中，都有不可或缺的角色。那就是凡事细心，对待每一件小事都能做到极致的人。或许他们的能力有限，却是令人信任、放心且愿意一路同行的伙伴。

《为学》中有言：“天下事有难易乎？为之，则难者亦易矣；不为，则易者亦难矣。”将事情办得一丝不苟的人，有铁杵磨成针的意志。其实，这是很多成大事者的特征。

一位大公司的高管对我说，自己成功的秘诀就是言出必行。这个社会多的是夸夸其谈的人，他却以这样的特质赢得了更多青睐和机会，人生际遇更是节节攀高。

初入职场的时候，在一次客户大会的组织过程中，他与两个同事共同负责客户的资料与伴手礼。结果到了现场才发现，资料上的数据竟然都是错误的。

这样的失误让大家都很焦灼，两位同事互相“踢皮球”，都说是对方的疏忽所致。只有他二话不说，给公司的同事打电话，立刻传来文件，并委托酒店的工作人员找车带他去找专业的印刷机构。

这几乎是不可能完成的任务。时间非常紧，有人劝他不要把事件揽在自己身上。他却争分夺秒，积极解决问题，最终在大会开始之前将新的印刷资料摆在了客户的桌子上。

其实，这样的事件并不能体现他具备了多强的专业素养。但是这种责任心，这种执行力，这种临危不惧的勇气，都让大家对他交口称赞。他在别人心中一下子变成了可以信任和托付的人。

反面的例子也有很多，那样的人，当然迟早会被踢出局。

所以你看，“靠谱”是多么珍贵的职场品质。我认为这值得每个人去重视，将其印刻在自己的职业品牌里，成为别人眼中那个“能扛事儿的人”。

成为一个靠谱的职场人，我们可以从以下几个方面来完善自己：

第一，强大内心。

我认为玻璃心的人很难成为靠谱的人。因为一旦产生问题，他们就犹如受惊的小白兔，控制不住内心的各种情绪，这样的人，缺乏承担能力，很难被委以重任。

在咨询工作中，我还遇过一个从事幼儿教育的女孩。她面对任何工作的困境、家长的误解以及个人的失误，都会手足无措地大哭一场，觉得自己走投无路了。这样的职业特质，实在难以令人放心，也很难交出完美的职业答卷。

这个例子虽然有些极端，但可以让我们充分意识到，只有内心强大的人，才能够拥有稳定的情绪，去处理突发事件，甚至去做好每一件细微的小事。

第二，不临阵脱逃。

职业生涯的每一次危急时刻，都有可能是机会的到来时刻，因为人的品格和能力都是在关键时刻表现出来的。

所以，一个靠谱的人要有不临阵脱逃的勇气，甚至愈战愈勇的魄力。既然没有自带光环的属性，就要在必要的时刻焕发出光彩。不鸣则已，一鸣惊人。

第三，做事细致。

靠谱的人往往有一种职业特征，就是能够将领导交代的每一件小事都做好，甚至是很多领导忽视的层面，他们也能自发地去思考并落实下去。所以，一个粗心大意的人很难与“靠谱”这个词联系在一起。

在职业咨询的过程中，我见过不少高管都是从助理岗位做起来的。这些助理都有一个共同的特征，就是在把琐碎的工作做得井井有条之余，还能知道领导的需求，甚至能提前想到领导忽视的问题。

助理的岗位上往往有两种人：一种是机械式的完成清单内容，从不思考工作任务之外的事；一种是练就强大的整合能力，锻造了走上更高岗位的基础素养。

第四，积极反馈。

对于领导交代的任务，我们要做到“事事有回音，件件有着落”。否则，交办的任务好像石沉大海一样没有任务消息，领导定然觉得办事的员工是个不靠谱的人。

第五，大局观。

拥有大局观的人，不会被蝇头小利蒙了心智，也不会被流言蜚语动了正念。靠谱的人并不八面玲珑，他们更在意的，是自己的职场信用资产。

与靠谱的人共事，我们不会担心他中途掉链子，也不会担心他会草草应付了事。靠谱，是一个人安身立命的最好通行证。如果我们能够做到心中有尺，行事有度，事事让人放心，也就赢得了人心。

WORK
AT
ITS
BEST

第二章

办公室情商修炼术

职场上不能深交的人

在职场中，免不了要弄清楚一些社交法则，以此保证我们的职场生活不会触礁。同时，降低社交消耗，保证效率，还要提升工作过程中的幸福感。

在职场关系当中，除了工作上的天然交流，我们也常常将工作关系以及工作关系产生的情绪带入个人生活中。那么，究竟什么样的人不值得深交呢？这个问题不仅困扰着刚入职场的小白，也时常搞得职场“老司机”们晕头转向，一不留神就吃了大亏。

在职场中，如何判断哪些人不可以深交呢？你可以警惕下列这些人：

1. 借钱不还且对你进行道德绑架的人不能深交。

俗话说，“借钱看人心，还钱见人品”。为什么要把“借钱不还”放在首要的一条，并不是因为钱有多重要，而是一个人的财务信用真的就是他个人信用的集中体现。

不只职场，生活里也是一样。我认识一个女孩，就遭遇过类似的事：认识不久的男朋友找她借钱，她担心被骗提出了分手。后来通过第三方了解到，这个人果然是个骗钱骗色的渣男。日本有一句谚语，“借钱赔笑脸，还钱似阎罗”，将一个人借钱前后的嘴脸表现得淋漓尽致。所以请一定记得，如果一定要借钱，则救急不救穷。如果发现有人完全不顾自己的职场信用，那千万不要和这种人来往。

2. 表里不一的人不能深交。

表里不一的人，大多心机深重。说话做事前后不一致，自然无法取得别人的信任。不过，这一类人大多隐藏得比较好，练就一身“见人说人话，见鬼说鬼话”的本事。所以要提醒自己时刻警惕，因为这类人喜欢暗箭伤人。

3. 不会保守秘密，且把秘密当作社交或利益筹码的人不能深交。

在我多年的猎头生涯中，见过也听过太多这样的故事：在面试的时候，一些人为了获得机会，不惜出卖前公司的商业机密。这种人是绝对不能录取的。同理，如果你的职场环境中有这样的人，也请远离他。这是典型的小人代表。

4. 挖苦和嘲讽你的人不能深交。

你或许会遇到这样的情形：当你有一个好的思路或想法时，身边总有人会说，“全国十几亿人，怎么会轮到你来做”，“如果要挣钱的话，别人早就做了，不会轮到你来做”……

这种打击嘲讽你的人，最好不要再交往，必须尽快远离。作为你的同事或者伙伴，正确的打开方式应该是，给予朋友鼓励，或者在充分了解内情后，给对方提供一些参考意见，帮助朋友分析风险在哪里。

5. 不会感恩的人不能深交。

在服务领域，这一点尤为突出。如果你的某位同事在餐厅用餐，却因小事对服务员恶语相加，甚至大打出手，这样的人没有基本的教养，其所作所为真的很愚蠢。所以遇到这种人，也要马上远离，因为你们的认知不在一个水平线上。

6. 动不动拿“面子”说话的人不能深交。

我的一个朋友去某城市出差，因为行程真的非常满，所以婉拒了一个合作伙伴的邀请。那人却在微信里留言道：“不见算了，没想到你这么不给我面子!”

这位朋友把聊天记录给我看，我坚定地对她说：“凡是用‘面子’去绑架你的人，最好的办法是拉黑。因为他不会换位思考，缺乏共情能力。”

7. 不会控制情绪，容不得别人半句否定的人不能深交。

其实这类人几乎每个公司都会有，他们总是负能量爆棚，呈现“斗鸡”式的战斗状态。他们从不认为自己有问题需要改正，从来都是错在别人。这样的人，也要离得越远越好。

8. 乱承诺不兑现的人不能深交。

如果有人总是要给你介绍一个快速挣钱的机会，一年之内挣 1 个亿。这种天上掉馅饼的事，你千万不要相信，顺便也把这种人拉进黑名单。不然，他把你卖掉，你还在帮别人数钱。

9. 愚蠢，不会辨别是非的人不能深交。

这种人或许内心是善良的，并无害人之意。但是由于他们不会正确思考问题，做事情有可能不计后果，有时候也会被人利用，做出荒唐行为。何况在职场中，最可怕的是和愚蠢的人聊正确的事。久而久之，你的智商也会被严重拉低。

总之，在职场中，我们会遇见形形色色的人，而人与人的交往是一门复杂的功课。有些人，有些关系，真的不值得我们花费太多的精力和时间，也会带来一定程度的风险。所以，远离就是最好的方式。

别做那个只会回复“收到”的人

曾经有人说，当今社会的一个基本必备技能，就是回复“收到”。短短的两个字，背后往往有着一大段一大段的隐藏内容，但是最终被发送出去的，却只有“收到”。

当客户提出种种要求，作为乙方，心中可能会有千千万万个疑问。比如，当客户要求设计师必须做出一个五彩斑斓的黑，设计师的内心往往是崩溃的。

其实，设计师也知道客户并不一定是在故意刁难自己，客户只是在表达一种意境，而这种意境很难直接用语言表达出来，但设计师同时也知道，如果他在此时提出过多疑问，客户就很可能会认为他不够专业。

那么客户是否喜欢这种只回复“收到”的乙方呢？毫无疑问，他们当然是喜欢的，因为当对方回复给自己这两个字，就意味着对方已经接收到了他发出的全部信息。接下来，客户要做的，就是安静等待乙方交出成果。

当然，这成果可能会令客户满意，也可能会令客户不满意。如果不满意，继续提出要求，打回重做就是。

但是作为乙方，如果每次对方不论交代什么都只回复“收到”，并不明智。事实上，永远只回复“收到”是一种沟通不良的表现。对整体工作效率而言，沟通不良往往意味着重复劳动。

这种沟通不良并不是仅仅存在于甲方和乙方之间，也存在于职场的方方面面。很多人对待同事或者领导之间，也经常是这样，不论对方交代什么，都以一个“收到”结束交流。但是真的达成共识了吗？未必。

陈小姐曾经就是一个在职场中只喜欢回复“收到”的人。她遇到的事情或许能给我们一些启示。陈小姐是那种力图做好分内之事，但是讨厌与人过多交流的人。她怕麻烦，怕节外生枝，觉得工作就是工作，按领导交代的任务完成即可。

有一次，直属上级给她布置了一个任务，她没有多问，也没有多想，直接回复一个“收到”，就完全按照领导的指示去做了。但是当领导收到工作成果的时候，几乎是震怒了：“你就拿这种东西糊弄我？”

陈小姐委屈地说：“我按照您吩咐做的啊！”

领导开始翻找两个人的聊天记录，结果发现，陈小姐的确是完全按照他的吩咐去做的，可问题在于，他吩咐的内容中由于笔误，带有非常明显的常识性错误。领导哑口无言，压下了火气，没有多说什么，只是叫了另一位同事，重新完成了这个任务。日子如往常一样继续，不久后公司进入换血期，陈小姐直接被裁了。你会不会和陈小姐一样，认为她其实没有错，这个领导实在太小气了。如果你有这样的想法，请一定重新调整心态。

没错，当时那个任务，的确是领导布置有误。但陈小姐其实能够一眼看出问题，但是她没有提出任何意见，而是直接按照明显错误的去做了。在领导层面，这件事只能有两种解释：一是陈小姐智商堪忧；二是她根本没把工作放在心上。

对于这种只会机械接受任务的员工，不仅没有任何提拔的价值，而且还会是公司换血过程中被淘汰的预备役。在职场中，只会回复“收到”的人，是拒绝了进一步沟通交流，或者表达自己的机会。我们应该积极提升自己的语言表达与沟通能力，改变目前的封闭性思维。如果你不知道该如何提升，可以参考以下几点建议：

首先，大脑中要有理论储备，这是提升语言表达能力的基础。

语言表达本质上就是思考的一种输出形式。一个脑袋空空的人，即使能言善辩，也只能是废话的堆积。所以要经常学习，并把理论转化到自己的体系中来，充分将它们激活，这样你才会成为一个“言之有物”的人。

其次，通过刻意练习去训练逻辑思维能力。

训练逻辑思维能力，先从金字塔原理开始。所有的能力都是通过长时间刻意练习完成的。就像李连杰说的，为什么古代人武功这么高？因为古代人练武和现在上学一样。从幼儿园读到博士，至少需要28年的时间，你才可能在某一领域成为专家。语言表达也一样，要花费时间和精力去刻意练习。

最后，大胆去实践，不要害怕嘲笑。

确定目标后，就要保持住自己的步调。所有异样目光都不必在意，因为真正的高手从来不会嘲笑、讥讽别人。福楼拜说过，语言就是一架展延机，永远拉长感情。对职场人来说，语言表达能力也是职场竞争力的核心部分，明确的语言取决于明确的思想。想让自己在职场增加竞争力，请从提升语言表达能力开始，不要做那个只会回复“收到”的人。“沉默是金”的性格已经不能适应当今时代。

克服职场社交恐惧症

如今，社交恐惧症似乎成了一种流行病。在网络上，经常有人声称自己有社交恐惧症，不喜欢与人交谈，不喜欢参加各种社交活动，不喜欢被人搭话，只想沉浸在自己的世界里自娱自乐。

其实这些都是一种刻意夸大。在职场中，切忌把这样的标签贴在自己身上，社交恐惧症是非常阻碍职场发展的。真正患有社交恐惧症的人出现在公共场所时，是会产生一些生理反应的，比如手心出汗、身体不自觉发抖等。而大部分人，只是不愿意去进行一些必要的社交而已。

但如果在职场中，当你和别人说话时，总是躲开别人的眼睛，不敢和对方对视，害怕被其他人窥探到自己的内心；当你刚刚进入一个新的工作环境时，会害怕认识新朋友；当参加同学或同事聚会时，你总是一个人埋头吃饭，几乎不和别人说话，找不到话题，也担心没有人理你；当你碰到陌生人时，感觉浑身不自在，说话结结巴巴、语无伦次；你明明很无聊，却害怕找人交流、谈心……

一旦出现这些情形，你有可能真的受到职场社交恐惧症的困扰了。此时，你要格外小心。

那么，到底什么是社交恐惧症呢？医学解释是：社交恐惧症（Social anxiety disorder，SAD）是恐惧症中最常见的一种，是一种以过分惧怕社交活动为主要表现的神经症。那么，社交恐惧症产生的原因又是什么呢？

1. 由于家庭、成长环境和受教育的原因导致缺乏安全感，碰到事情总是会过度自我保护。

很多心理问题的根源都来自家庭或者成长环境。一个健康和谐的家庭，更能培育出喜欢交流的孩子。反之，环境复杂、暴力倾向严重的家庭，孩子长大后大多不愿意社交，甚至会刻意躲避社交，这是一种由童年记忆引发的自我保护机制。

2. 性格自卑型人格，容易害羞和恐惧，不敢接纳自己。进而害怕冲突，社交预期低。

自卑的原因是不能从内心接纳自己，害怕与人比较，也担心差距引起不安。这样的人，总是把自己看得太轻，对别人看得太重。这是典型的心理自卑引起的职场社交恐惧症。害怕与人争论引起自己心理不适，甚至会凭空想象不可能发生的后果。

3. 工作性质原因不愿参与社交，或被动参与社交。

这类人群只是比较宅，对沟通的欲望不强烈。长此以往，他们就在心里给自己贴了标签。

为自己发出声音，争取自己应得的，才是现实的职场作为。如果真的恐惧，那么既不要回避，也不要对抗，要学会和它和平共处，试着和身体里另外的一个消极的“我”对话，让彼此达成谅解。那么，我们到底该如何克服职场社交恐惧症呢？我个人有如下建议：

第一，调整心态和认知，学会接受职场社交，认识到它的重要性。

职场社交为职业发展服务，几乎是不可回避的。这是一个协作的时代，没有人可以单打独斗。所以，我们要说服自己去接受并修正这种认知偏差，尽量避免负面情绪，接受正常的交流方式。

第二，强化自己的优点，来增强职场社交的信心。

一个自信的人，就会拥有气场。所有的恐惧都是因为内心不够强大，无法安放一些情绪。这个时候，我们需要找到一个最舒服的点，帮助我们在人群中感到自在。你要知道，职场社交之所以累，是因为你想表现出自己并不具备的素质。而树立自信心最好的方法就是立足于自身优点，打造个人品牌，它可以成为保护我们的铠甲。

第三，通过刻意练习来参与社交。

在心理学上，众所周知的“墨菲定律”解释了为什么有时你越担心什么就越会发生什么的现象。所以，通过刻意接受挑战和磨炼自己，才是击败困难的最佳选择。

第四，如果严重的话，请找心理医生咨询。

大多数人的恐惧，其实只是“心理焦虑”罢了。如果真的遇到严重的心理问题，则必须要通过更专业的方式解决。这是一个焦虑的时代，人们的压力越来越大，有焦虑情绪也没什么大不了。最可怕的是放任自己，不敢面对现实，将负面情绪无限放大，永远对人与人之间的交往抱有消极想法。要想突破心理障碍，只有正视自我、了解自我、重建自我，勇于面对我们所生存的这个世界。

线上交流的注意事项

网络时代，线上办公已经成为很多企业的选择。它突破了地域的限制，可以更加合理高效地组织人才，进行协同与合作，这也是未来职场发展的重要趋势之一。

借助新的技术力量，我们在世界的任何一个角落，都能迅速将信息传递出去，这的确极大地提高了办公效率。不过在这个过程中，一定要谨慎，有些人粗心地将尚未经过深思熟虑的内容传递出去，造成极坏的影响。

线上办公由于缺少面对面的沟通，可能会出现一些交流上的问题。这里就总结几个需要注意的事项，以免大家在工作中犯下类似错误。

第一，信息的确定性。

小林平时喜欢在网上聊天，跟朋友之间经常有一些语癖，这些习惯偶尔也会被她带入工作交流中，有时候，就会因为她的表意不明，而出现沟通不佳的状况。

有一次，小林要向对方询问前一天的方案什么时候能做好，她当时有些心不在焉，打字问对方“之前的方案什么时候好？”对方与小林所在的公司是长期合作关系，有很多合作的项目，小林这么问，对方直接理解成是最近要完成的那个方案，于是回复小林说，“明天就能做好”。

小林收到消息，便将这一工作内容写在了她当日的工作报告内，并上交领导。领导觉得不对劲，小林报告内所说的方案是两天前才交出去的，不可能这么快就做好。领导亲自打电话询问对方公司，才知道对方回复给小林的和小林询问的根本不是同一个项目。

小林自然因为工作不力被批评。此事发生的根本原因，就是没有向对方表达清楚自己的意图。

虽然都是线上交流，可线上办公与线上聊天完全是两回事，如果把平时与朋友在网上聊天的态度用在线上办公上，那必然要闹出问题来。

好在小林犯的错误并不大，她也及时进行了调整，可如果是交代重要的工作计划之类，有一点失误都可能会造成严重的后果。

第二，一定仔细看清楚对方的留言，千万不要漏掉任何一个细节。

这条与前一条有些类似，只不过前一条的重点是“说清楚”，而这一条的重点是“看清楚”。

如果是线下交流，有些重要的东西往往会被强调很多次，但是因为是线上交流，大家都默认了对方有任何不明白的地方都可以回头查看线上记录，也就不会再多此一举，过多强调什么了。虽然很多人习惯于重要的事情强调三遍，可通常人们也只会看其中最重要的一两句话而已。所以，看清楚对方的全部信息就很重要。如果心不在焉，可能会遗漏重要的细节。

小南就曾经吃过没看清楚消息的亏。其实当时只是一个很简单的消息，是领导在群里留言说 3 天后要在公司新址开会。小南当时只是随便看了一眼，看过之后，她却只记得 3 天后开会，没留意公司新址的问题。结果，3 天后她去开会扑了一个空。全单位只有她一个人没去公司新址，闹了大笑话。从那之后，只要是和工作相关的留言，不管别人发什么，她都会仔仔细细地看上好几遍，生怕再漏看了什么。

第三，情绪和语言。

线上交流已成为现代人的日常习惯，很多人也适应了直接在线上表达情绪。一个表情，一个语气词，都能生动表达发消息人的当前状态。

但是，生活是生活，工作是工作。线上交流，其实原本就是过滤了人类的自私情绪的。两个人通过两台机器进行交流，这时候除非必须表达不可，否则他们完全可以将情绪隐藏起来。所以线上办公是减少工作中情绪传染的好办法。

不过，因为对线上交流操作得太熟练，所以有的人就算是在办公时也会不小心把情绪表露出来，给自己带来麻烦。

张锦就有过这么一次经历。那天她刚好跟男朋友吵过架，心情特别不好，而在工作时，又遇到了一个特别难缠的客户。这个客户与其说是难缠，不如说是有点唠叨，明明张锦已经表达得很明白的问题，还是反复询问反复验证，后来张绵终于被搞烦了，直接给他回了一个崩溃的表情。客户没再回张绵一个字，而是直接进行了投诉。

原本，职场上就是禁止带入个人情绪的，一旦这种情绪在线上体现出来，恶劣程度就会加倍。这样的表现只会让人觉得你不够专业。最糟糕的是，线上的所有表现，都是会被永久留存的。一次糟糕的表现很可能会成为你在职场上抹不去的黑历史。

第四，有时间观念，工作时间内反应要及时，非工作时间要做出说明。

特别残酷的是，对线上办公的人来说，如果没有标明非工作时间，那么就会被认为是随时在线的。

所以一个职业的线上办公者正确的做法是，工作时将工作软件开提示音。非工作时间，要在备注中标明，比如“晚 8：00 点后不在线”或者“工作在线时间 9：00—17：00”，等等。

总之，信息时代利在便捷，弊在过于便捷，便捷到无孔不入。所以对于线上办公者，该有反应时就要迅速反应，该下班时也要放过自己。

线上交流的事项，适用于每一个人。因为我们几乎不可避免地都会在线上与领导、同事以及合作伙伴进行沟通。说到底，它是为职场服务的工具，我们要把它打造成沟通的“利器”，而不是阻碍。

关于那些不该说出口的话

说出去的话就像泼出去的水，然而覆水难收。所以不论是在生活中，还是在职场中，我们都应当做到谨言慎行。

在生活中，有些话一旦说出口，从此就可能导致亲人、朋友之间出现无法弥补的裂痕。而在职场中，有些话一旦说出口，就可能导致职业生涯的重大危机。

职场话语应当被列为禁忌的第一种，就是私下数落自己公司的不是。

不可否认，很多企业都在客观上存在问题。但是个人与企业是命运共同体，就算对公司有再多的意见，也不该“端起碗吃饭，放下碗骂娘”。

当然，我们不是说应该对企业的问题视而不见。你可以在会议上、在与领导的约谈中、在你的每一次工作汇报中合理提出意见和建议。甚至如果问题一直得不到解决，你也可以做出辞职的决定。

这世上不存在完美的组织。职场说到底，只是一种选择。大家因为价值的认同而走在一起，也可以因为价值的分歧而离开。这是成年人世界的规则。马云也曾经说过，“最讨厌那些天天说公司不好，还留在公司里的人。就像老公说老婆不好，老婆说老公不好，又不愿意离婚”。

从企业的角度来讲，所有的难关，都是大家一起面对的，互相埋怨解决不了任何问题。

还有一种也该被列入禁忌，那就是伤害同事的话。企业与员工同在一条船上，其实仔细计算就会发现，我们与同事相处的时间，极有可能比和家人相处的时间还要长。那么对待同事，要少一些恶意和伤害，你要珍惜这莫大的缘分。

曾有一位咨询者向我诉苦，说她的一位同事简直就是毒舌妇，说话特别狠，恨不得一句话说死你。你穿的衣服比她好，她来挖苦你；你的业绩比她好，她就私下说你的坏话、传播你的八卦……

我对这位朋友说，遇到这种人，请马上远离。己所不欲，勿施于人。我们在远离这些人的同时，也要提醒自己不要成为这样的人。

第三种不该被说出口的话，它不光会影响个人形象和社交关系，还会影响一个人的职业信誉，那就是会破坏团队团结的话。

李果就是这样的一个人。当时他所在的团队正在攻克一个项目。要做好一个项目不会一帆风顺，过程中总会出现各种艰难险阻。这时候，团队最需要的就是互相打气，抱成一团；最忌讳的就是互相拆台。

起初，李果只是抱怨公司给配备的硬件资源不足，后来，他干脆直接阴阳怪气地抱怨公司配备的人员有问题。哪里出现问题，李果就埋怨负责哪个板块的人不够专业。如果一旦真的有人犯了错误，他更是会揪着不放。不过李果自身能力不错，有几个细节做得很漂亮，所以每次他抱怨起来，大家也就忍了。这项目持续了几个月，团队也忍了几个月。后来项目完成，大家私下进行了聚餐，唯独没叫李果。

团队中，传染最快的就是负面情绪。一个人的负能量会影响一群人的斗志，很容易“动摇军心”。所以很多企业都会定期清理这些“祥林嫂”式的员工，避免影响一支队伍攻坚克难。

第四种不该说出的话，是大肆议论领导和同事的私事。

职场人的一个基本原则，是要做好工作场合和生活场合的区分。比如，私下里你与某同事或者某领导是朋友，称呼可能是很随意的，但是工作中一定回归到该有的角色中去。更不要把同事和领导的一些隐私暴露给公司其他人，而是要做一个守口如瓶的合格员工。如果有人主动向你打听，也千万记住，不该说的一个字也不要说。职场人多嘴杂，很容易引发不必要的猜忌和分歧，或许会因此成为职场斗争的导火线。

情商高的人如何管控情绪

杨文宇曾经说过一段话：“每一次愤怒都有理由，但在愤怒之时，不良情绪会影响人际关系，不宣泄，长期压抑又伤害自己的身心，所以控制好自己的情绪显得尤为重要。”

很多人都认为，高情商的人一定是极善于克制自己。没有一点脾气的人，才能够做到八面玲珑。殊不知，这其实是对高情商的一个重大误解。

事实上，真正的高情商不是没有脾气，也不是从来都不发脾气，而是在任何时候面对绝大多数事情都能够做到冷静处之，理性对待。换言之，高情商的人其实极善于控制自己的情绪，懂得克制内心的冲动和欲望，能够及时排遣和化解不良情绪，从而使自己始终保持开朗的心情和豁达的心胸。

就算必须发脾气，他们在方式上也是很值得学习的。下面，我就为大家总结一下，高情商的人处理自己情绪的几种方法：

第一种方法：探究情绪的来源和目的，从而对情绪进行管理和控制。

在职场中，经常会有这样的场景：领导对一些人不满，想要处理这些人，却对所有人都大发雷霆。这个时候，一般人只会抱怨领导不分青红皂白、情绪管理能力太差。

高情商的人却能够很快明白领导的真实想法，懂得自己接下来怎么做才能让领导满意。所以他们才不会像个受气包一样表达不满，而是泰然处之，默默地继续做好自己的本职工作，保持良好的状态，等领导消气了，自然也能从下属的表现中看出各自的水平高低。

第二种方法：进行情绪的转移，从而保持周围环境的和谐。

现代社会有一些人，在公司里或在领导面前受了委屈和责骂，转头就把情绪发泄到了下属或家人身上，这样做的结果是既没能取得领导的信任，也寒了下属和家人的心。

真正高情商的人一定不会这样做。他们重视家庭，工作和生活分得很清楚，绝不会将情绪带到家里，用工作上的情绪来伤害身边的亲人。如果真的需要发泄，他们会采用情绪转移的方法来排解，比如到健身房去做做运动，到无人的街头或操场上喊几嗓子，找两三个好友畅谈一番，等等。通过情绪转移来释放压力，舒缓心情，从而避免让糟糕的情绪破坏周围环境的和谐。

第三种方法：将自己的不满进行合理化表达，从而避免将矛盾升级激化。

委屈人人都有，但区别在于有的人受了一丁点委屈，就要大吵大闹，非要搅个天翻地覆才解恨。而高情商的人在遇到令自己十分不满的事情时，一定不会无理取闹或者得理不饶人，而是懂得采取合理的方式将自己的诉求和不满表达出来，促进问题更好更快地解决。

“坐在引擎盖上哭的奔驰女”引发了众多网友的关注和评论。这位女士虽然坐上了引擎盖，却没有撒泼骂街。相反，她在与 4S 店的总经理对话时，全程逻辑清晰、目标明确，简洁而有力地解释了自己这么做的原因和内心的诉求，让网友们也都清楚地了解了事件的前因后果，看到了 4S 店态度的各种切换，最终有理有据地获得了自己应得的赔偿。这位女士就是一个情商很高的人。换作一般人，一定也会想到坐上引擎盖，但坐上去之后，接下来如何表达诉求就是因人而异了。

情商低的人会大声吵闹，甚至口出秽言、撒泼打滚儿，懦弱的人只会坐在引擎盖上哭哭啼啼，寄希望于获得旁人的同情。可实际上，求人不如求己，只有自己能够合理地表达诉求，专注于“为了解决问题而来”才能争取到自己应得的利益。这是理智，其实也是一种妥协的智慧。

高情商的人，不会刻意取悦他人，也不会故意发怒来震慑他人。他们也有脾气，却懂得合理地控制和运用自己的情绪，使自己的言行始终与情绪的目的保持高度一致，所以不会失控，也不会刻意压抑自己。

举个例子，当大家一起在会议室讨论方案，别人提出的方案很一般，你很着急，这个时候，激动的人会立刻服从情绪，开口质疑他人，而不顾表达方式是否正确，但高情商的人则会说：“×××的方案还是不错的，但根据现状，如果我们……也许会更好。”在表达过程中，忽略情绪的影响而专注于问题的解决，这就是高情商。

面对职场诸多问题，我们要学会做一个高情商的人。面对认可，保持自信和谦逊；面对非难，不如一笑而过。当你学会巧妙地发脾气，懂得控制自己的情绪时，你就掌握了职场的主动权。

如何勇敢面对冲突？

曾经有一位网友找我倾诉，她说自己毕业已经 8 年之久，虽然职业发展得也还不错，却总是感觉心里特别累，每天都活得谨小慎微、惴惴不安，生怕得罪单位里的任何人，担心和同事发生什么冲突，可有时还免不了遇上一些职场碰瓷的倒霉事。

还有一位网友，因为想要在职场上获得晋升，所以总是在领导面前大气也不敢出，表现得十分温顺，和同事相处时也是各种讨好，尽可能地避免发生冲突。可就算这样，每次有了好的资源和项目，还是轮不到他，为此他十分苦恼，不明就里。

实际上，这两位网友的烦恼并非个例，很多职场人士都有类似的困惑：在职场中总是小心翼翼，害怕遇到麻烦，见人三分笑，就怕彼此发生什么矛盾，影响了人际关系。结果是冲突没有被避免，自己却因此疲惫不堪，得不偿失。

对此，我的看法是，在职场中发生一些人际关系的冲突，这是正常现象，如果一味害怕引起冲突，整天如履薄冰，只会越来越没有存在感，让人际情况变得更加糟糕。

对于冲突，我们必须学会正视它，采取有效的办法处理它，而不是盲目地逃避它。在职场中，如果发生了冲突，我们应该怎么办呢？我有如下 5 个建议，供大家参考：

第一，要树立职场自信，变得内心强大。

一个真正的高手，一定是内心强大的。我在刚刚接触新媒体的时候，也经常遇到一些职场上的“杠精”，但我始终坚信，我的目标是成为一个有影响力的知识网红，要实现这一目标，我就必须自信，内心先强大起来，不能因为网络上某些人的几句话就轻易放弃。

因此，面对“键盘侠”，我渐渐地学会了微笑面对，泰然处之。职场在本质上是弱肉强食的，想要有所成就，就不能玻璃心。你必须建立起一个自信、强大的内心世界。唯有如此，才能让别人不敢来碰瓷，从而有效避免冲突的发生。

第二，要提高专业水平，注重理论依据。

我的一位朋友曾将他完成的一个思维导图拿给我提建议。我发现这位朋友犯了很多职场人经常犯的错误，那就是整篇思维导图都在讲如何做才能做得更好，却没有注明或解释为什么要这么做，以及这么做与别的方法究竟区别在哪里，结果会如何。

大家想一下，如果别人只告诉你要做什么，而不告诉你为什么，后果如何，你敢做吗？毕竟，没有人会心甘情愿当实验用的小白鼠。

所以，一个真正的专业人士，除了会告诉对方要做什么，还会用丰富、扎实的理论和数据来告诉对方为什么要这么做，以及可能的结果是什么。这样，你才会放心大胆地采取措施。而当你成为这样的专业人士时，自然会受到周围人的尊敬和认可，冲突也就自然而然地少了很多。

第三，要放弃讨好策略，专注自身业绩。

小丽是一位很单纯的姑娘，她工作能力一般，为了获得提升，她总是想办法迎合讨好自己的同事小张，并自认为和小张的关系“很铁”，但实际上，这个小张却是个“豆腐嘴，刀子心”的阴险小人，她对小丽的真实态度也就一般般，甚至有些瞧不起小丽。

在职场中，我建议大家一定不要抱着讨好的心态去做事，否则，最后只会让别人看轻了自己。想要搞好人际关系，我们应该将注意力放在提升自己的工作业绩和办事能力上。归根结底，用实力来说话才是理顺人际关系、减少冲突的不二法则。

第四，要勇于面对冲突，学会因势利导。

有冲突是正常的，当冲突发生时，我们要勇敢地面对它，冷静地分析它，学习如何将冲突中对自己不利的一面转化为对自己有利的内容，这才是最好的处理冲突的办法。

切记面对任何冲突都不可轻易动手！很多时候，人在面对污言秽语和粗鲁、野蛮的行为时，往往会因情绪失控而动手，却不知这样正中对方下怀。而只要你动了手，无论原因是什么，首先会给周围人留下一个“有暴力倾向”的标签。一旦被贴上了这种标签，你再想树立自己的个人职业品牌，就会变得异常困难了。

第五，要控制好链接点，担任价值通道。

在现今这个时代，最有价值的实际上并不是你能够做什么事情，而是你能够成为什么资源和价值的链接点。只有当你成为某种资源、价值的链接点时，你自身的价值才会被放大。

当然，当你成为资源、价值的链接点之后，你需要牢牢控制好自己的链接点，防止自己的链接点成为他人的免费通道，从而失去了自己的价值。

在四处都埋伏着竞争者的职场中，冲突是无法完全避免的。内心懦弱的人会害怕冲突，而真正强大的人则能够面对和利用冲突。冲突并不可怕，关键是如何应对它。希望大家都可以正确看待冲突，笑傲职场。

职场防“背锅”指南

在职场中，我们免不了会有替人“背锅”的时候，但是，我认为，除非领导把你当自己人看待，否则尽量不要主动替他人“背锅”，尤其不要替职场竞争对手“背锅”。那么，要怎么做才能避免替人“背锅”的命运呢？我给大家总结了下面 4 种方法：

第一，要学会对“黑锅”进行识别，从而避免被坑。

而识别“黑锅”的最好办法就是对事情的全过程和真相进行充分了解。

信息了解得越透彻，才越不容易落入职场圈套。

第二，要懂得做事留“痕”，光明正大。

有的人会在职场上被人“甩锅”，原因在于其本身做的事情就是见不得人、上不了台面的，所以被人“甩锅”了也只好哑巴吃黄连——有苦难言。因此，在职场中，说话做事都要光明正大。只有将信息进行合理化公开，做到阳光透明，且凡事留有证据，方便日后查阅，遇到麻烦可以证明自己的清白，化险为夷。

第三，要坚持做好个人品牌，让自身优秀到别人不敢让你“背锅”。

很多人在职场上替人“背锅”，往往是因为初入职场或者是公司新人，自身的影响力比较小，所以才经常被比自己更优秀的人拿来当炮灰。因此，我们必须想办法提升自身的实力，打造好个人的职业品牌。

当周围人都认为你十分优秀的时候，他们才不敢轻易让你“背锅”。我的一个朋友，原本在公司表现平平，但有一次，公司招来一位牛人，这位牛人的个人职业品牌做得非常好，所以公司的部门负责人天天围着他转，一些好的活动、项目也总是交给这位牛人来做。

我的这位朋友把一切看在眼里，心里受到了刺激，于是发奋研究个人职业品牌，如今做得很有起色，他在公司里的地位也日益提高，再也没有人敢随便让他“背锅”了。这就是优秀的强大力量。

第四，要逐渐融入组织，成为领导的心腹。

我认识一个“90后”的女孩，她虽然在公司里不是C级别的高管，但因为她是领导的得力助手，领导总是会直接交代她做很多事务。因此，她总是直接向领导汇报工作情况，公司里很多C级别的高管也对她客客气气的，她在公司的地位也就直线上升了。

试想，如果她不是领导的得力助手，她会受到如此体面的待遇吗？在职场中，领导对你的态度直接决定了你在公司的地位和公司其他员工对你的态度。所以，我经常告诉大家：如果你没有办法让别人成为你的心腹，那就放下姿态，想办法成为别人的心腹吧！

总之，有人的地方就有江湖。“人在公司坐，锅从天上来”的事情再正常不过。但是，身为职场人，必须要有直面被“甩锅”的勇气。当“黑锅”来临时，一定要临危不惧，冷静判断，不能背、不应该背的“黑锅”就要果断闪开。当然，最重要的还是要不断提高自己的核心实力，只有足够优秀，才能吓退一切魑魅魍魉。

不可忽视的职场社交礼仪

中国素来是“礼仪之邦”，到了现代社会，随着人与人之间的交往日益频繁，社交礼仪也成为职场的必需品之一。那么，在职场交往的过程中，有哪些社交礼仪是我们需要格外注意的呢？我总结了下面 10 条，希望可以对大家有所启发：

第一条是学会真诚待人。很多职场人错误地认为自己必须表现得十分精明，这样才能在职场上立足。但其实是，人们在遇到那些过于精明、凡事斤斤计较、滴水不漏的人时，往往是非常反感的。特别是对那些做事浮夸、虚伪阴险的人，人们连看都不想多看一眼。所以，在职场中，待人接物首先要学会真诚。唯有真诚待人，才能换来彼此的尊重，才能保持愉快和谐的人际关系。

第二条是不要扮演“杠精”。在职场中，总是有这样一类人，无论别人说什么，观点对不对，他们都要先来否定一番，即使自己也提不出更好的解决方案，但就是喜欢批评、打压别人。这种人，我们称之为“杠精”。想要在职场中营造出和谐的人际关系，就不要扮演“杠精”的角色。毕竟，谁会待见一个总是喜欢否定别人的人呢？因此，当你不同意他人的观点或方案时，我建议你先不要着急提出反对意见，而是等他人将自己的话说完。这个时候，你需要反问一下自己：我能否提出更加有效的解决办法？如果不能，那你最好闭嘴。

第三条是不吝赞美。在职场中，我们要善于观察、发现他人的闪光点，坦诚地向其表达我们的欣赏和好感。职场中的每个人都是敏感的，对方是不是喜欢自己，赞美是否出于真心，彼此心知肚明。因此，要获得他人的信任和友善，我们就必须先学会真诚地表达赞美。不要小看这几句简单的夸奖（注意是夸奖而不是盲目恭维），它可以让对方很快放下敌意和戒备。记住，友善从大胆赞美开始！

第四条是注意礼尚往来。所谓“礼仪”，其中就包含了投桃报李之意。在职场中，时不时为周围人准备一些并不算贵重，但是很暖心的小礼物，比如一本好书、一张正能量的小卡片、一杯冬日里的热咖啡、几颗甜甜的糖果，等等（我不是怂恿大家去送红包、贿赂他人，不该做的事大家也绝对不要碰），是表达对他人关心和重视最好的方法之一。人心向善，时间久了，大家自然会感受到你的用心，人际关系也会因此越来越和谐。到了关键时刻才会有人支持你。

第五条是放下成见。“一叶障目，不见泰山”，成见对我们发展人际关系是很不利的。特别是有一些人，总喜欢在心里预设他人的好坏，然后再怀着这种预设的观点去与之交流，从而令对方倍感不适。我建议大家在职场中一定要放弃成见，就事论事，这样才有利于我们看清真相，避免误伤他人，影响人际关系，产生不必要的隐患。

第六条是谨慎添加微信。除非工作需要，尽量不要添加同事或朋友的对象、伴侣的微信，并且，一定要在获得同事或朋友的同意后进行添加。因为有些社会关系是很敏感的，如果你不加考虑，没头没脑地胡乱添加一通，会在无意之中冒犯到他人的边界，从而给自己的职场社交造成不必要的障碍。换位思考一下，恐怕我们自己也不乐意同事或朋友在你不知情的情况下成为你伴侣的微信好友吧？

第七条是拒绝价值索取。我经常遇到这样一种情况：一个跟我并不很熟，甚至没有什么交集的人添加了我的微信，上来二话不说就开始各种提问，对此，大家作何感受？恐怕都会很反感吧？在职场中，没有人有义务免费帮助你，为你解答各种问题，别人的时间和精力都是很宝贵的，拒绝价值索取是一个成熟的职场人应具有的基本素养。

第八条是不要好为人师。除非别人主动向你请教，否则不要主动表达意见，随便给别人出主意、提建议。即使你提的建议有效，别人也不一定会感激你，或许还会因此认为你太爱表现自己；而如果你提的建议无效，甚至帮了倒忙，那么你在职场中的个人品牌就会大打折扣，还要承受别人的苛责。所以说，别人不主动请你帮忙，最好不要主动给自己找麻烦。很多时候，我们的帮忙往往会破坏别人的工作节奏。

第九条是学会感恩。我见过太多这样的人，别人帮了他以后，他表达感恩的方式就是对人家说一句："改天我请你吃饭啊！"在我看来，这种话实在是伪善至极。在职场中，做人一定要学会感恩他人，而真正的感恩，不是说几句漂亮话就好了，而是要落在行动上。如果你只知道请别人帮忙，事后便敷衍了事，不知感恩，那么，以后愿意帮助你的人就会越来越少。

第十条是尊重他人隐私。中国人一向不怎么注意私人边界，比如，日常交谈时总是会问一些关于年龄啊、收入啊、婚姻状况、宗教信仰、子女学习和工作情况等问题。殊不知，这些话题在现代社会都是非常隐私的，贸然向别人打听这些事情，是一种不尊重他人隐私的表现。

总而言之，在职场中，有很多礼仪是我们必须注意和遵守的。良好的职场社交礼仪是我们建立个人职业形象的重要一环，所以千万不可忽视。掌握职场社交礼仪，学会让他人满意，让自己受欢迎，彼此尊重，相互关照，这才是一种良性竞争的职场社交生态。

WORK
AT
ITS
BEST

第三章

向上管理的生存智慧

超越上司的期望值

按照通常思维，职场是个自上而下的系统，任务是由上而下一层层分配的，每个人的职责，就是接受上方分配的任务，再根据职能给下方布置任务。这个程序是没有错的，但作为个人，如果完全遵循了这个程序，那自己也很有可能被长久禁锢在原地。

职场是流动性的，有人会向上，也有人会向下。决定流向的，就在于工作方法和工作态度。职场沉浮，但是登峰造极者少之又少。这些“造极”者并非天赋异禀，具备了其他人没有的能力，只是能够站在更高的位置上，对自己提出更高的要求，用更智慧的目光看问题。

他们是具备全局眼光的人。当领导分配了A任务时，大多数员工都只能看到A任务，但是有些人能够从A任务，看到整个B计划，从而推导出做A任务的原因，以及做好A任务后，预测出接下来应该做的是C任务还是D任务。

有的人觉得，自己作为一个打工者，不用去思考那么多。他们觉得这是领导的事，自己实在没必要拿着5000元的工资，去操心百万年薪者思考的事情。其实这是一个误区。这种思维方式只会指向一个结果——就是你永远只有5000元的价值。而真正有智慧的员工，提前让领导发现了他的能力与价值，反而真的有可能拿到百万年薪。

小孟曾经就是那种不愿意做任何多余工作的人。他觉得，那些鼓吹让员工站在老板的立场上想问题的理论，都是为了压榨员工更多的剩余价值。

他对我说：“王老师，我觉得每一个老板都希望自己的员工多做事，他们希望早晨吩咐一个文件，收工时员工却做好了10个文件。这不是有意培养，不是为了给员工上升的机会，纯粹是为了榨取员工的劳动力，赚得更多利益。但反过来分给员工的，还是那点死工资。”

小孟从来都不会做领导吩咐以外的事情。他计算着自己的付出，一定要与收入相匹配。否则，就是被领导占了便宜。

我并没有直接反驳他的观点。他说的这种情况有没有呢？当然是有的。在资本的市场中，永远不缺那种靠压榨别人的血汗来成全自己的人。但是这种无良老板，与我们市场上大部分的公司管理者是不一样的。任何一家优秀的公司，都不是靠压榨员工血汗存活发展的。

在职场中，没必要一定将自己放在受害者或低人一等的位置上。如果站在一个与领导平等的位置上想问题，就会发现，领导真正想做的，其实是为公司创造更大的价值。

小孟认为多做事是被压榨，但只要换个思路就会明白，如果能够超出领导的期望值，甚至思考到领导没有思考的层面，才证明了他具备向上流动的能力，可以在未来担任更重要的职位以及为公司创造更大的利益。

任何一个领导，都不会把一块金子当作砖头使用。要想把工作完成得超出领导的期望值，并不需要有多么高的智商，只需要做到以下几点即可。

第一，要弄清楚领导背后的意图。

接到任务时，我们首先要想的不是怎么做好这个任务，而是领导为什么要让自己做这个任务，最终目的是什么，它是从何处产生的，又要往何处去。当弄清楚这个意图，那么我们对这项工作的认知就会提升，从而可以把所有自己所有的资源调动起来，将事情做到超出预期。

这样在上级看来，这个员工就是个有想法、有能力的人，而不是个只会单线思考的人。

第二，站在领导的立场上去想问题。

一个人指挥很多人打扫一间屋子，让 A 去打扫卧室，让 B 去打扫书房，让 C 去打扫厨房，让 D 去打扫卫生间。从 A、B、C、D 四人的立场来看，他们面对的只有卧室、书房、厨房、卫生间。但是从那个指挥者的立场来看，他面对的却是整个房屋。A、B、C、D 只要解决他们眼前的东西就好，而指挥者需要让整个房屋看起来干净明亮。

职场中的任务也一样，每个人由于立场不同，看到的范围也就不同。如果 A、B、C、D 中有一个人能够站在指挥者的立场上去思考，那他必然不会只将自己的部分做好，而是会在做好自己部分的同时，随时留意其他人的完成度，进而考虑自己与其他人之间会不会发生冲突或重复。如果可以，还会考虑如何通过协作提高整体效率。如果一个员工可以做到这点，那么必然会得到领导的欣赏。

第三，也是最关键的一点，就是一定要有行动力。

其实职场中有很多足够聪明的人，该想到的他都想到了，但最终还是什么都没做，有些人还会事后诸葛亮，说自己早就想到了。既然早就想到了，为什么没有做呢？说到底就是缺乏行动力。把想法留存在脑子里，却不付诸实践，就是把理想当成了空想。职场攀登，就要懂得管理领导的期待值，提供超出原本工作价值之外的惊喜，创造真正的职场口碑。最终，职场也会回馈更多惊喜。

学会汇报，谢绝埋头苦干

职场注重结果。学会汇报，就是将努力和结果展示出来。这样的技能，虽然不是上阵杀敌的利器，却是保护我们的铠甲。

在职场中，沟通是非常重要的一环。但是由于性格或者行为方式等原因，很多人不喜欢与领导沟通，只喜欢自己埋头苦干。

勤劳肯干并没有错，可如果不及时向上级汇报工作进度，而是一直沿着惯性傻干下去，就很有可能出现问题。比如，好几个队伍同时挖河道，只有每天都向上级汇报进度，上级也及时指出下一步进度，这样工作才能有条不紊地进行下去。如果不汇报只是埋头向前挖，可能挖错了方向还浑然不觉，当上级发现问题时，他们已经在错误的方向上挖出很远很远了。

职场是一个庞大的体系，需要在统一的指挥下，各环节相互配合协作。

人与人需要配合，小组之间需要配合，部门之间需要配合，公司之间需要配合，甚至不同行业之间也要彼此配合，如果有哪个环节只是自己埋头单干，可能别人都拐弯了他们还在走直线，误事不说，自己也做了很多无用功。

鲁先生就曾经因为懒得向上级汇报而吃过大亏。老板临时带队去外地开会，让鲁先生负责做一个项目的APP。作为资深程序员，鲁先生做APP算是轻车熟路，这也是老板信任他的原因。

然而，当鲁先生拿出最终成果时，老板却大失所望。画面审美不符合要求也就罢了，关键是项目需要的功能完全没有体现出来。简单来说，这个APP几个核心内容都要改，有的部分必须重新做。

鲁先生很委屈，连续工作几天的成果就这么白白变成了废品。他对我说，老板太过分了，怎么能把这件事都怪在他的头上？一开始他就是按照老板的要求去做的，其间老板从没过来问他一句，等他交出了成果，才说这不行那不行。既然不能完全放手交给他，当初又为什么不直接说清楚？

我先是劝他消消气，又问他："你知道你的老板每天要处理多少事情吗？从产品到渠道，从推广到营销，从服务到售后。那么对于一个项目的APP开发，他更希望的是负责人与他进行及时的沟通，并全权负责下去。"

这个时候，如果员工不主动去向老板汇报进度，而是闭门造车，老板就只能在面对结果的时候抓狂。工作上的汇报，真的不是官僚主义，而是为了方便过程管理并及时纠正错误。

了解了汇报的重要性，还要懂得汇报本身的学问。一个职场人不光要做到及时汇报，还要做到准确汇报。

首先，要将工作流程公开透明表述出来。有些人并不喜欢把整个工作流程都汇报，这样他会感到不够自由，这也没关系，只要你与老板之间形成信任与默契就可以。但阶段性的进展一定要汇报，并记得把重点标出来，让老板清晰地看到你究竟做了什么，做得对不对。

其次，汇报内容一定要准确，不能含糊其词。有时候，含糊的描述有可能造成理解的巨大偏差，如果再缺少及时的沟通，就极有可能耽误大事。其实及时汇报工作，除了能防止像鲁先生那样出现工作失误之外，还能增进与上级之间的情感。

很多职场人都不喜欢与领导沟通，可能因为上下级的管理关系，跟领导交流时总会不自觉地感到紧张。其实这完全没有必要，而且实际上，如果与领导经常交流，反而会很快消除这种紧张感。

领导也是普通人，与员工的唯一区别可能只在于工作能力更强一些。经常与上级沟通工作，还有可能学习到一些有用的工作方法。尤其是职场上的新人，在初入职场时，最该随时向上级汇报工作进度，这样做有一个最大的好处，就是能得到很多有效的指导。

我们总说，在职场上经常沟通就能解决很多问题。而向上级汇报，就是沟通工作的一个最佳途径。也不会遇到“工作累得像老黄牛”，老板却全然不知的情形。

一个好员工的标准是：凡事有交代、件件有回落、事事有回音。日积月累，这种恰到好处的展现，其实就构成了你职场价值的长卷。除此之外，这还可以表现出一个人工作的主动性，同时又满足了上下级之间彼此“被需要”的价值感和成就感。

与上司相处的技巧

如何与上司相处，是每个职场人的必修课。上司是前方带路的将军，我们追随着他一路披荆斩棘。如果合拍，就会创造佳绩，如果不在同一轨道上，则互相难堪，最后只能分道扬镳。将帅不和是兵家之大忌，这一点同样适用于现代职场。

其实，上司根据不同的性格可以分为很多种。心理学家做过一个简单的分类，大概有支配型、影响型、谨慎型与稳健型 4 种。他们都有各自不同的领导风格，但是如果想要与上司相处好，还是可以整理出一些普遍性技巧的。

首先，少奉承，多展现工作能力。

有些人喜欢投机取巧，想尽各种办法讨好上司，打听上司的喜好，或是阿谀奉承来谋求好感。老实说，喜欢这一套的上司的确有，但跟着这样的上司就算获得了好感，也没多大用处。

下属与上司之间必要的关心和礼节是该有的，但是，不该将这些作为重点。上司需要有人帮助他完成业绩，所以最看重的始终还是工作能力和成果。如果将精力用错了地方，恐怕会适得其反。

其次，就是展现出良好的职业形象。

一个人的职业形象，包括外在的行为举止和内在的意识形态。行为举止，就是你的着装、谈吐和精神面貌。而内在的意识形态，就是你的专业度和职业辨识度。比如某某领导手下，有文案高手，有营销老将，有年轻的创意担当……当你具备这样的标签，也会让上司脸上有光，心里有谱。另外，职业技能容不得弄虚作假。一个作秀的人瞒不过上司的双眼。

再次，要适当与上司之间增进了解。

这一条说是为了跟上司拉关系，也不能算错。不过，这种拉关系不是为了靠关系为自己谋取利益，而是要通过这个过程，增加彼此之间的信任感。

我的咨询者当中，有一个叫小石的年轻人就很擅长这一点。他所在的部门大概 20 多人，他是唯一一个与经理建立了私交的人。有些人议论小石可能跟经理是旧相识，看他们相处的样子，好像很早就是朋友了。

其实小石和其他人一样，只是在细节上多留心了一些，在工作汇报结束后随口与经理闲聊几句。比如服装、孩子、爱好等，渐渐两人的交流也就多了起来。不过小石的度掌握得很好，从不越界，也不会向其他同事说起。这样一来，更加增添了经理对他的信任，认为这是个靠谱的手下。

最后，要忠诚，不要阳奉阴违。

不论是职场中，还是战场上，人们最讨厌的往往不是敌人，而是叛徒。一个人可以能力稍差，但是不可以不忠诚。

有人曾给我讲过某家金融公司的故事。那时候，金融业竞争比较激烈，大家打的既是时间战，也是信息战，保护己方的信息和获取对方的信息，都十分重要。

当时这家公司有一个职员，我们叫他 M。M 的上司吩咐他去盯某公司的动态，但是并没告诉他这些动态意味着什么。M 开始没太当回事，毕竟这个行业每天需要处理的信息太多了。后来他渐渐发现一些信息涉及竞争，也涉及利益。经过他的分析，如果针对该公司的规划，自己的公司没有采取果断行动，那么意味着该公司经手的一些企业股票就会上涨，虽然经过市场调节后很快会有所回落，但在短期内迅速买入抛出，就能大赚一笔。

M 这次认真了。他反复论证比较，股市的几次波动也验证了他的推论。于是 M 动了歪念头，这一次，他没有将目标公司的动态上报给上司，而是告诉女朋友去买了相应企业的股票，并告诉她在三天后把股票抛出。当时他已经想好了托词，只要公司发现他没有上报，就可以解释成是工作疏忽，没留意到该公司的这个信息。

几天后，事情的发展却没有如他所料。虽然他没有将对方的动作及时上报，但是金融系统内部如蛛网般丝丝相扣，公司还是有了相应的动作，最终那只股票没有涨，他等来了上司的约谈。

M 因违反合同而被公司开除，由于他有了行业污点，再找同样优质的工作难上加难。上司对他说："你想要赚钱，这无可厚非，你跟着我干，不会少你的，但是你背叛我，那你就赶紧从我这儿走人。"

在所有的职场品质当中，忠诚永远是不能抛弃的。失去了它，就失去了一切。它代表着个人信用以及契约精神，是任何时候都不可以逾越的原则，是我们在职场安身立命之根本。

我们之所以重视与上司的相处，是因为他在职场上的身份，既是贵人，又是我们忌惮的对象。他决定了我们能否得到重用，也决定了我们能否拥有一个愉快的职场环境。

其实与上司相处的技巧很多，但也可以总结为一点：以简单对复杂。上司也是普通人，我们只要换位思考一下，就知道他需要什么样的下属。有时候，尽职尽责，就是为上司做了最好的事情。

朋友变成上司，要如何相处

在职场中，我们会遇到一些特殊的状况，比如说朋友忽然升迁为自己的上司，或者加入了朋友的公司。你或许觉得，这真是件好事，你们的相处可以更轻松，因为彼此更了解。但真实的情况是，这样的关系往往会带来一些困扰。

我曾经在咨询的时候，遇到过这样的问题：“去朋友的公司做职业经理人，关系没有以前好了，该怎样处理关系？应该注意些什么？”

对职场人来说，特别是当朋友变为老板或当下属变为老板后，很多人就不知道该如何处理关系了。一下找不到自己的定位，导致兄弟之间的关系越来越僵化，事业和朋友都没做成，最后不欢而散。这与自我定位错误有关。

几年前，我帮助一家公司寻找一位职业经理人。当有人推荐了适合的人选，进入线下 1 对 1 面试环节的时候，我与该候选人聊到“你们原来公司 A 先生是这家公司的总经理……”

我的话还没有说完，这位职业经理人就立刻笑起来，说 A 先生原来是他的下属，此人如何如何，接着说了一大堆人家的私人情况。我当时感觉十分不好，立刻就放弃推荐该候选人了。原因很简单，碰到这样的候选人，还带着前领导的身份去审视未来的领导，即使猎头推荐成功，入职后也绝对不会成活太久。与其这样，不如放弃推荐，也避免客户尴尬。

换个思路来想，A 先生没有主动挖他，也恰恰说明他没有在 A 先生心中建立良好的个人职业品牌。那么，我们再次把话题聚焦到开篇案例的问题上来。根据多年的咨询经验，我认为这位职业经理人首先应该意识到他和朋友之间的关系变化，以前是纯朋友关系，现在首先是上下级关系，其次才是私人朋友关系。

在职场中，很多人会因为私交而导致盲目信任，所以去朋友所在的公司任职，而且朋友是上司时，你应该注意：

第一，摆正姿态。

公开场合一定是领导，私下尽可能是领导，最后才是朋友。这就像在职的时候，永远不能和你的直接老板成为“朋友”，千万不要因为喝两口小酒就称兄道弟了，这是典型的不懂职场基本规则。在职场上，其实，真正成为朋友都是在离职后。

第二，做好本职工作。

这是你在公司的立足之本，否则上司一样会换掉你。那样的话，可能你们的朋友关系也会受到一定程度的影响。假如你把工作做得很好，你的朋友兼上司也会觉得脸上有光。

第三，工作和生活要严格切换。

不要把生活中的状态带进工作里。比如，私下里你们称呼可能是很随意的，但是工作中你一定记清楚自己的身份，不逾矩。更不要让其他同事感觉到你们有不符合职场身份的举动。那样对双方来说都不是好事。

第四，做一个守口如瓶的职场人。

基于你与上司的交情，可能会有人向你打探上司的私事。千万记住，不该说的一个字也不要说；该说的，则要有理有据，恰到好处；可说可不说的，也最好不要说。职场人多嘴杂，说不定什么话就被传到了领导那里，曲解了意思，引发不必要的猜忌和争端。

在职场中，当朋友变为上司时，必须马上做好角色调整和定位。这样，你们的关系才会越来越好。职场永远有职场的规则，双方只有充分理解，懂得亲密有间，才能将合力发挥到最大。

提高与上司的互补性

上司与下属之间的关系，看似是管理者和被管理者的关系，实则不然。实际上，不论是上司与下属，还是同等级的同事之间，大家都只是简单的工作上的合作伙伴关系，区别只在于合作的方式。

同事与同事，通常彼此独立，偶尔相互协作；而上司与下属，则关系到任务分配和工作内容监督的问题。

确定了这一前提后，在工作中，就应当注意如何提高与上司之间的磨合性。在现代企业关系中，绝不是上位者责令，下位者听话，下位者只需要无条件服从，而是要建立一种和谐互补的合作关系。彼此都要付出努力去适应对方的工作，同时也可以根据自己的需要，向对方提出要求。互相理解，互相支持，达成共同的目标。

第一，充分了解部门角色。

部门的职能范围，貌似简单直接地写在公司手册上。但事实上，依据每家企业不同的创业基因以及不同的战略规划，其各部门的职能范围其实是大有不同的。

了解了所在部门需要承担的角色，你才知道上司最需要的是什么，尤其他本身不具备，但又最看重的是什么。知道了这一点，再围绕这个核心去打磨，你就是上司眼中最有价值的人才。

我的朋友加入了一家创业公司，在进入运营部之后，他立刻思考了这个问题。发现上司的优势是熟知各自媒体平台的推广模式，但是弱项是文案把控。于是他着重在这一点上下功夫，组建了一个文案小组，根据运营需求来提供恰当的文案，做到了全然不让上司操心。得到这样的助手，上司自然感到欣喜。

第二，让管理型遇见专长型。

不少上司是管理型，他们擅长统筹，具有一定的沟通能力和协调能力。所以，这样的上司最需要的是专才。

这也是我为什么总是强调，职场人要具备一技之长来作为立身之本。也就是说，在某个领域里你可以击败大部分竞争者，那么这个领域就成了你的主场。

小陈是公司里的新人，有一次陪同经理就某一款零件的价格与供应商进行谈判。

公司一直找不到这个零件的低价供应商，问了几家都觉得对方价格太贵。这次谈判的供应商，他们提出的价格低于之前问过的所有供应商。但是，在产品资料上，小陈还是看出了问题。他当时没有表现出来，而是悄悄给经理发了一条微信。经理立刻终止了谈判，两人配合默契，避免了损失。

第三，在性格和行为方式上相互理解。

很多员工会觉得，上司拿着比自己多的薪水，坐着比自己高的位子，就理应承担相应的责任。上司做好了是本事，做不好是能力不足，就该受到公司的责罚，而那都与员工无关。

其实不然，一个部门的负责人，代表的是整个部门的颜面。如果面对失误或不好的业绩，本部门都没有人愿意一起承担，将非常影响团队的凝聚力和竞争力。不管是一个部门，还是一个小组，员工与上司其实都在同一艘船上，下属对上司，也应该抱有共同进退的心态，而不是如一个旁观者那样等着看笑话。下属与上司之间是合作关系，那作为合格的合作者，就应该彼此拧成一股绳，团结起来共渡难关。

那作为员工，正确的做法是什么？

首先，要了解自己的上司，清楚他的强项和弱项。当上司面对自己的强项，员工尚且可以松一口气，但当上司面对自己的弱项问题时，员工就要集中精力，想办法做好辅佐，千万不要让上司乱了阵脚。因为上司的阵脚乱了，整个部门很容易陷入无序状态。

其次，要理解上司的难处，当上司需要支持的时候，就及时伸出手去。上司作为在职场上有一定经验的人，他自然也能够分清哪些人在关键时刻值得信任，哪些人只是身边的过客。

总之，要明确自己和上司之间并不是彼此针对的关系，而是相互配合协作的关系。只有在一个配合默契的环境下，团队才能发挥出最大的力量，作为团队中的个人，也才能获得最丰厚的回报。几乎所有优秀的团队都经历过危难时刻的考验。

遵循组织的一切规则

一家公司在市场上稳定发展的最大前提，就是要遵守行业规则。而一个员工要想在公司站稳，最大的前提则是遵守这个公司制定的规则。

没有规矩不成方圆，小到个体，大到国家，都需要按照规则行事，如果做不到，就难免在行事上出现偏差。对于组织来说，不遵守规则的人就像一枚“定时炸弹”，不排除他就会影响到组织的发展。

当然，遵守规则的前提，是要熟悉规则。熟悉一个公司的规则，并不仅仅是为了记下那些条条框框。通过学习公司的规章制度，可以了解这个公司的企业文化、价值观以及社会责任等。这有助于自己找准企业的市场定位，从而让自己做出选择。

有人觉得，对于一家新公司，入职人员的确需要增进对这家公司的了解，便于对公司进行客观衡量。而如果是一个在行业内存在已久，并且具备一定地位的企业，就没必要去探究企业的价值了，它们能做到今天，必然就经受住了市场和社会的考验。

其实这个想法是不对的。一家成立时间较久，地位较高的企业，的确会有它的过人之处，但是它的经营理念却未必适合所有人。

从学校毕业后的 Jimmy 第一时间奔向了某家世界 500 强的企业，但是到了那家企业后不久，他就发现这个企业的整体理念与自己并不符合。比如这家企业提倡的是量产而非创新，它之所以赚钱，靠的并不是优秀的产品，而是靠大量的生产。大量生产的背后，自然就是压榨员工的价值，将员工变成只会设计单一产品的、毫无创新头脑的重复工作者。

Jimmy 并不想做一个重复工作者，更不想变成一个彻头彻尾的工具人。所以他很快地逃离了那家公司，并选择了一个名气不大，但是更提倡员工的创新意识和人文关怀的小公司。

每一个企业都有自己的价值观和在市场中存活的方式。关键在于求职者自身是否能够接受该企业的价值观，是否能接受该企业提供的未来几年甚至十几年的经营方式。如果可以接受，那么就加入其中；如果无法接受，那就尽早另投他处，否则迎接自己的将只有消耗和折磨。

因此，求职者需要在加入公司之前先了解这家公司的规划，否则当自己深陷“泥潭”后再醒悟，就为时太晚了。当了解了公司规则后，仍决定投身其中，就必须要一切行动听指挥了。既然选择，就说明已经接受规则。遵守公司规则，是保障公司正常运转的必要前提。

有的员工常常会责怪公司拿规则压人。但是，交通法规要求市民规则的制定者和不许闯红灯，并不会有人认为交通法规的制定限制了行人的出行，他们会感谢交通规则的制定者和管理者，让自己的生命安全得到了保障。

规则并不是压迫，而是保障，规则的制定保障了公司大多数人的权益，也让破坏规则的人受到应有的处罚。想清楚这一点，就不会觉得服从公司规则是多么让自己委屈的事了。

一切按照规则行事，也能让上司与下属之间形成良性的相互监督关系。上下级是一种以管理为表现的合作关系，管理就必然存在一个度，这个度就是公司的规章制度。在规则以内，员工的任何行为都需要听从上司的指示，而在规则以外，员工就拥有充分地自由。

一般情况下，我们在企业里所说的“听从上级的安排”，所依据的就是公司的规章制度。所以，只要按照规章办事，管理者就完全不必担心下属会不服从自己的安排，从而影响工作的有序开展，在工作过程中就会省去很多不必要的麻烦，让大家轻松很多。

对于企业来说，情怀只是加分项，规则才是必答题。根据企业定位与目标，不断调整出合理的规则，并监督其健康运转，是永远的定律。如果企业只允许有一项文化，那么无疑就是遵守规则。

在企业里，员工要遵守规则；在市场上，企业也要遵守规则。任何组织中，都会有监管者随时维护规则。只有将规则放在一个庄严神圣的位置上，整个社会运作才能真正做到有条不紊。

时刻警惕权力红线

动物为了谋求生存，都会遵守丛林法则，在被允许的范围内自由活动，否则就会遭到来自其他种群的“制裁”。职场有如丛林，也充满了生存竞争和适者生存，我们要提防并远离那些不该去触碰的红线。

以下这些行为，一旦做了，就会惹上麻烦。

第一，越级汇报

这条最为重要，是职场上的大忌。因为人与人之间的信任，一旦受到挑战，是很难恢复的，越级就是越权。当你做出这个举动的时候，就意味着将上司置于被动的位置。这是一条不能回头的路，很有可能“赔了夫人又折兵”。

很多刚步入职场的年轻人年轻气盛，有时会对自己的直属上司感到不服气。尤其当工作上遇到问题时，就会产生越级上报的冲动。其实这是目光短浅的表现。这样的员工，实际上是忽视了整个公司的运转体系。

30 多岁的小李在一次工作中为领导背了黑锅，二话不说便向公司总经理投诉。结果，小李和他的领导都被迫离职了。有人可能不解，为什么投诉者还要被离职呢？在职场中，有一个不成文的规则，那就是任何领导都不会喜欢越级汇报的人。

不管哪种原因，下属越级汇报，会引发误会、怀疑、妒忌。所以，人在职场，一定不要越级汇报，除非你已经做好离职的准备。

第二，违反保密协议

这条约道理很简单，那就是泄密者皆为叛徒。不过，这里也有一点需要注意的事项，就是一些泄密者存在非主观的情形，他们以为只是在正常聊天，却没料想在不经意间构成了泄密行为。

我就曾经遇到过这样的人，他在坐火车的时候，与身边的乘客闲聊。聊天过程中，对方问起他们公司最近的效益等问题，因为跟对方聊得很投机，又觉得并不存在利益关系，他就和盘托出了。一个月后，公司忽然找到他，问他是不是对外泄露了公司的机密，他很错愕，但是立刻承认了，并表示自己决非故意。

原来，那一天在火车上，他忘记了自己身穿的是工作服，他所有的言语都被对方对号入座，并且传播了出去，对企业产生了很不利的影响。尤其是这些信息被竞争公司所利用，在整个行业内产生了负面影响。

由于他的失误，给公司带来了这么严重的后果，他当然是直接被公司开除，并且由于是他泄密在先，公司的开除行为完全符合劳动法。这就是泄密者的下场。所以我们说遵守保密协议，是时刻应该具备的意识，切不可掉以轻心，让自己在无意中成为泄密者。

第三，挑战领导的权力定夺权

在职场中，管理者与普通员工的最大区别之一就是拥有一定范围的决策权和资源分配权。很多人会在这个问题上犯低级错误，实属不该。不要觉得自己有能力，被领导看重，就在一些问题上失去了敏感性。即使被委以重任，也要在最恰当的时机向领导进行汇报。避免与领导出现决策上的偏差。

另外，很多人觉得汇报工作并没有意义，因为，有些领导根本不关心业务，自己交上去的报告，领导可能连看都不会看。这样的想法也是错的，古往今来，一个管理者最抵触的就是自己被架空，如果他一旦发现整个组织渐渐不在他的控制范围内，就会立刻警觉起来。这个时候，难免会对你心怀芥蒂。

第四，动人力资源的歪脑筋

有些人喜欢在公司或者部门安插“自己人”，这么做不仅会违反企业规定，更是在动摇领导的权威。如果家里人真的需要一份工作，那么不妨直截了当地向领导表明，而不是自己偷偷部署，如此一来，很容易被别有用心的人做了另外的解读。

在职场语境下，“权力”的含义往往是与部门职能相关联的。但正是因为这涉及了职场管理者对于企业关键环节的把控，所以我们还是要对领导保持尊重与敬畏。尊重权力，就可以更好地捍卫职场规则，敬畏权力，则可以更好地关照内心，审慎自我。

如何提高决策能力?

德鲁克说过一句很经典的话：要看“正当的决策”是什么，而不是“人能接受的”是什么。但现在很多人的决策都不是依据是否“正当”，而是看“自己能接受什么”和“什么才能让自己过得更加舒适”。正是这种决策方式，断送了自己的职业发展。

有一位资质不错的职场人，以他的教育背景和能力来看，应该继续在大企业再工作几年，悉心打磨自己的工作习惯与能力，建立初步的职场人脉后，再考虑去中型企业或创业型公司提升自己。

有一天，这位小伙子收到某创业型公司的邀请，创业公司开出的条件很有诱惑性，提升了他的职位和薪酬，小伙子毫不犹豫立马选择了加入其中。遗憾的是，创业型公司风险太大，他加入这家公司不到 15 个月公司便宣布清算。那时他才意识到自己的这个选择有点草率了。

一个错误的选择，导致他后面的 5 年都走得比较艰难。在做职业咨询的时候，我可以从他的语气中听出满满的焦虑，从前的那份自信早已荡然无存。其实，很多人会因职场判断失误而导致决策失败，从而断送了自己大好的职业前程，那么，我们来分析一下其原因何在：

1. 遇到问题依靠感性做决策

感性决策的前提是对已有结果进行美好预判。正是这种带着美好预判做出的决策，常常事与愿违。举个极端的例子，新闻媒体上经常可以看到某大学生因为想要实现“财富自由”，结果进了传销组织，一失足成千古恨的例子。这就是感性决策导致的。对生活抱有美好的期待是对的，但一定要结合自己的实际情况做出判断和选择，否则就会做出偏离客观实际的决策。

2. 缺少问题判断的知识或理论，出现认知的偏差

所有的决策都应该是在知识和理论的指导下做出的合理决定。如果缺乏对问题判断的知识和理论，就会出现认知偏差，导致决策失误。学习知识和理论是很枯燥无味的，很多人都不愿意走出舒适区。那么就很可能在人生道路上做出不恰当的选择，错失很多机会。

3. 容易陷入纠结

因为别人的一句话或一个建议，就会否定自己以前所有的判断，在别人的判断中左右摇摆，希望自己做出“非常英明”的判断。我接触过一位职场人，在选择 offer 的时候，把周围的人问了个遍。答案有否定的，也有

肯定的。这个时候如果没有自己的立场，就无法拿出“正确”的主意，因为不管怎么选择，都无法迎合身边所有人的意见。选择的权力在自己手上，选择的后果也要自己承担。所以，一定要以自己的判断来做出选择，可以听从他人的建议，但是不要被别人牵着鼻子走。如果实在不知如何是好，那么可听从专业老师的建议。

对职场人来说，想要做出正确的决策，到底要具备什么能力呢？

首先，对目前形势或市场趋势了解的能力。

德鲁克在《有效的管理者》中写道，“当今的时代，可以说是变化的时代。重要是，要具有把握这种变化的时机感和预见性”。预见性也是职场能力的体现，只有对行业非常熟悉，保持思考，才会有预见性，才会做出更稳定和超前的决策。

其次，提升自己的认识，不要高估自己的认知。

任何脱离理论或数据的决策，都可能酿成无法挽回的大错。没有足够多的信息，仅靠凭空想象是无法做出正确判断的。我经常讲，职场人要多读书多学习，不断更新自己的知识体系，否则就会失去正确决策的眼光和能力，让自己的团队走入歧途。

最后，注重推演和多实践，推演可以帮助决策。

所有的推演都是建立在系统化和体系化的知识基础之上的。任何决策都不存在100%正确，而是在数据和理论的指导下，把对自己最不利的一面转化为对自己有利的一面，大大降低风险的可能性，前提是心态要好。只有自信的人，才会相信自己的决策是对的。

认识自己是最难的。瑞·达利欧说：“不管我一生取得了多大的成功，其主要原因都不是我知道多少事情，而是我知道在无知的情况下自己应该怎么做。”其实小到职场，大到人生，只要我们拥有了“知道自己该怎么做”的判断力，无疑就拥有了掌控生活的权力。

上司不需要发牢骚的下属

职场人面临着来自工作和家庭的重重压力，发发牢骚无可厚非。不过，发牢骚可以，千万不要在公司发，因为这将直接关系到上司对你的印象，甚至影响到今后的职业发展。

发牢骚，是一种疏解情绪的方式。这就像是情绪的排毒，将心中不满发泄出去，有助于缓解精神压力。这种行为是合理存在的，不过疏解情绪的出口和对象，一定不是职场。

首先，发牢骚是一种散播负能量的行为。

其实在当前这个压力大、竞争强的社会里，强行要求一个人永远满满正能量，是不现实也不人道的。负能量并不是不可以有，而是要注意合理安放。

下班回家后打打游戏，找几个朋友唱唱歌，甚至去找心理医生进行疏解，这些都是合理的途径，但是在公司里散播负能量，可就是不分时宜的了。公司既然是工作的场所，职场人就要爱护这个环境。很多公司会绞尽脑汁去激活气氛，比如每天早晨开早会，甚至唱歌喊口号，都是为了给员工一个积极向上的情绪引导。如果这时候公司出现了一位负能量传播者，这会大大降低人们的工作热情，让人难以忍受。

其次，牢骚，是具备传染性的。

准确地说，人与人之间的情绪都是能够相互传染的，一些定力不强的人，轻而易举就会受到他人情绪影响，从而成为新的“情绪散播者”。

小沈所在的部门就发生过这种事。当时公司遇上了行业动荡，发展正处于低谷期。接连几个月，企业收入都很微薄，所以无法为员工提供好的待遇。但其实这是特定事件引发的短期效应，只要大家坚持下去，公司未来的走势还是很可观的。

然而，小沈所在的部门有人开始承受不住，不断发牢骚。这个人其实刚刚入职没多久，年纪也比较小，一般这样的人说话没人会把它当真，但是这个女孩子的话特别多，遇到任何事情都要牢骚一番。早晨，去饮水机接水，因为送水的还没到，这个女孩子就会小声嘀咕，说公司怎么惨成这样，连饮用水都要喝不到了。即便十几分钟后水就送来了，可女孩的情绪早已经传播了出去。面对烦琐的工作时，她也会抱怨几句，说现在这行经济已经是这样了，怎么还有这么多的事情要做，做了又没钱赚，大家就是在做无用功。

起初还有人劝她再忍一忍，后来因为工资低，压力大，很多人也被这种情绪影响。比如看到领导早早离开公司，就会嘀咕连领导都早退了，为什么自己还得一直坚持到下班。渐渐地，部门里居然有不少人觉得辞职是正确的选择。

抱怨、牢骚是负面情绪的温床，一旦它们生根、发芽，便会慢慢失去理性的控制，成为漫天藤萝，缠得我们的心灵密不透风，直至一寸一寸将我们吞噬。

最后，牢骚除了带来负面影响，没有任何意义。

一个人喜欢发牢骚，只是为了满足发泄的欲望，对问题的解决无济于事。如果一个员工每天说得最多的话是废话，那这样的员工，对领导来说也同样是毫无意义的。

每个人在工作或生活中都会遇到各种问题，当遇到问题时，正确的做法应该是想办法如何解决。我们冲一杯咖啡，咖啡太烫了，就等一等，或者吹一吹，让咖啡凉一点，如果只是抱怨咖啡怎么这么烫，又有什么意义呢？

工作也是同样的道理。一个优秀的员工，遇到问题时第一时间是会主动寻找解决方案，而不是花大量的时间和精力去抱怨。一个人是否喜欢发牢骚，可以看出这个人的情商高低，而员工的平均情商将直接关系着团队的工作效率。

情商就是一个人管理情绪的能力，这种管理既不是压迫也不是忍耐，而是合理的控制。情商高的人，有了情绪时会懂得在什么时间将其控制住并在什么时间将其发泄出去。只有情商低的人，才会一有情绪就向外发泄，完全缺乏控制力。喜欢发牢骚的人，如果遇到其他事情，还可能出现临阵脱逃情绪崩溃等问题，所以遇到这样的人时，领导可能第一时间就把他排除在外，因为这样的员工不利于公司凝聚力的形成。

负面情绪是一滴浓稠的墨，能迅速渲染心灵这个纯净的湖泊。在工作中，我们要尽量做那个能够控制好自己的情绪并善于解决问题的人，不要做那个到处散播负能量，传递不良情绪的人。

WORK
AT
ITS
BEST

第四章 向下激励的超级管理法则

树立权威，亮出底线

在职场中，如果想要成为一名优秀的管理者，就必须要树立权威。但有些管理者，他们不希望职场环境过于紧张，也不想受到下属的埋怨，便对下属的一些不当行为一味纵容和忍让，这样的结果，会使得最后整个团队变成一盘散沙，一事无成。

那些能够更好管理团队的人更容易受到下属的信任和支持，反而是那些一味纵容下属的管理者，表面上看起来跟下属之间的关系其乐融融，实际上却并不能服众。

管理者需要明白一个事实，就是职场并不是朋友圈，并不是一个吃喝玩乐的地方，职场是一个需要大家共同努力创造价值的舞台，每个来到职场的人都不是为了去交朋友的，他们或者是为了生计，或者是为了实现自我价值。所以，管理者首先要考虑的，也并不应该是如何营造一个温馨的职场环境，而是应该考虑如何提高团队的效率。想要提高效率，靠的不是其乐融融的相处，而是行之有效的管理，其中很重要的一点，就是管理者的权威。

因此，管理者在团队中必须要让其他人心存敬畏，一个让下属感受不到任何压力的领导绝不是好领导。当然，这种压力也要适度，因为一旦压力过大，反而会降低团队效率。

树立权威，其中很重要的一点就是管理者要让下属清楚自己的底线，只要不触碰底线，下属可以自由发挥，但是一旦触及底线，那就必须要严肃处理，决不含糊。

李树在刚刚担任团队负责人的时候，并不知道如何做好一个管理者。在那之前，他是一个优秀的颇有创造力的程序员。在公司的某次项目中，李树提出了一个十分具有创意的功能，结果让公司的 APP 大受好评，李树也从此得到了领导的重任，所以在下一季度的 APP 开发项目里，公司经理直接让李树负责带队开发新款 APP。

李树的创造能力是十分惊人的，在大学时就曾经设计过一些人气颇高的小程序。所以，这一次让他全权负责开发一个 APP，他可谓如鱼得水，有了一个大展身手的机会。

他是一个喜欢自由创作的人，所以在其他团队时，他经常因为行事过于散漫而被领导点名批评，这一次他单独带团队，他决定绝对不能重蹈覆辙，绝对不要成为他曾经讨厌的那种管理者。他希望他的团队能够在一个十分轻松的氛围之下，大家各展其能，最终做出一款超赞的 APP。

他是这么想的，也是这么做的。团队组建后的第一次开会，他就明确告诉大家，这一次大家可以迟到早退，随便施展，只要创意好，哪怕在其他地方办公也没关系。他甚至已经计划好，以后大家可以在海边进行头脑风暴，可以去公园写程序。他的想法得到大家的全力支持，一开始也很配合，每个人都十分享受这种轻松活泼的工作状态。但是渐渐地，事情开始走向一个无法控制的局面。

起初，是一个职员在没有任何解释的情况下旷工，由于李树规定了可以在家办公，所以虽然对方没有作出任何解释，李树也没有追究。但接下来，事情逐渐变得失去控制了，开始有人在上班时间公然在朋友圈发在游乐场的照片，后来又有人连续几天旷工。李树始终没有追究，因为他自己也喜欢去其他地方找灵感，并且他在寻找灵感的时候不希望被任何人打扰，他觉得职员们想选择怎样的工作方式都是他们的自由。但是，到了团队例行开会的时候，当大家开始总结工作进度的时候却发现，几乎所有人的进度都不合格。按照这个进度下去，他们团队不可能在规定时间内交出一个成型的作品。

李树的确是个很有个性的设计者，他也喜欢自由散漫的工作环境，但他的一切成功都建立在能够有效完成作品的前提下。他能受到领导赏识，并不是因为他有多么特立独行，而是因为他的才华。如果他的团队不能做出领导想要的东西，那只能证明，让他带领团队是一个错误。

好在李树并不是那种急躁的人，他开始认真总结自己的工作经验，思考问题究竟出在哪里。起初他觉得，或许是这种散漫的工作方式仅仅适合他自己，并不适合其他人，虽然这种工作方式能让他创作出不错的作品，但是其他人未必也能够同他一样。但是他又想到，一些国外的公司的工作环境也是这样轻松，而那些公司并没有因此效率低下。

那么，为什么他的团队不能按时完成任务？回想这半个月以来，起初，大家虽然工作态度十分轻松活泼，但还是会及时完成李树交代的东西，但是渐渐地，大家发现就算没有完成，李树也不会责怪他们什么，只是轻轻一带而过，于是，大家就不再将李树的交代放在心上了。

简单地说，就是李树并没能做好一个领导者，没有树立起权威。之前，李树只是一个人做程序，他需要管理的人只有自己。但是现在，他依然只重视自己的工作进度，对其他人的工作进度并不在意。那天之后，他开始真正拿出了一个团队领头人的气势，该严肃的时候严肃，该惩罚的时候惩罚，他给了其他人足够的自由度，但同时也要求其他人能够回报给他优秀的工作成果。

李树之前并不喜欢那些总是板起脸立威的上司，但是现在他终于明白，要想成功带领一个团队，就是必须要立威，必须要员工对你产生敬畏，甚至惧怕你，必须要让员工明白，什么可以做，什么不可以做。

很多人在自己的岗位上，可以将工作做得很好，但是到了管理层上，却搞得手忙脚乱，这就是因为作为管理者，不仅仅要做好手头的工作，更要做好管理层面上的部署。

管理是一门学问，既需要很强的专业性，也需要恰到好处的拿捏。它是一种“指挥的意志”，并非与生俱来的，但可以努力培养，增加自己的磁场，逐渐建立起公信力，赢得下属的尊重。

永远不要和下属比技能

下属的技能比上司更强怎么办？问出这样问题的领导，首先要进行一番自我检讨，是不是出现了身为管理者不该有的狭隘和失格。正如马云所说：“领导永远不要跟下属比技能，下属肯定比你强；如果不比你强，说明你请错人了。”

这句话道出了一个职场的真理：比自己强的下属，才是好下属，而能管理好这样下属的领导，才是优秀的领导。如果身为管理者，看到能力强的下属时，不是尽可能地去利用他的能力，反而采取各种伎俩去打压和肃清，来维护自己的地位，那么这种地位本身就是摇摇欲坠的。这样的管理者，也不可能拿得出良好的业绩。

作为管理者，最重要的是组织、管理、协调和向上以及向下沟通的能力，所以，管理者最该在意的，不应该是下属的能力是否比自己强，而是自己是否能够使下属的能力为己所用。

操作电脑的人不需要每秒钟计算上亿次，操作菜刀的人也不需要做到徒手砍骨头。如果说下属是工具，那么管理者就是使用工具的人。使用者不需要比工具的能力更强，甚至使用者完全可以不具备工具的能力，使用者只需要懂得如何熟练地操作手里的工具即可。

当然，知己知彼才能百战百胜，要想管理好那些能力比自己强的下属，就要对他们有充分的了解。据我观察，那些在职场上常常抢走上级风头的下属有以下几种：

1. 单纯技术型。

职场上有很多这样的人，他们更热爱钻研技术，对其他事情一概不闻不问，这样的人往往有着很强的工作能力。

2. 做事过于着急。

这类人多数是急性子，有了任务便立刻要执行，且迅速出结果。这样的人容易出彩。

3. 热衷表现。

这类下属其实未必有多么强的能力，但是他们却很喜欢在各级领导面前表现自己，甚至在领导的领导面前卖弄，大有压过一切人的势头。

4. 在背后与上级作对。

职场上并非人人都是良善之辈，在背后插刀的人也并不鲜见。这样的下属，能力越强，对管理者的危害越大。当知己知彼后，作为管理者，就要开始用兵操练了。虽然具体情况还需要具体分析，不过在对待下属的方式上，也有一些普遍适用的规则，只要掌握了这些规则，至少在大方向上，会少走许多弯路。

第一，懂得识人用人。

用人先要识人，对下属一无所知的管理者，很难取得下属信任，甚至更容易被下属出卖和背叛。职场上那些优秀的管理者，都十分了解他们的下属，他们对下属的了解程度，甚至可能会超过下属对自己本身的了解。一个能熟练使用工具的人，必定会仔细研究工具本身的各种性能，以及其具备的潜力水平，如果连这都做不到，何谈熟练使用？更不用说如何在工作中有所成就了。

第二，要懂得控制下属的工作节奏。

一个指挥家，可以不会弹钢琴，不会拉大提琴，不会吹单簧管，但是他却懂得指出钢琴师、大提琴手、吹奏者们何时开始以及何时停止，懂得让他们何时提高力度，何时降低音量，这就是管理者的力量。一个团队，不论成员的能力多么突出，如果缺少一个懂得掌握节奏的管理者，那也必然只能是一盘散沙。所以，作为管理者，不需要思考下属的能力究竟超过自己多少，而应该考虑的是，如何让这些人在工作中发挥出最大的能力，并且保证人与人之间的合作可以达到和谐一致，最终能够实现最大效率。

第三，不要吝啬鼓励和表扬。

不论多出色的人，都需要被肯定和认可。比起那些能力比下属高出许多的领导者，那些懂得鼓励下属的领导更容易赢得追随者。作为领导者，与其害怕下属功高盖主，不如放低姿态，用最诚恳的赞美去肯定下属的能力，这样一来，下属会在领导的肯定中建立信心，提升工作效率。

第四，懂得培养心腹。

每个成功的领导者，都有几个用得顺手的下属，这就是心腹。心腹未必是能力最强的，但必定是最忠诚且执行力很强又能准确领会领导意图的。在培养心腹时，要多留心几点：首先，只会言语讨巧的下属绝对不要，这种下属除了在嘴上讨人欢心，实际操作上没有任何用途；其次，野心太大的不要，这种下属可以用，但是没必要作为心腹去培养，因为早晚都要离开；最后，可以给心腹足够的发挥空间，但空间必须有个界限，一旦对方越界，就要给出警告，令对方切不可忘记自己的权威性，若对方仍不知悔改，就要考虑放弃对他的培养，因为这说明该下属已经无法被自己驾驭。

管理，最重要的就是“管”和“理”。管，是能够让各种能力水平的人都可以为自己所用；理，是规划出一条合适的路线，让大家都按照这条路线去行动。切不可本末倒置，将“管”和“理”都放在一旁，同下属进行无谓的争强好胜。

拒绝职场冷暴力

如今，“暴力”一词已经不再仅仅用来描述身体上发生的冲突了，在文明飞速发展的当代社会，很多语言上的行为也被纳入暴力的范围，比如一些会伤害人心的话语被称为语言暴力，对人表现明显的冷漠和无视则被称为冷暴力。

不过，由于没有发生肢体冲突，所以很多其他形式的暴力经常会被忽视。然而肢体冲突伤害的是人的肉体，而其他形式的暴力，却会直接打击人的内心。所以，冷暴力的杀伤力是基于却并不亚于“热暴力”的。

在职场中，我们通常不会考虑太多关于社会关怀的东西，这并不是说职场冷血，而是职场的作用就是把一些原本素不相识的人放在一起尽可能创造更大的价值，这是由职场本身的性质决定的。至于社会关怀，则属于其他领域。

但是，尽管职场总是围绕着效率和价值，我们还是要投入很多精力在员工的身心健康上面，因为员工的身心健康直接决定着效率和价值。

一个每天积极向上的人，和一个每天阴沉着脸的人，哪个在工作上的效率会更高，这几乎不用想就能知道答案。所以很多有条件的大公司，都会尽可能给员工提供良好的工作环境，还时常进行团建活动，目的就是给员工带来一个好的心情，有一个好的工作状态，以便为公司创造更多的价值。

冷暴力是很可怕的东西，它给一个员工带来的心灵伤害，是任何良好的工作环境都无法弥补的。冷暴力的发起者可以是任何人，可能是团队的领导，也可能是其他员工，被冷暴力的原因也各不相同，可能是人际关系上的原因，也有可能是个人生活的原因。不过，如果一个团队内出现冷暴力现象，而领导者却毫无作为，那整个事件最大的责任者，就是领导者自身。因为领导者不仅仅要负责带领团队创造价值，更要负责将整个团队管理妥当，团队内出现任何问题，领导者都是责无旁贷的。

小祁就遇到过下属之间的冷暴力。当时被冷暴力的是公司一个工作一年多的员工，她跟同事之间的关系一直不怎么融洽，原因大部分在她自己身上。我们暂且称她为员工 A 这个员工 A 是名牌大学的毕业生，有一点小才华。公司也很重视她的能力，初入公司，就给她派去参与了公司的重点项目。本来，这是一个很好的起步，只是，A 由于在名牌大学的环境下待习惯了，她总觉得身边都应该是能力很强的人，面对能力不如她的人，就会产生一些情绪。当然，她的本质并不坏，只是对他人的要求比较高，但她的表现在其他人看来，就被归结为趾高气扬看不起普通大学的毕业生。

A 在公司工作一年多的时间里，可以说几乎没有哪个同事会对她产生什么好感，不过，表面上大家还是维持着工作上的和谐，毕竟大家都是出来赚钱的，没有必要做什么意气之争。直到 A 所在的部门空降了一个小主管 B。

B 虽然学历不高，但是有点背景，再加上家里有些资本，她家亲戚是这家公司的重要客户之一，所以她才能以一个大专的学历，空降进入这家公司的重要部门做主管。

她的出现让 A 十分不满。A 倒也没有特别在意 B 的学历问题，毕竟人的能力是不应该被一纸学历所衡量的，但是 B 实在是有些能力不足。除了一些基本常识经常弄错之外，她的外语水平也不怎么样，有好几次甚至直接搞错了客户的要求。

A 本来性子就容易急，几次三番当面纠正 B 的错误，B 面子薄，这种行为在她看来就是当众羞辱。B 虽然能力一般，但是在人脉手段上十分不简单，很快，B 就联合了公司的其他员工，大家集体开始对 A 采取无视态度。每天的上班时间，大家都故意装作看不见 A，没有人对她讲话，她说话时别人也当听不到。一开始，A 还会发脾气，时间久了，她便陷入了抑郁的情绪之中。

小祁是该部门的主管，那时候，他明显感觉到，部门的工作效率有所降低。之前，该部门的很多重要工作内容都会交给 A，同时 A 还会及时提出其他员工在工作上的错误，可是那段时间，A 在工作上体现得十分消极，甚至有好几次直接告病请假。小祁便主动去了解情况，才知道在部门内部发生的种种事情。这件事对小祁来说很不容易处理，因为一方面，B 并没有犯什么特别大的错误，并且她还是公司重要客户的亲戚；另一方面，A 更没有犯什么错误，她只是态度不好，容易得罪人。

小祁先找了 B 进行谈话，希望 B 作为领导可以放宽心胸。接着，他又找了其他员工，给他们上了堂思想政治课，跟他们讲了同事之间的融洽相处有多重要。他更向大家强调了 A 在工作中曾经给大家提供的帮助，让大家不能因为 A 的性格不好，就恩将仇报。经过小祁的教育，大家也都意识到自己这段时间以来做得有点不当。

为了融合同事关系，小祁又组织了几次部门的娱乐活动，为的是让大家增进彼此的了解。他将自己变成了一个融合剂，几次从中融合小 A 和其他人，渐渐地，大家的关系也变得不那么僵了。

当然，最重要的一点，就是小祁在安排工作时，也有意提高部门人员的配合度，并且多次鼓励员工相互沟通。当沟通的次数多了，隔阂自然也就消失了。在一次谈话时，B 也向小祁坦诚了自己的确曾经有意排挤孤立 A，希望 A 能受不了直接辞职，但是经过小祁的几次融合，B 跟 A 不但达成了和解，还对彼此有了更深的了解。很快，小祁所管理的部门的工作效率再次提高，这全都归功于小祁的正确领导。

职场并不是一个用来交朋友的地方，但在职场中，只有同事之间搞好关系，才能产生更好的工作成果。这也是为什么，很多在职场上常年合作的人，他们之间的信任关系比一些朋友、亲人还要密切。其实真正在职场上能够做到搭档无间的同事，也不失为一种莫逆之交了。

因此，尽管职场是个谈效率和价值的地方，可职场也同样是个会建立深厚情感的地方。同在一个部门，就是同在一艘船上，大家一起在海浪中航行，彼此都握着对方的命脉，这种时候，同事之间和睦的气氛就尤为重要。

任何会伤害到同事的行为，都是会上升到成为伤害整个集体的行为。虽然在职场中人们各有不同，但对整个集体来说，每一个人都是同样重要的，每一个人都不应该受到伤害。一般公司有纪律管制，不会轻易让员工受到肢体伤害；但是对心灵的伤害，却几乎没有措施可管。因此，拒绝冷暴力就尤为重要。

如果无法明确禁止，那么抵制冷暴力的大部分责任，就都落在了管理者的肩上，身为管理者，必须及时发现并及时纠正，以免给员工和公司酿成更大的伤害。

提高你的面谈与倾听技能

作为管理者，能明确向下传达自己的意图固然重要，但适当倾听来自下方的声音也同样重要。因为一方面，只有懂得倾听下方的声音，才能对自己管理的团队有足够的了解；另一方面，下方有时候会发出十分具有参考价值的声音。

小峰是一家公司的部门经理，平时除了完成自己该做的工作，剩下的就都会交给部门下面的主管，再由主管自行分配任务。本来这工作也还算清闲，唯一的问题在于，他所在部门的绩效始终不突出，他在公司的地位也就始终不上不下。他自己倒不大在乎这些，公司里有精英，他不算，他也不喜欢与人争抢，只要完成他该完成的，能够维持现状就好。

不过他犯了个错误，那就是在职场中，是不存在维持现状这种东西的。如果一个人存的是维持现状的心思，那么他必定就会缓慢下滑。因为职场是个不断向上的环境，所有人都在向上，哪怕有人前进的脚步慢了一点，都是在下滑。

小峰的部门正处于这样的下滑危机中，再这样下去，部门很可能会被取缔，分解并入其他部门。为了能在职场上占领属于他的一席之地，小峰决定作出改变，而这就成了他与我接触的契机。他问我如何改变当前的状况，拯救部门的命运。我没有直接回答他的问题，而是先问他，你对你部门的属下员工了解多少？他仔细想了想回答，他的了解，仅限于工作上的各自分工。

一个部门的领导，就是一条船的掌舵人，现在这艘船遇到了危险，掌舵人要发动全船的人共同渡过难关，怎么可以对他们知之甚少呢？作为管理者，他得走入员工的内心里去，得知道员工都在想些什么。

小峰听了我的话便回去了，几天后他再次来找我，讲述了与员工面谈的过程。他首先是和小主管了解情况，结果，两个人进行了一场毫无意义的面谈。他并没有听到什么心声，只听到了一段很官方的工作汇报。于是，在我的指导下，小峰放下领导架子，换了一种了解实情的办法。放下姿态、推心置腹、坦诚相见，渐渐地，小峰找到了感觉，也听到了很多不错的想法和计划，让他对部门改革有了充分的信心。连番沟通下来，小峰发现部门内部其实是藏龙卧虎，倒是他一直埋没了这些人才，他还了解到一些员工的家庭情况，虽然公司能力有限，但适当帮助这些员工也只是举手之劳。

到此，小峰觉得自己才真的像一个有模有样的管理者了。当然，这只是第一步，未来的路还很长。他对我说，他会带领他的整个部门，努力去拼一个更光明的未来。

在一次成功的面谈里，领导者应该是一个很好的倾听者，他要以一个平等的姿态，去接受来自下属的倾诉。很多时候，倾听比指导重要得多。

清晰指明前进方向

一个好的管理者，一定是所在体系的掌舵人，能够引领下属的每一位员工共同为公司创造价值。他的思想和理念，对企业发展有着极大的影响。而作为掌舵者来说，最核心的任务就是：为团队清晰指明方向。企业如果是一艘船，它就要向着目标行驶，无论风雨，使命必达。对下属来说，只要方向是对的，就会义无反顾，风雨兼程。那么如何成为一名优秀的引领者呢？

首先，要明确个人和属下团队的共同目标。

如果没有共同目标，即使团队每个人都在努力，也有可能节奏不一，方向混乱，整个团队互相拖后腿，最后变得一地鸡毛。

在一个成熟的职场环境里，每一个环节都是各司其职，每一个部门都有自己的任务。我们会看到一些员工在与其他部门合作时，表现得非常有魄力，说什么话都很有底气，就是因为他们背后有一个强大的领导。有时候，公司里会出现某个部门整体精神面貌比其他部门更积极向上的现象，只要是从这个部门走出来的人，到哪里都是一把好手，这也是因为，他们的领导能做到目标明确，带领有方。

其次，领导对团队的每一步行动都要适时做出指导。

这就好像乐队的指挥，某种意义上说，指挥的水平决定了合奏的水平。公司里的团队也是一样，每个人在工作时都有自己的习惯，很难做到严丝合缝。一个团队管理者是否指导有方，就是掌控流程不会受到外界影响的关键。

在进行一个项目时，先是确定整体目标以及具体分工，接着就该做好计划，第一步是什么，第二步是什么。计划不可能一直不发生变化，所以在完成第一步之后，领导就要对每个人的工作进行验收和总结，再根据之前的总结，做好下一步工作的指示。

最后，领导要把握大局，抓好重点。

有了明确的目标，还要懂得从全局出发。团队讲究的是整体利益，一切都要有所取舍。比如有的公司因为行业原因出现短期波动，这时没有大局观的部门就会开始自乱阵脚。在这个时候，团队就容易失控，甚至触礁。总之，领导要牢牢把握住部门的命脉，时刻清楚在不同阶段该做什么。

俗话说，知方向，懂使命，方能致远。对于团队领导来说，一段时间内的战略目标必须是明确的、清晰的。这样才能对员工产生巨大的激励作用，保证这艘船向着既定的目标稳步前进。

要充分赋予下属权力

在职场中，不乏一些集权主义者。这类人可能是出于对权力的占有欲，也可能是出于对其他人能力的不信任，总是大权独揽，容不得他人有一丝干涉。这类人的存在对公司来说是种隐患，因为他们很容易犯错误而不自知。

不论是为了公司，还是为了自己，这种独裁思想都不可取。一个聪明的领导，不但懂得如何带领下属，更懂得如何将权力分给下属。

我就曾经听过一个因为大权独揽，而几乎误事的事例。这件事发生在T公司。T公司通过高薪挖人而获得了员工B。因为在行业内已经小有名气，员工B一进到公司，就受到了上级的重视。T公司主要做线上产品，B没有辜负T公司的厚爱，一入公司，就为线上产品开发了一个颇受欢迎的功能，T公司十分满意，因此在3个月内就提拔B为部门主管。

B在部门中负责维护一个主推产品，产品类型恰好在其擅长的领域。所以他充满了热情，对这个产品的每一个细节都有自己的想法。他觉得，这个产品的处置权完全属于他，他决不能让别人越俎代庖，影响了节奏。

不过，一个人毕竟不是一支团队，难免有不周全的地方。因为B不肯放权和在工作中事无巨细，该产品的部分功能一直被用户诟病。当投诉越来越多的时候，公司开始对B的工作方式提出了质疑。

后来B向我倾诉他的难处，我问他为什么不能把问题交给下面的人做，他说信不过，担心做出来的东西跟预想的有所出入。显然B是个完美主义者，但是完美主义的结果，往往就是不够完美。

从某种角度看，权力自然是好东西，但是一个人的精力毕竟有限时，一个人能处理的事情也会受限。作为管理者，万不可钻牛角尖，紧握权力不愿分享。当然，放权这件事也是有一定讲究的，放不好的权力，甚至比大权独握还要糟糕。

首先，只有充分了解你的下属，才知道可以给予他们多大的权力。

比如在上文的例子里，B除了过于完美主义，还在于他并不了解手下的员工，因此才会做出狭隘的判断和决定。最后不但问题得不到解决，还浪费了公司的许多资源。

在职场中，领导者开始可让下属负责小范围的事情，如果下属做得不够好，就尽快收回，交托给另一个可以承担这项工作的下属，以此类推，如果下属做得很好，那就可以再适当增加分量，让该下属负责更大范畴的东西，直到确定下属能力的一个临界值。事实上，大多数公司分派下层领导时，就是这样做的。

而且，在平时工作中，也要留心每个下属的长处和短处，要学会分析员工的可用之处，分析其性格和能力在工作中能实现怎样的结合，这样在下一次分派权力时，就能做到心中有数。

其次，要掌握好尺度。

领导懂得分权本是好事，但如果控制不好，就有可能引火烧身。权力就像风筝，只有把它放飞，才能让它到达自己需要它到达的地方。但是，一定要拉紧那根线，否则一旦风筝收不回来，就有苦难言了。

最后，权力可以分出去，责任不可以。

说到底，不管怎样分派权力，下属始终是下属，始终是在自己的管辖范围之内。因为下属犯了错误，上面的人不会去责罚下属，而会责罚负责管理该下属的负责人。虽然把权力分出去，可以让团队获得更高的工作效率，也能减轻自己身上的负担，让自己可以去做更多对团队有益的事情。但是，仍然要记得，自己始终是整个团队的负责人。所以，绝对不能因为放出了权力，自己就真的完全做一个甩手掌柜。该过问的必须要过问，该负责的也必须要负责。

管理是一门需要反复学习、反复在实践中运用和完善理论的学问。管理者既要懂工作，也要懂人心；既要知道该握紧什么，也要清楚该放开什么。对于下属，既要敢于信任，敢于放手，也要在底线处有所保留。握紧那根风筝线，就能掌控那片天空。

说到，就要做到

管理者在职场上拥有更多的话语权，所以讲话的分量，在群体中造成的影响和后果都是不同的。古人一直倡导要谨言慎行，作为领导，即便在平时生活中心直口快，但工作场合说出的每一句话都必须经过慎重考虑。如有许诺，言必信，行必果。这就是为什么职位越高的领导，越要一诺千金。

以我的一位咨询者小李来举例，他原本是个比较自由散漫的人，当他成为管理层后，这种个性就曾让他吃过大亏。那是他刚刚上任时发生的事，在那之前，他也只是位普通职员。他个性随和，待人亲切，所以很快就得到了同事们的喜爱。在工作能力上，他也较为出众。所以，当上面决定任命他做部门主管时，没有人反对，大家都很支持他，因为大家觉得，让小李做部门领导，今后的工作环境必然会很轻松舒适。

事实上，他们想的并没有错，小李从不摆官架子，跟大家还是该怎么玩就怎么玩。有一次，上面分配给小李一个任务，小李在开会时将任务仔细部署下去，并且分工有序，并随口表示，这个任务应该油水很多，做好了每人至少能拿到 2 万元的分红。

听到这个许诺大家兴致高涨，铆足了全力工作。任务不但提前完成，效果还非常好。但是，之后大家等了两个月，也没等到小李所说的 2 万元的分红。有人憋不住了，问小李怎么回事，小李才说当初他的确听说这个任务油水很多，但后来证明那是个假消息，实际上每个人最多也只能拿到 3000 元的分红，而且还得等到半年以后。大家得知了这个消息都很失望，但也不好说什么。后来类似的事情又发生了几次，小李的许诺就再也没人信了。

说到这里，小李解释说自己只是习惯了以前的沟通方式，得到些什么消息，就迫不及待与大家分享，心里藏不住秘密。他的本意，从未想要欺骗任何人，当初说的时候，并没想那么多。

我告诉他，角色不同，表现就要有所不同。作为普通员工，大家只是听听而已。作为一个领导，大家是听你指挥的士兵，如果做出不切实际的许诺，就是在辜负属下员工寄予的信任。站的位置越高，就越不该将许诺轻易说出口，凡是可以说出口的，必须得是自己的确能实现的。“轻诺寡信”既伤感情，也影响自己的公信力。我给小李的建议就是要从改变自己的工作习惯开始，从头再来，未来依旧无可限量。

人非圣贤，要做到滴水不漏是很难的，但至少有一些禁忌不要去触碰，这样即便偶有失误，也不会引起太坏的后果。

首先，要清晰认识到，什么样的话可以说，什么样的话不能说。

对待下属，什么样的话是可以说的呢？必须是要经过反复确认，没有任何其他可能的事情。比如公司有些决策，在尚未下达之前，万不可图一时嘴快跟下属透露，毕竟谁也不能保证这些决策会不会在下达的前一刻就被收回，如果真的收回了，那自己就是在向下属传达错误信息。成熟的管理者在这方面会非常谨慎。职场上，如非必要，学会闭嘴的确是一种有效的自我管理。

其次，有些许诺，能不说就不要说出口。

领导的许诺，分量有多重，要看他的权力有多大。权力越大的人，他的许诺的分量就越大。所以，只要是不能百分之百保证自己可以做到的事情，最好就不要进行许诺。

最后，有时候为了鼓舞士气，该说的话必须得说，一旦说出口，就一定要践行。

在职场中，员工们最希望拥有的是有魄力有担当的领导者。

我们说不要轻易许诺，但该许诺的时候仍然要给出许诺，且要一诺千金。这样才能算是一名真正合格的管理者。“有诺必达”应该成为一个优秀管理者的行为准则，在这个过程中，必定会建立起越来越强的责任意识，也会激发出下属更强的执行动力。

鼓励创造力与适度冒险

创造力是企业的生命力，在当前的商业环境下，企业要面临的是不断变化的挑战和竞争，没有一种经验可以永久使用，更没有一种规则放之四海而皆准。没有创造力的公司注定会死气沉沉，也注定很容易被市场淘汰。

创造力与冒险精神，是企业生存的命脉，它应当是上下兼顾的。上层鼓励创新，下层积极创新，这样，才能让整个公司活起来。

作为管理层，一定要想办法激发下属的创造力，提倡适度的冒险。领导要做的，就是鼓励和挖掘底层工作人员的创造力。这绝非随口说说，必须在行动上表现出来。

第一，作为管理层，要拿出接受创新的诚意。

很多领导所谓的“鼓励创新”都只停留在口头上，每当真的有员工拿出创意计划书，他又会说这既不现实又不符合市场规律，直接把员工的创新精神扼杀在了摇篮里。

其实员工提出的创意计划到底有多少价值，这往往也不好作出评判。关键就在于，计划本身可能不够成熟，但创新是必须要鼓励的。作为领导者，当然不可能直接把员工的计划书拿来用，但可以再去完善计划，努力让它成为一个真正的符合市场的成熟作品。并且，在计划被实施之后，能够将该员工作为第一功臣。这才是一个真正鼓励创新的领导应该有的做法。

此外，有些员工的想法确实是有些天马行空的，对于在行业里有着丰富经验的上层人员来说，他们甚至会觉得这些员工的想法很荒谬。然而，不论有多荒谬，都不应该打击员工的积极性，要在接受员工创意的前提下，去思考这件事的可行性。更何况，上层们之所以认为荒谬，可能正是因为他们的思维固化，为了打破这种固化思维，不正是需要这类看起来十分荒谬的想法吗？

事实也证明，很多所谓荒谬的创新，最终真的能够在市场上打开一片新的天地。而那些从一开始就觉得这一切都不成立的人，即便醒悟过来立刻跟进，却也终究会晚了一步。

第二，要将鼓励创新这件事，落实到利益层面。

俗话说，无利不起早。公司大力倡导员工做的事情，最好与利益挂钩。我知道有的公司会定期举办一些创新相关的比赛。比如产品计划、宣传方案、开拓市场等方面，都会有相应的比赛。最后，比赛的获胜者，会根据名次分别获得金额不等的奖金，即便没有入选，也会获得一个参与奖。总之，到最后，不会让任何人空手而回。这就是实实在在鼓励创新的做法。而这种创新比赛里往往也真的能催生出一些打开市场的好点子。

第三，条件允许的情况下，多给员工一些学习的机会。

鼓励创新这个口号，不论喊得多响亮，都不如组织一次学习来得有效。

一个公司，不管用怎样的奖励去鼓励创新，不管对员工的创新如何肯定，如果只是闭门造车，那最后能拿到手的创新方案，终究也脱离不开眼前的这个框架。所以，组织学习就显得尤为重要。

我听说过有这么一家公司，当它已经在行业里摸爬滚打十几年时，忽然花重金派出了公司中层里的几个年轻人去国外学习行业内最先进的知识。这公司的做法是非常有魄力的，因为据我所知，当时这家公司的经营状况并不好，虽然银行的贷款每次都能还清，但也仅限如此。在行业里，它也是处于一个不上不下的尴尬位置，这种位置的公司，一般过两年就会变成行业底层，再过两年就极可能消失不见了。而这家公司在这时，竟然不是努力加强经营，反而拿出很多资金派人外出学习，这一定是抱着破釜沉舟的念头。

好在这些被派出去学习的人非常争气，他们回到公司后，运用他们学习的先进经验，在公司内实行了一次彻头彻尾的整改。后来我听说那个时候公司高层都有点心虚，不知道这种大改动会带来什么后果。

事实证明，公司整改之后，不到一年，就在业内迅速崛起。如今，已经一跃成为这个行业的龙头之一。而这一切，都归功于公司最初敢花钱、敢派人的勇气。

第四，千万不要忘记保护知识产权。

这一条时常被人忽略，其实它是非常重要的。

A 公司是一家网络公司，主营网站相关业务。当时，一个入职不久的员工在看了公司做过的网站之后，就在当月的工作汇报中提出了一个建议，并附上了计划。当然，这只是这位员工的一时兴起，并没指望主管当真。主管本着不该让创意被埋没的想法，上报了这个建议。没想到的是，它真的成为高层会议上讨论的要点。虽然这名员工的计划并不能实操，他本人也不具备驾驭项目的能力，但是这个想法是很可取的，高层立刻决定重新修改并落地方案。

一个月之后，公司成立了专门小组，将构想变成了现实。项目完成后立刻被投入市场，获得了非常高的评价，也赢得了数目可观的用户。而在这项目的署名上，永远挂着那位最初提出点子的员工。甚至，公司直接将这个项目的一部分分红，送给了这位员工。

该公司保护创意的行为，在行业内获得了非常高的评价，也鼓舞了更多年轻人去创新，求职者选择公司时，也会率先选择这家公司。试想，如果当初这家公司并没有把这位提出创意的员工当回事，直接把点子变成自己的，那么就算这次可以利用他的创意获得利益，但下次，却不会再有人愿意向公司提供创意了。

鼓励创新与适度冒险，几乎是每个公司都声称正在做的事情。但是大多数还是停留在口号和标语的阶段。作为领导应该警惕，是不是很多新鲜的观点都被扼杀在了隐形的限制中。

在当下的职场环境中，员工的创造力已经成为企业核心竞争力之一，代表了企业的生存潜力和企业的未来。如何正视和引导员工的创造力，是管理者亟须探究的课题。

实现下属的价值需求

企业的发展，本质上是依赖于员工的成长。作为管理者，想要最大限度调动下属的积极性，除了规则，除了契约，最有效的方式，莫过于实现下属的价值需求。

有个冷笑话说，职场上的人们，一个月只有一天是开心的，就是发薪水的那天，其他的日子，每一天都如同地狱。这虽然只是一种吐槽，但是试想，处于这种状态下的职员，又怎么可能在工作上积极主动？

对一个职员来说，主动工作和被动工作，创造出的价值是完全不同的。主动工作，热情工作，靠的从来不是薪水，也不是害怕被责罚，而是在工作本身以及组织当中找到了自我的价值感。

因此，作为管理者，不论是从提高工作效率本身去考量，还是从营造更好的工作环境来考量，都应当竭尽全力去满足每一位下属的价值需求。那么作为管理者，需要从哪些方面来让下属找到自身的价值感呢？这里主要归纳了以下 4 点。

第一，谈钱才是最大的尊重。

广州一位财务总监A女士，原本月薪在5万元左右。后来被一家公司老板看到了，主动挖了这位财务总监半年。她最后被老板的“真诚”打动，果断离职，在没有谈薪的情况下入职了新公司。但入职后第一个月发工资的时候，她发现月薪比原来少了近一半。那个数字让她在内心里默默消化了两天。最后，她放下面子，在汇报工作的时候找老板谈薪，结果她的新老板开始给她讲情怀、讲公司上市的未来等，画了一个很大的饼。当A女士找我咨询要不要跳槽时，我只问了她两个问题：一个不谈钱只谈情怀的老板，可靠吗？所谓未来的高薪，你认为是不是空头支票？

人们都在各自的工作岗位凭借自己的辛勤劳动，赢得自己想要的生活，这是最有尊严的活法之一。所以作为领导，不只要谈钱，还要不吝于给出一个体面的数字。这个举动，会胜过一切言语。对于员工来说，这会是他们最强的动力，也是对他们最好的认可。

第二，让下属感受到在组织中的存在感。

我们时常看到职场上有一种混日子的人，他们每天无所事事，稀里糊涂过了一天又一天，认为自己在公司里是个无关紧要的人。

一家擅于用人的公司，必定是让每个员工都意识到自己足够重要，如果不努力工作或者工作失误，就会给公司和团队带来影响。即便是为了这个集体，他也会尽全力完成每天的工作任务，为团队贡献一份力量。在公司取得任何成绩的时候，也要让他们感受到自己是有功劳的。他们的努力，都是被看见和被记得的。

第三，让下属意识到，他们是为了实现价值而工作，不是仅仅为了薪水。

很多职场人拼搏一生，始终不知道所做的工作意义何在。他们以为那只是谋生。这种想法，对于当代的职场人而言是很危险的，所以一个好的领导，一定要让下属在工作中能够体验到价值感。

某企业在这方面的表现堪称表率。它以打造国产品牌为企业文化，民族自豪感做得十分到位。事实上，他们的产品也的确带领了国货的风潮。这使得员工更能体会到一种自豪感和价值感，他们认为，工作不仅仅是为了吃饭，而是在为推动国产品牌贡献一份力量。这样的员工，神情里常有一种掩不住的荣耀感。

第四，要让下属在工作中获得成长。

好的领导会给下属方向感。我的职业优势是什么，我现在做到了什么程度，我未来要向什么方向努力，我未来最理想的职业状态是什么？

在成长的路上，好的领导也会在一路带领中，给下属更多的成长机会，让他们拥有不断攀登的快感。管理者与下属之间是一种相辅相成的关系，管理者给予下属足够的价值感，下属便能够成就企业的发展，这样方可形成闭环的良性关系。

WORK
AT
ITS
BEST

第五章

职场赢家战略的完美修炼

立场决定真相

很多人都看过一部叫作《罗生门》的电影，电影探讨了一个很有趣的现象：即便每个人的描述都是基于事实，最后得出的结论依然会大相径庭。

我们常说，真相只有一个。但事实证明，真相可能并不是只有一个，而是一千个人的眼中看到一千个哈姆雷特。决定每个人眼中真相的，除了一些客观原因，更多取决于其所处的立场。

接受了这个现实后，在职场中再遇到事情时，我们就可以采用不同角度去看问题。

第一，每个位置的人看到的事物都不尽相同。

职场上，每个人都各司其职。对同一个事件，处于不同岗位的人会得出不同的结论。公司与公司之间，行业与行业之间，看问题的差异就更大。比如某个社会事件的发生，可能让一个行业迎来了春天，而让另一个行业进入凛冬。那么身处不同行业的人，感受必定是截然不同。同公司的不同部门，同部门的不同位置，也会导致对同一事件产生不同的感受。再比如公司计划推出一款新产品，营销部门考虑的是强有力的卖点，研发部门考虑的是配方科学与安全，品牌部门考虑的是宣传上的规范与风险，运营部门考虑的是特色的推广渠道。这其中，因为每个人的角度不同，就会出现不同的声音。那么在发声的同时，也要考虑其他立场。如果仅仅认为自己看到的才是事实，那么很可能就罔顾了真正的事实。

第二，一个没有立场的人容易相信任何事。

有人或许会说，既然立场会影响我们看待世界的眼光，那就干脆不要立场了，做一个轻装上阵的人。在职场中，这是十分危险的想法。因为没有立场，就更容易被其他人左右，容易随大流、被人煽动。比如听到人家喊不公平，就立刻觉得不公平；听到人家说不合理，就立刻觉得不合理。这种人，很容易成为职场上的炮灰，被人利用，替人“背锅”，最后被人放弃。

第三，个人看是非，企业看利益。

很多人容易被情绪左右，但是记住一点：个人看是非，企业看利益。在一家外资公司里，一个部门忽然提出罢工，一定要加薪才开工。公司通过各个击破的方式，与部门的所有人分别进行约谈。结果发现，事件源于一个小组长。这位小组长表现得很配合，也很无辜。他说：“我的确提出了这个问题，大家都很激动，其实我加不加薪都可以，但是有些人真的压不住的，他们会闹。”小组内有两个闹得最凶的工人，不只吵吵嚷嚷，态度还十分强硬，表示如果不加薪，他们坚决不会上班。最后公司研究决定，开除了这两个情绪最激动的员工，小组长却顺利留了下来，带领其他人开工。你或许会想，这不公平，凭什么？如果论是非，小组长才是那个始作俑者，可是如果站在企业的角度上，目前最重要的是在短时间内复工，那么最佳做法一定是处理两个“出头鸟”，留下一个可以主持局面的人，带领其他人重新回到岗位上。所以，在事件发生的时候要记得，站在企业的角度上思考问题，或许答案会不一样。

第四，理解他人的同时，还要坚持主见。

虽然每个人都有各自的理解和感受，我们也需要在团队中尽量学会去理解他人，但是，这其中有一个大前提，就是不可以失去自己的立场。如果轻易受到别人情绪的影响，就会迷失甚至失去方向。坚持主见的人，会有自己的判断，很多时候，事情是无所谓对错的。让兴风作浪的人自己去任性吧，我们要学会在浪潮中清晰表达观点，冷静地将时间放在自我投资与成长上。毕竟，拥有一身好本事，才可抵挡一切风雨。

在职场中，有时候我们要学会用全局的眼光看问题，以避免自己得出狭隘的结论；有时候我们要学会用对手的角度看问题，才能知道如何击败对方；还有的时候我们要学会用同伴的角度看问题，才能知道如何更好地合作。而这一切，都建立在我们坚守自身阵地的基础之上。

你能够撬动的资源有多少

我们经常听到“资源整合”这种说法。其实，想在这条路上登峰造极的人，一定是资源的撬动者。一个只顾低头拉车的车夫，是一个敬业、勤奋的好员工，但一定不是能够笑傲江湖的那个人。

通常，我们说到资源，指的好像都是人脉，其实资源还包括产品、渠道、平台、资金门路等。一个人在职场发展的道路上，能够撬动的资源越多，自身的整合能力越强，成功的可能性就越大。那么，如何在职场上具备更强的资源整合能力呢？要注意以下几点：

第一，人脉，不等于你的通信录。

有些人为了积攒人脉，频频参加各种活动，到处交换名片和加微信。最后看到满满的通信录，就误以为自己拥有大量的人脉资源，这是大错特错的。

“我和××总监一起吃过饭”“××经理是我的老乡”“××集团的品牌负责人，是我亲戚的朋友”，但凡听到这样的表述，那么别犹豫，这就是对人脉的一种误解。

所谓人脉，是双方基于平等的基础上，有过合作、处理过问题，或者已经建立联系的一种关系。仅仅酒桌上碰过杯，这不叫人脉，只能叫“认识”。关于人脉的使用，也绝对不是一种利用关系，而是互相共赢互利，达成一种价值链接。所以在这个角度上，我们千万不要将精力用错了地方，到处应酬不是一种正确的方式，花时间与精力学习，使自己更强大，人脉自然会来。

第二，将眼光放长远。

职场上，切忌操之过急，不要看到一点小利益就迫不及待扑上去。结果就是，很多好的资源，却只用来做很小的事，最后透支了信任，导致得不偿失。

举个例子，A 职员要跟 B 职员争一个客户 C，A 职员使尽浑身解数，又是造谣中伤 B，又是抢在 B 的前面去见 C，最终，C 的确成为 A 的客户，但

A 却在职场上失去了 B 的支持与配合，这意味着很多事情的开展都会受阻。C 客户代表了短期利益，这样的短暂胜利，其实并不划算。如果 A 之前能懂得推波助澜帮助 B 获得 C 这个客户，他们说不定可以合作共赢，反而可以获得 B 的无限配合与支持。

第三，做人做事都要实实在在。

不论是任何一个行业，人们永远都是喜欢其诚实实在的人。那种靠一时的浮夸获取别人兴趣的人，终究比不过做实事的人。

越大的客户，越喜欢跟实在人保持长期合作。那种实实在在的人，往往就算他们离开了原公司，也能留住前公司的客户，他们走到哪里，客户们就会跟到哪里。

第四，获得资源的最佳方式是学会付出。

有人说，我资质平平又不擅表达，如何获得资源的青睐。很简单，那就是学会付出。

和大家分享一个故事：一个年轻人想在街上开一家小店，他问父亲，应该先做些什么。父亲回答，要做的事情很多，比如寻找货源、制造货柜、租店面等。但是有一件最重要的事，你可以先去为街坊邻居们做一些事。年轻人听了父亲的话，去帮助独居老人，去帮助过马路的孩子，去清扫街上的落叶。他不明白这到底和开店有什么关系，但是街坊邻居都在对他交口称赞，大家都记住了这个善良热心的小伙子。几个月后，小店开业，客流络绎不绝，此时他终于明白了父亲的话。

在职场中，当你一无所有的时候，就要像这个小伙子一样，有帮助别人的习惯和意识。人脉资源，都是在相互帮忙中建立起来的。而这些被你帮助的人，就是你可以获得的第一批资源。

第五，学会资源整合。

资源如果不用，那就产生不了任何价值，所以学会资源的整合至关重要。

举例来说，如果你从事过零售终端行业，又恰好认识一位代理商朋友，这时候你妻子手上又有工厂资源。那么是否可以把它们连接起来，大家共同获利。有很多人觉得资源整合是很神秘的，是做大事的人才能触碰的。其实并非如此，我们每个人都有可以撬动的资源。本质上来说，资源整合就是一种创业者思维，每一个工作岗位上的人都可以拥有。

有句话说得好："所有你缺的，这个世界都有。"身处不同的行业，不同的岗位，我们接触到的人和事都不同，释放出自己的价值，你也可以得到自己想要的东西。所有优秀的企业家都是资源整合的高手，他们懂得将一切力量叠加在一起，创造出更大的财富与社会价值。

不要只求底线，要追求高标准

学生时代，我们喜欢高喊"60 分万岁"。在职场中，如果依然怀抱类似观念，那就无法适应企业市场竞争的需要。

现在年轻人的群体中，风行一种"丧文化"，其实就是对"60 分万岁"的延续。生活和工作，只要过得去就可以。他们崇尚懒散，认为每一个想要把他们从舒适圈里拉出来的人都是不怀好意，他们还反对所有精英教育，觉得那些让自己努力工作的言论都是在压榨他们的剩余价值。其实，我明白"丧文化"的根源并不是倡导消极，而是对于压力的一种消解。真正靠谱的年轻人，都在一边嘴上喊着"人间不值得"，一边高度自律，坚持学习。

如果你被表面上的"丧文化"洗了脑，那就太单纯了，永远不要失去一个年轻人应该有的拼搏精神和向上的动力。人要向下滑是十分容易的，只要给他一点推力就好，可如果一个人想要向上攀登，却是难上加难。当一个人自觉将自己停留在底线上，那他就很难有更大的发展，到最后，就是看着那些努力的同事成功升职加薪，而自己却仍在温饱线上挣扎，与大家的距离越来越远。

如果不想只停留在温饱线上，如果不想每一次行业出现动荡，自己都成为炮灰，如果不想在看到同事们都走向成功而让自己追悔莫及，那么就要摆脱那种懒散的状态，拿出年轻人的魄力，向上拼搏。

第一，永远以高标准要求自己。

我们读书的时候，都会发现一种有趣的现象，那就是模拟考试的题永远都比真正考试时难。之所以如此，就是为了让学生们在平时用较高的标准来要求自己，这样对于他们来说，真正考试时，会更容易调整心态，正常发挥。

职场上也是一样，很多公司都会给员工制订一些业绩目标，同时也会给员工一个实际的业绩指标，后者是必须要完成的，如果不能完成可能会受到一定的处罚，而如果完成目标则会有所奖励。在这里，业绩目标就像是模拟考试，而业绩指标则是真正的考试。

有一些职员，出于一种得过且过的心理，每次都是压线完成基本指标，只要完成指标，就觉得自己已经完成任务，至于那个目标，永远都是挂在那里，看都不会看一眼。这样的职员，永远都会在最基本的指标上挣扎。一旦企业或者行业出现风吹草动，他们会是最危险的人。

当一个人想要停留在原地时，他往往就会后退；当一个人想要慢点走时，他往往就会停下来。原因很简单，职场就像是爬坡，这个坡永远有一个向下的力量在拉人倒退，如果没有向上的力量，很容易“不进则退”。

第二，标准制定要合理，保留对自己的激励作用。

有梦想是好的，但也要结合现实。虽然我们都希望自己能做到最好，可如果标准定得太高，那最可能的结果便是自暴自弃，干脆继续在底线上徘徊。

制定标准一个最基本的前提就是：在努力的前提下可以达到。或许会经历痛苦的过程，但它仍然是看得见摸得着的。如果盲目制定一个根本无法完成的标准，那最后就会打击自信心，甚至变得妄自菲薄。

第三，标准一旦制定，不要轻易打破。

公司对每个人的要求都有底线。但我们自己的底线应该高出它，并且绝对不可以打破。公司对员工的要求不会太高，因为要对员工的平均水平负责。可作为一个以“登峰造极”为职场目标的人，应该以更严格的标准来要求自己，并且坚持下去。

对于制定好的目标，坚持去做，需要惊人的自律。不过我还是建议，不要以透支健康为前提，只有科学地制定规划，它才有长期落地的可能性。真正的自律，就是知道自己什么时候像疯子一样拼命工作、什么时候像小鸟一样自我放飞，做到张弛有度，才是最高境界和最佳选择。

所有的高标准和自律，都不是盲目的。一定要找到做事的动机，定下可实现的目标，然后有节奏地一步步实现。所有高标准的背后，都是梦想的号角；所有自律的背后，都有独特的节奏。

拖延症没什么好炫耀的

现如今，年轻人群体中出现了一种耐人寻味的潮流，就是他们开始喜欢晒自己的“拖延症”。这里就出现了一种有趣的社会现象。就是哪怕一件事是错的，但是因为这个错误的根源来自人性共同的弱点，因为很多人都在做这件事，它的错误就显得无关紧要了，甚至做这件事的人达到了一定数量时，它居然会成为一种常态，甚至是一种流行。

这就仿佛一种集体的癔症，任何事情一旦被集体化，人们就容易失去思考的能力，而把它看作正常的现象。拖延症是如此，社恐症是如此，高消费也是如此，所有的流行文化也都是如此。

不过，当集体出现癔症时，作为个体就更需要保持清醒，更应该意识到，一件事情究竟是对还是错。我们无资格批判所有的流行，但可以负责任地说：拖延症，对职场发展是绝对无益的。

如何从根本上消灭拖延症，关键有如下几点。

第一，改变观念，调整不切实际的目标。

完美主义者不仅仅对自己要求高，对别人要求也同样如此，最后可能导致身边抱怨声很大，自己也因为眼高手低迟迟无法行动起来，成为拖延症的重灾区。不如改变观念，先设定一个合理的目标，一个可以立刻行动起来的目标。先谈完成，再来谈完美。

第二，确定目标和标准后做好科学分解，从小目标或小任务开始行动。

我们要学会对目标进行分析，将其分解为若干小目标，这相当于降低了行动的门槛，避免了无从下手的情况。人的所有焦虑，都来自目标与欲望面前的无力感。一旦行动起来，可以治疗一切焦虑，也会缓解拖延的发生。

我曾经为一位职场朋友做职业咨询，建议他如何调整现在的状态，但他始终没有执行，最后导致6个月没有找到工作。最后我要求他对目标进行分解，每天都要完成一个目标，最后在我的监督和帮助下，他找到了工作。我还是担心他职场执行力的问题，因为一个人的习惯很难更改。但是他总归走出了第一步，并看到了拆解目标和坚持行动带来的效果。

第三，在完成目标过程中，要不断调整自己的心态。

我们在做事的时候难免会遇到阻力。这个时候首先调整的是心态、情绪和心情，不然很难成功。很多人职业发展前景受限，并不是能力造成的，而是心态、情绪导致职业发展越来越窄，人脉更差。心态是做事的基础，情绪直接决定做事情的结果。这种消极的情绪会影响到执行层面，最终形成拖延。

第四，对行动结果进行及时反馈，并对自己进行奖励。

每当完成一项任务或做好一件事情时，要对自己进行奖励，千万不要吝啬。不论是看一场电影、出去旅游一次，还是一顿美食，一件自己心心念的物品等，都是不错的自我奖励方式。这种小小的仪式，会让人获得满满的愉悦感，从而愿意一直坚持下去，改善拖延的习惯。

第五，务必坚持，直到改变习惯为止。

坚持，是一个人成功的核心品质。就像一位企业家说，简单的事情不断重复做，就会成功。还有一种人之所以会拖延，是因为他们不愿意面对工作。他们有可能是不喜欢进入工作状态的自己，也可能是不喜欢工作内容本身，或者是不喜欢客户或同事。这是一种很危险的状态。

要改变这种状态其实也很简单，那就是给自己“洗脑”，让工作成为自己的朋友。这就好像要跟一个闹了别扭的同学和好一样，方法很简单，就是不要去排斥工作本身，要努力挖掘这件事的各种可爱之处，学会跟它好好相处。

我们怎样对待职场，职场就会怎样对待我们。一个做事拖延的人，迟早会在竞争中吃到苦头。不要让拖延成为职场的绊脚石，不要让拖延掩盖了个人品牌的光芒四射。

形象：从优秀走向卓越

很多职场人不大注意自身外在的形象管理，尤其是技术岗位的朋友，他们往往觉得，只有那些需要经常与客户应酬的人才该注重形象管理，自己则没必要将精力花在这上面。其实这是进入了一个认知误区，他们误以为做形象管理完全是为了给别人看，实则并非如此。作为职场人，形象管理也是打造个人品牌很重要的一个部分。

只要观察就会发现，职场上不论身处什么样的岗位，那些对自己有要求的人，往往在形象管理上也都做得很好，而那些形象比较差的人，则在工作和生活上也比较随意。这是因为，一个对自己要求高的人，必然在任何方面都比较自律，在形象上也能做到严格要求自己。曾经就有客户对我说过，他只要看到那种形象比较糟糕的人，就会认为这个人在自我管理上比较差，从而会推断出这个人在工作上必定也很难有所成就。

这个结论倒未必百分之百准确，但是也足以说明，形象管理对一个职场人来说有多重要。即便是不需要时常接触客户的人，在平日里，也不该放纵对形象的管理。军队里，一个很重要的考核指标就是军容，对职场人也是同样，一个良好的形象，不仅关系到我们给别人的第一印象，也在一定程度上反映了这个人的内在素养。

当然，这里所说的形象管理，并不是指要将自己打扮得多么漂亮。对于一个职场人来说，过度装扮未必是加分项。职业上的形象管理，是指这个人根据自身的职业场景，来恰当地展示自身的形象，并通过不断强化和稳定自身的形象，来达到自我认同。

在心理学上，有一个理论叫作“皮格马利翁”效应，其核心思想是指，你期望自己成为怎样的人，就会成为怎样的人。这个心理效应往往有 4 个步骤。首先要对自己产生某种期待，其次表现出与这种期待一致的行为，再次期待因行为而成真，最后再加强最初的期待。

做好形象管理，其实就是在完成第二步。因为当一个人对自身的职业有所期待时，脑海里便会出现一个自我形象，而这个自我形象必然是符合自身的职业的最佳形象。于是，这个人首先将自己的形象变得与想象中那个形象一致，这时，便会产生一种心理暗示，暗示了自己已经成为这样的人，接下来，就会在工作上，也无限向那个期待中的形象靠拢。

这是有着大量实际依据的。比如前面举的军队的例子，当一个士兵整理好军容，他的整个精神状态都会更接近一个军人。而很多企业都会要求员工上班穿职业装，也是为了形成心理暗示，当员工换上职业装，就会觉得自己已经进入了职业角色，就会自然将自己与下班状态区分开来。

那么，职场人在形象管理上，都需要注意哪些方面呢？

第一，外在的形象管理。

这里的外在，包括了外貌和着装。

虽然经常有人过于看重天生的美丑，但职业形象与外貌的关系其实并不大。职场对于一个人的外貌要求，主要是着装恰当，干净整洁。妆容上，做好基础淡妆，保持头发清爽。穿着上，有些公司会有自己制定的职业装，要求员工保持衣服的干净、整洁，不可以邋遢脏乱。以最佳的状态，面对工作中的客户及伙伴。

如果公司没有硬性要求，那就要根据自身的职业性质来决定着装。如果是与时尚相关的公司，就要注意自身的时尚性。倘若一个从事时尚行业的人，穿着上比较常规保守，缺乏设计，那么就会给人一种不专业的印象。反过来，如果是涉及与政府项目接洽的行业，便需注意不要穿得太过花哨，那也会给人不够严肃的印象。

当然，也有一些比较轻松的行业，比如游戏类、娱乐类的公司，在这种公司工作，最好就不要穿得太正式，否则在公司就会显得很突兀。不过，即便是这类公司，在一些正式的类似于发布会的场合上，还是要穿合身得体的衬衫西装。

第二，是言行举止上的自我管理。

如果说，外表形象决定了带给他人的第一印象，那么言行举止便决定了第二印象。第一印象虽然重要，但很快会被第二印象修正。所以，仅仅是做好外形管理还不够，更要做好行为管理。

有些人表面上光鲜亮丽，但密切接触后，就会发现其各种并非得体的行为，比如随手乱扔垃圾、随地吐痰等，可能他们自己认为这些行为无伤大雅，但却会给别人，尤其是刚刚认识的人留下非常糟糕的印象。还有吃饭时大声喧哗，夹菜乱挑，或者东张西望。所以，不论是平常喜欢扮可爱的女孩，还是热爱摇滚的男孩，一旦到了职场，最好就收起格外鲜明的个性。下班后，可以再去随心所欲地展示自我。

第三，是装备和配置的管理。

一个成熟的职场人，在其随身随行的装备上也是颇有讲究的。虽然有些人不希望因自身职业而掩盖了原本的个性，但当其他人对一个职场人的需求是其职业本身时，过多地展现自身个性就变成了减分项。做行政的男士，随身贴满动漫人物的笔记本，或时尚行业的女士戴着制造粗糙的手表等，这些显然都是与身份及职业不相匹配的。

对一个专业的职场人而言，使用的配置未必是自己最喜欢的，但必然是最能展现其职业特性的。所以我们常常会有一种印象，从事××工作的人喜欢用××品牌的手机，人事××行业的人喜欢开××品牌的车等。虽然这有一种刻板印象之嫌，但对于能力还不够出类拔萃的职场人来说，能够被人以刻板印象看待，反而有利于自身的职业发展。

你想成为什么样的人，就要先在形象上成为这样的人。通过不断地进化，不断地丰富内在，会在职场上实现从优秀到卓越的飞跃。

如何面对你讨厌的人？

在职场中，我们经常会遇到让自己讨厌的人，有时甚至会影响到工作状态。这种时候，应当如何正确处理呢？

首先要明确的是，在工作中遇到自己讨厌的人是很正常的。话虽如此，但通常面对讨厌的人时，大多数人都很难做到毫无波动。因此，我们还是需要去调节情绪，审视自身，尽量做到优雅地面对。

“王老师，我很讨厌一个人，我要不要辞职？”这是一位职场朋友咨询的问题。

我问他：“辞职和你讨厌一个人有什么关系？如果因为你讨厌一个人就离职，那么，你就不要工作了。因为每份工作，都可能遇到让你讨厌的人。”

离不离职，一定不是因为讨厌一个人。想办法如何与人相处，才是最终的解决方案。如果你在这里遇到讨厌的人就选择离职，那么你在另一个地方也可能会遇到讨厌的人，那么要一直辞职下去吗？

职场上可能会遇到很多问题和困难，但就像电影《徒手攀岩》中说的那样，问题和困难都是常态，你只有不断克服困难、解决问题，才能更好地成长，才有可能成为职场精英。

学会优雅地去对待你讨厌的人，你的职业发展一定不会太差。调整情绪和心态的方式，通常有以下几种：

第一，隐藏个人喜好。

我曾经遇到过一位职场女性，这里就叫她 H 女士，她十分讨厌公司的一位同事。不过，每次需要与这位同事进行工作交接时，她都表现得温柔大方，如果这位同事有求于她，她更是会认真帮忙完成。在这种表现下，公司同事根本就不知道她的情绪，只有在父母面前，她才会偶尔对那位同事吐槽一两句。

H 女士在这个问题上，表现出了极高的情商，这也是一个优秀职场人的职业素养。她可以在工作中收起自己的个人喜好，而将公司环境以及同事关系作为首要考量，这是非常大气的表现。

我们很多职场人都做不到这一点，一旦遇到讨厌的人，便恨不得将其排挤出职场，这就是目光太过狭隘，心中缺少大局。所以 H 女士最后可以做到市场总监，而那些狭隘的人，便只能在底层挣扎。

第二，讨厌是可以改变的。

有时候，讨厌一个人并不一定是对方有错，问题也有可能出自自身。如H女士那样，单纯因对方性格而讨厌对方，这几乎是无法改变的。职场上还有一些讨厌情绪，是因为彼此曾经出现过矛盾。

我遇到过一位职场人小T，他曾经跟另一个部门的J抢过同一个项目，两个人几乎已经到了剑拔弩张的地步。最终J拿到了项目小赚了一笔，从此小T怎么看J都不顺眼。讽刺的是，后来公司又有了一个大项目，小T和J居然同时被选入项目内。这就让小T犯了难。正在纠结的时候，他接到了J的电话。那天两个人喝了几杯，也把话彻底说开了。很多事情说破无毒，小T再也没觉得J讨厌了。后来小T跟J的合作一直很好，两个人甚至还成了无话不谈的朋友。

很多时候，讨厌只是一时的情绪。两个人各退一步，可以试着去化解彼此讨厌的状态，一笑泯恩仇，或许就有新的转机。在职场中，多一个敌人不如多一个朋友。

第三，即使讨厌，做事情也一定要公平公正，不要掺杂私心。

当掺杂私心时，就很难做到心平气和，不能心平气和，就很难做到公平公正，无法做到公平公正，这种情绪就会严重影响到我们的职场判断。所以，在工作中要秉持公事公办的原则，要把具体事务与情绪分割开来。不能将工作与私情混为一谈。

第四，保护好自己。

虽然我们一直说要控制情绪，但也要警惕被伤害。如果有人因为你的退让和气度，认为你很“软弱”，然后做出任何变本加厉的行为，这时，你必须学会理直气壮、不卑不亢，学会保护自己、争取利益。

在职场中，免不了遇到自己不喜欢的人。而一个心智成熟的职场人，并不会让这些情绪影响到自己的任何判断与具体工作。职场不是宫斗剧，即使曾经剑拔弩张，说不定明天就可以成为朋友。

设法提高工作效率

我曾接触过一些职场人，尽管他们已在职场上摸爬滚打许多年，可在工作上仍然找不到节奏，工作效率总是很低。这些人在职场中艰难生存，业绩考核经常擦线过关，甚至有的人会达不到公司要求，处于被裁员的边缘。为此，他们自己也很苦恼，不知该如何是好。在交谈的过程中，我意识到他们并不是能力不足，而是不懂得如何提高工作效率。经过许多次的比对分析显示，他们往往具有以下几个特点：

1. 经常在无意识中浪费时间。

很多职场人都存在这个问题。曾经有一位朋友问我，他觉得每天时间都过得特别快，工作还没怎么做，就到了下班时间，只能继续加班。这让他很苦恼，他并不想做一个加班族。但是到了第二天依旧如此，他觉得时间就像被偷走了一样。其实，他的时间的确是被偷走了，只不过，并不是被什么所谓的神秘力量偷走的，而是被他自己偷走的。

在微信上与人沟通过工作后，他都会顺势刷一会儿朋友圈，刷着刷着时间就飞速飘过了。其间收到来自其他 APP 的推送，出于好奇，他也会点进去看几眼，手机看累了，再对着窗子看一会风景。他这里看一看，那里看一看，不知不觉中到了午休时间。到了下午，状态仍旧是这样。喝杯热茶或与同事聊会天……所以每天到了下班时间，都会懊恼工作只做了一点点。爱因斯坦曾经说过，“在不同的状态下感受到的时间流速也是不一样的”。穿着很少的衣服站在风雪中，哪怕半个小时，也仿佛度过了一天，可坐在火炉旁与恋人共度，就算几个小时过去了，也仿佛只有几分钟。工作时也是如此，刷朋友圈也好，浏览各种 APP 的内容也好，做这些事情时，基本感受不到时间的推移。

2. 对工作缺少内驱力。

对效率很低的职场人来说，工作一定没有成为他们人生里很重要的部分。比起工作，他们更想看小说，打游戏，甚至聊八卦。对这类人来说，内心深处对工作就是排斥的。这种状态，就像是一个弹簧，当他们工作时，弹簧是被迫压下的状态，这个压力一旦消失，他们就立刻会弹回去。这样的工作状态，效率又怎么可能不低？

3. 缺少自我约束。

职场人就如同一滴水，如果放在一个形状很漂亮的瓶子里，它就能拥有一个很漂亮的形状；如果把它随便丢在地上，它就会变成扁扁的一摊。而那个瓶子，就是代表了约束一个人平日行为的外力。在职场中，每个人都应各司其职，自我约束。一旦自我约束出了问题，他们对待工作就会“三分钟热度”，几天之后就会恢复散漫的原状。

4. 缺少明确目标。

目标缺失对职场人来说几乎是致命的。自律与毅力，尚且可以去刻意练习，但是如果缺少目标，那就意味着不知道为什么要自律，为什么要坚持。这样的心态是非常可怕的，因为你甚至无法去鞭策他们。从一开始，他们对自己就是一种放纵的心态。最怕的就是中年幡然醒悟，后悔也来不及了。

既然知道了原因，提高工作效率就可以对症下药。

首先，要加强时间观念。

一个人会无意识地浪费时间，就是因为在时间管理上过于松散。虽然手机已经成为工作中不能缺少的辅助工具，但还是要明确区分工作用手机和休闲用手机的时间。除手机外，其他会令工作分心的事情也要尽量杜绝。

其次，要变被动为主动，制定一个明确的目标，增加工作的内驱力。

要增加内驱力。如前面所说，那些认为工作只是被迫而为之，认为工作占用了自己宝贵时间的人，必须要从根本上改正自己的认知。人类能够在地球上存活几百万年，成为地球的霸主，绝不是因为人类会贪图享乐，而是因为人类主动为自己争取生存空间。将娱乐休闲看得比工作更重要的人，必定是时代的淘汰者。不劳动是可耻的，不创造价值是可耻的，人活着就应当努力去创造价值。给自己制定一个明确的目标，一个就足够了。因为射箭的人不可能同时瞄准两个靶子。制定好目标后，要随时记得它，把大部分时间都要用来接近那个目标。

最后，加强自律性和目标感。

康德说，“真正的自由不是随心所欲，而是自我主宰，自律即是自由”。其实自律和坚持本质上都不是痛苦的事。内心清楚自己想要什么，就会心甘情愿将时间与精力倾注其中。

愿我们都能成为自律的人，心无旁骛，一路向前。很多时候，制约我们职业发展的不是能力，而是效率。对职场而言，效率就是生命。

警惕经常性自我否定

职场上的成功人士，往往都有一个共同的特点，就是他们永远充满了自信。当然，也有人会说，他们就是因为成功了才自信的，如果他们没取得成功，就未必有这种自信的气场了。其实我想说，事实是反过来的，正因为如此自信，他们才取得了成功。

阿里巴巴创办之初，几乎没有人相信马云，但马云非常自信，他对自己的那一套理论深信不疑，正是他的这份自信，感染了那些最初跟他共同奋斗的伙伴。

我认识的很多职场人，他们在各自领域上取得了成功。而在成功之前，他们就非常相信自己。所以可以说，虽然自信并不是走向成功的唯一原因，但它的确是引领一个人走向成功的重要因素。因此，一个职场人，就要摒弃缺乏自信的心态。

那么，不妨自我审视一番，自己身上有没有出现过这样的情况：无法接纳当前的自己、总是无限放大自身的缺点、几乎不认为自己有什么优点、永远觉得别人做得好。如果出现了上述的情况，就要注意了，你已经陷入了自我否定的陷阱，这是非常糟糕的。其实从旁观者的角度，我们常常会发现这个人并没有他自己想得那么差。

我就遇到过这样的朋友。有一次，这位朋友的公司开会时，上面提出一个问题，希望下面的人能提出一个解决方案。这位朋友立刻想到了一个很好的方案，但是他不敢说出来，他害怕自己的想法太幼稚会引人耻笑，他更觉得，自己都能想到的方案，别人肯定都想过了，一定是这个方案不可行，公司才让大家想别的办法。

会上各抒己见，其中一位主管提出了一套方案，得到了领导的大力赞赏，并迅速被选为正式解决方案。这套方案，跟那位朋友最开始想到的方案一模一样。

正是因为否定自己，因为不相信自己能提出优秀的方案，这位朋友便失去了为公司立功的机会。而这样的事情，在职场中可谓比比皆是。

那么，要如何走出这个自我否定的怪圈，建立起自信心呢？

第一，开阔眼界。

如果自己什么都不知道，就算想自信，也不可能。就好像让一个完全不懂法语的人去法国做学术交流，问他有没有信心，他怎么可能说有？自信也需要底气，而这底气来自足够的见识和能力。我们看到的那些在职场上颇为自信的人，无一不是见过了很多风浪，与很多业内人士都有过合作，在很多项目上都有过参与经验的人。正是因为见多识广，他们才能对自己的水平有正确的认识和足够的信心。

第二，最好先让自己成功一次。

有的人之所以不自信，是因为他们总是在失败。而自信往往是在成功中获得的，那些经历过成功的人，对自己也会更有信心。可能有朋友会说，他也想成功，可成功这件事又不是由他说了算。其实会这样说的朋友，并不是真的无法获得成功，而是他们给自己定的目标太高了。尤其在职场中，成功并不是非黑即白的东西，在 A 项目上无法成功的人，在 B 项目上却可能成功，如果一个人在 A 项目上一直失败，又不愿意去尝试 B 项目，那他可能就永远无法尝到成功的滋味了。职场人都要学会灵活，这件事做不到，总有可以做到的事。另外，设定的目标不必太高，从小目标开始，这样既容易完成，又容易建立自信。

第三，自信源自强大的能力。

虽然我们强调的是自信，可盲目的自信也是不可取的。自信的前提是自己的确有值得骄傲的东西。你会发现职场上那些自信满满的人，他们在与人讲话时总是挺胸抬头，眼底总是有股子不服输的劲头。

我认识一个叫小辉的朋友，他在初入职场时也非常不自信。因为他的学历并不高，而跟他同期入公司的人，很多都是名校毕业的本科生。小辉不自觉地就认为自己比其他人矮了一头。那段时间，小辉连走路都不敢抬头，甚至觉得别人看向他的眼神都充满了蔑视。不过，他并没有任由这种状况持续下去。既然起点不如别人，那就在能力上追赶。那段时间，他将全部时间用来恶补行业相关知识，有人约他出去玩时，他会借口自己家中有事推掉，有人约他晚上一起打游戏时，他也会拒绝。那段时间他的确是遭到了一些排挤，毕竟谁都不喜欢不合群的人。不过他并没有把那些放在心上，也没有精力去在意。不久后，当公司需要员工完成一批新派发下来的任务时，在所有人里，小辉是完成得最好的那个。上级立刻重视起小辉来。接下来公司的几次任务，小辉都完成得很好，到了季末评定时，他果然也取得了非常好的成绩。从那之后，小辉再也没有否定过自己。小辉的事例也证明了一件事，就是只要让自身强大起来，自信也就会随之产生，这件事是自然而然的，甚至不需要再去进行多余的心理建设。

在职场中，要想尽办法建立自信。最直接的方法就是刻苦努力，不断地加强自身能力，能力终会换来成功的滋味，成功会为我们换来足够的自信心，再产生更大的能量来武装自己，最终形成一个良性的循环。

如何升职加薪？

人在职场，最大的快乐莫过于升职加薪。当你把复杂的事情简单做，简单的事情重复做，重复的事情用心做的时候，升职加薪非你莫属。

结合超过4000人的面试经历，我来聊聊如何做才能快速升职加薪。

第一，绩效达成率。

绩效是职场生存的基础能力，想升职加薪，先从好的绩效开始。它要求你能快速、高质量地解决问题。就像现在很多公司裁员一样，裁员一般都裁掉哪些人？当然是业绩不好的。在企业内，业绩代表了一个人创造价值的能力，如果不能为企业持续创造价值，那么就很容易被 fire 掉。

第二，展示自己业绩的能力。

有时候一个人的绩效很好，但领导就是看不见。所谓绩效好，不如展示好。当学会展示自己的绩效时，你的领导才知道你有多牛。那么，到底该如何展示自己的绩效呢？

首先，多向领导汇报工作进展和寻求领导帮助。这样，领导才会全力以赴支持你的工作。但前提条件是，你不能太过于展现个人能力，要展现的是你项目的进展，这样才不会引起同事的嫉妒。

其次，多主动沟通。我在帮助职场人做职业咨询时，都会提到必须要主动汇报工作、主动沟通。你可能会说，小事情就没有必要让领导知道了。别忘记了，你认为的小事情，其实在领导那里可能是大事情，可能是他一系列规划中的一个重要环节。

再次，要带着答案和领导沟通。在职场中，领导要的是选择题，不是填空题或问答题。当你把填空题或问答题抛给你的领导时，也是被领导讨厌的开始。要做一个有自主思考能力的员工，你能够为领导分忧越多，价值也就越大。

最后，主动参加公司团建活动。不管你喜欢与否，都要表现出很高兴且很主动参与的样子。因为团建活动是展现自己与众不同的绝佳机会。但要记住：少喝酒，避免酒后失态失言。

第三，是否具有团队精神和领导力。在职场中，当你是基础员工时，也许还不会这么强烈感到团队精神的重要性，但当你走向管理岗位上后，就会发现团队精神和领导力的重要性。最容易被提拔的人，一定是团队精神好，领导能力强的人。

第四，换位思考和解决问题。在职场中，当你不会换位思考时，升职加薪的机会就会大大减少。我接触过一位职场人，从踏入职场那一刻起，遇到问题就开始学着换位思考，尤其从领导的角度去思考和解决问题，现在毕业 10 年，已经是独角兽公司的 VP，年薪近 300 万元了。

除了按资排辈，职场更会按照你解决问题的能力和速度认定你的地位。

当你不会解决问题或解决问题的速度太慢，就会被同事超越，失去升职加薪的机会。

那么，到底该如何向老板谈加薪这个问题呢？根据我多年的猎头和职场观察经验，职场上想顺利加薪，你首先要确定加薪标准。公司规定加薪到底能加多少？每个人的期望值不一样，但有一点，任何公司的加薪行为都很难超过20%，一般都在10%以内。只有跳槽才有加薪超过30%的可能性。千万不要谈加薪不动脑子，狮子大开口，吓跑你的老板。

我和一位公司的HR交流过关于加薪的事情。他说他们公司的一位技术人员，向公司提出加薪必须要超过50%，不然就离职。由于技术人员手中有项目没有结束，老板答应了其加薪的要求。但两个月项目告一段落后，公司以这位技术人员上班连续迟到为由，给予辞退。

你可能不明白，为什么会有这样的理由呢？原因是，在员工手册上有明确规定，公司有上下班时间和打卡时间，但没有要求员工必须打卡，这样辞退员工又不用赔偿。虽然我不认可这种挖坑行为，但的确对这位技术人员的情商表示担忧。

另外，最好要先非正式和老板沟通，之后再正式交流。所谓非正式交流，就是不在公司里面沟通，比如吃饭、出差、外出的时候抽空试探领导的反应。这个时候，一般领导都不会这么生硬地拒绝，但也不会直接告诉你同意加薪。不过，你要学会察言观色。

非正式试探后，你回到公司不要急于找领导谈加薪，而是要等项目结束后，大家都在庆祝时，领导非常高兴的时候去找他谈。这个时候，加薪成功率是非常高的。

在职场中，当你没有升职加薪时，请不要灰心。因为这不是失败，而是你在成长和扎根。只要你足够努力，总有真正成熟起来的那一天，再加上适当的方法论，升职加薪指日可待。

WORK
AT
ITS
BEST

第六章

Plan B：提高职场抗风险能力

更高级的稳定，是拥有 Plan B

中国人一向热衷于追求“稳定”的生活，可什么是“稳定”呢？很多人认为，“稳定”就是无所事事、舒适安逸的代名词，这真是大错特错。稳定其实指的是一种生活状态。网络上经常呼吁的“不要在奋斗的年龄选择稳定”，其真正的含义应该是“无论是否处于稳定的状态，都不要在年轻时选择安逸，而是趁着年轻，努力奋斗”。

环境的变化会不断地冲击我们的稳定状态，这就要求我们至少拥有一个“Plan B”，确保能够快速地切换到另外一条轨道上。因此，我们可以这样说，拥有“Plan B”才是一种更高级的稳定。

老陈原本是一家互联网公司的中层管理人员，年薪不到 40 万元。前几年市场形势下滑，老陈不幸被公司裁员。离职后，老陈拿出了 20 万元存款，投资经营了一家餐饮小店。在经营战略上，他一改传统只做堂食和多品种售卖的方式，而是采用单品种售卖，并且大部分菜品都可以通过网络订餐的方式向写字楼和住宅区进行售卖。在这种经营方式下，小店的营业额直线上升。

后来，老陈又接连盘了两个分店，现在每个小店的日均外卖订单可以达到 180 多份，3 家店加起来的日均外卖订单就是 540 份。按照每份外卖订单 28 元的标准计算，老陈一个月的营业额就是 15 万元左右，去除一切人工成本，老陈一个月的净收入可以达到七八万元。

后来，每次跟我谈起他自己的经历，老陈总是半开玩笑地说：“如果不是被离职，恐怕我还不敢启动自己的 Plan B，而是继续在公司里守着死工资过日子。”

在我看来，老陈的经历算是非常成功的一个 Plan B 案例了。

而与老陈相反的是 41 岁的老赵，他是来自上海的一位职场人士，名校

MBA 出身却不幸被裁员，他很久没有找到适合的工作，原因就是没有提前规划自己的 Plan B。

还有一些职场人士这样说道：“我就打算在社会上好好拼个三五年，如果失败了，就考一个老家的公务员，或者去当老师。”

对此，我却认为，这样的 Plan B 其实是在误导自己。因为这种 Plan B 是以承认自己的失败为前提，是对自己的不负责任。我经常说，Plan B 其实就是华为的“备胎方案”，是 Plan A 做得十分优秀的时候就应该考虑的事情。如果你主业做得不够好，还去考虑 Plan B，那就是逃避现实的懦夫行为。

作为职场人士，我们要如何才能拥有一个真正靠谱的 Plan B 呢？我认为必须做好如下 4 点：

首先，Plan B 要以有基本的生活保障为前提。

如果你房贷、车贷压身，是个典型的月光族，那么先别急着考虑和启动 Plan B。请做好当前的工作，努力多存一些钱，再去考虑 Plan B。否则，你要承受的压力和风险是很大的，最后只会让自己精疲力竭。只有基本生活有了保障时，Plan B 才能为未来锦上添花，而不是打乱自己的工作节奏，最后得不偿失。

其次，Plan B 是建立在做好主业的基础之上。

很多公司都反对员工搞副业，所以，当你没有精力把主业搞好的时候，为了防止老板先把你炒鱿鱼，最好是乖乖做好主业，等到主业已经游刃有余了，有多余的时间和精力去从事副业的时候再去考虑 Plan B。

我的一位朋友老马就是如此，他是一位专业剪辑师，由于能力突出，在圈子里口碑非常好，所以他利用工作之余时常会接一些视觉设计的订单来做，既不妨碍本职工作，又提高了自己的收入，可谓是一举两得。像老马这种在某个领域里有一定的名气，能力和水平被周围人认可的时候，就可以考虑从事跟这个领域有关的副业。一个人的专业能力往往与他的社交圈的范围成正比。也就是说，你能力越强，基于合作的朋友也就越多。

当在搞好主业的基础上，把副业也做得风生水起的时候，Plan B 才是成功的。这个时候，职业生涯才是实现了真正动态的稳定。

再次，Plan B 的最佳选择是将主业资源进行平移。

把 Plan B 规划到一个完全陌生的领域，我认为成功的概率是非常小的。或许有的人不这样认为，认为一切皆有可能。但我要说的是：如果你直接放弃了自己多年工作积累的经验，完全从零开始，请问你在心态和精力上拼得过那些刚毕业的大学生吗？能力上又比得上那些雄心满怀的海归吗？你确定你现在的工作思路和方法还适合崭新的行业领域吗？你会比年轻人更加了解年轻人吗……如果你无法做到这些，就不要妄想从零开始了。多在自己已经深耕多年的领域去规划 Plan B，的确比盲目挑战一个新的领域要靠谱得多。

记住，拥有 Plan B 是为了抗击职场风险，是为了让你的生活更加稳定。

最后，Plan B 不是让我们放弃陪伴家人的理由。

在规划 Plan B 时，一些人经常会犯的一个错误就是摆错了 Plan B 和家庭的位置。我去年就接触过一个真实的案例，一位职场人士为了做 Plan B，两年内几乎都没有怎么回过家，妻子的积怨得不到化解，最后两人只好以离婚收场，孩子也选择跟母亲一起生活。

因此，大家切记 Plan B 的目的是让我们的生活更加美好，而不是舍弃一切陪伴家人的时间去做一个工作狂，千万不要舍本逐末。希望这种为了 Plan B 而导致家庭分裂的悲剧不要再次重演。

对于职场人上而言，任何企业都不是绝对稳定的，未来的职业发展面临很多的不确定性。为此，我们一定要学会规划 Plan B，未雨绸缪，才能保证我们的生活质量不会因为这种不确定性而受到过多影响。这就是一种高级的稳定。

什么样的人可以启动 Plan B？

这个问题十分重要：什么样的人可以启动 Plan B？

首先，能启动 Plan B 的人一定是一个高度自律的人。

因为 Plan B 一旦启动，就需要我们在做好本职工作之余拿出更多的时间和精力，而如果做事只有三分钟热度，必然无法在工作中集中精力、心无旁骛，只能到最后什么都做不好。电影《阿甘正传》里有一段经典的台词：“有一种鸟是没有脚的，它只能一直飞呀飞呀，飞累了就在风里面睡觉。这种鸟一辈子只能下到地面一次，那就是等到它死亡的那一刻。”

在我看来，自律的人就好像台词中的鸟儿一般，他们一旦选择了自律，就绝不会轻易放弃。而选择自律，其实就是选择了自由，因为只有做到真正的自律，在适当的时间做适合的事，才能更好地把握自己的时间和生活，才能掌控好自己的人生，实现自己的价值。

自律的人是可敬的，也是可怕的，特别是当对手极度自律时，你就需要做好足够的心理准备。蒋介石就曾经在进行重庆谈判时对自己的秘书陈布雷讲道：“毛绝对不可轻视。他原本嗜烟如命，但他知道我不吸烟，所以在跟我谈话期间，竟然真就做到了不抽一根烟，他有这样的决心和精神，一定不可以小视！”

做一个高度自律的人，就是要学会控制自己的欲望，学会延迟满足，把更多的时间和精力，有条不紊、坚持不懈地花在值得的事情上。只有具备这种精神的人，才有可能启动 Plan B，并把 Plan B 做好。

其次，能启动 Plan B 的人一定是拥有一技之长的人。

一个没有一技之长的人，就不要妄想搞什么 Plan B 了，先专心做好本职工作，保证自己不被老板开除才是正道。毕竟，制定 Plan B 是为了帮助我们抵抗职场风险，而不是加快职场风险的到来。

一般来说，职业发展可以分为 3 条路：专业型、技术型和管理型。

对于专业型的职场人士而言，想要做 Plan B 可以试着从做培训、帮别人制定策划方案等阶段入手。不过，需要注意的是，帮别人做策划方案具有一定的风险，因为一旦方案执行效果不佳，客户一定会认为是你策划的方案有问题，而不是从自身找原因。

对于技术型的职场人士而言，想要做 Plan B 可以运用自己的技术实现客户想要的东西。比如，根据客户的需求，设计一个系统或者 APP 等。不过，切记在设计的过程中要与客户保持充分的交流，确保自己的设计完全符合客户的合理需求。否则，如果客户对设计成果有意见，就容易造成不必要的麻烦。

而对于管理型的职场人士而言，想要做 Plan B 就有一定的难度了。因为任何公司都不缺管理型的人才，除非你本身是那种在行业内很有建树或者具有突破型的管理人才。

Plan B 需要以“一技之长”作为基础，同时，好的 Plan B 还可以帮助你提高技能的变现价值，但如果不具备“一技之长”，请停止思考 Plan B。

再次，能启动 Plan B 的人一定是敢于谈钱的人。

做 Plan B、搞副业的核心目的就是增加个人收入、提升生活质量。因此，如果你羞于谈钱，不好意思张口向熟悉的人收费，那么，我劝你干脆不要搞副业，不然，只会赔了夫人又折兵。启动 Plan B 是为了让我们的精力、技能和时间发挥更大的作用，为什么不可以明码标价呢？

最后，能启动 Plan B 的人一定是身体健康的人。

身体是革命的本钱，如果没有一个好的身体，自然没有什么精力和心思去好好搞副业。更何况，我一开始就说明了，搞副业不是小孩子过家家，更不是娱乐活动，而是需要我们付出和对待主业一样的时间和精力投入其中。只有这样，我们才能将副业搞好，才有可能通过副业增加收入。试想，工作日我们需要在公司完成本职工作，到了周六日才有时间来做自己的副业，这就相当于延长了我们的工作时间和工作强度，自然对我们的身体情况、精神状态是一个很大的考验。

或许有的人会说：“在公司也可以做副业啊，这样岂不是充分利用时间？更加高效！”对此，我必须很严肃地告诉大家，千万不要利用做本职工作的时间去搞副业，因为这是一个关乎职业道德而非是否高效的问题。一个人如果被认为失去了职业道德，那么，其赖以在主业生存发展的根基就没有了。同时，在公司里搞副业，由于精力有限、无法分身，你一定无法做到全情投入、尽善尽美，到最后两边都做不好，更不要提创收了。

其实，为了增加收入，很多人都想要搞副业，让自己有一个靠谱的 Plan B，但真正能够启动 Plan B，并且把副业做好，还能够实际挣到钱的人并不多。原因就是大部分人都缺乏一技之长，难以做到自律，没有足够饱满的精神状态，一旦有客户上门，又往往碍于面子，不便谈钱，最后往往是免费帮人家做好事，把自己搞得很累，收入却不见增长。

因此，我建议大家在启动 Plan B 之前先问一下自己：我是不是个自律的人，能做到锻炼身体、发挥专长、明码标价，有信心打败一切做副业的拦路虎。如果可以，努力做 Plan B；否则，先做好本职工作，静候时机。

敢于跳出舒适区

在制定和启动 Plan B 时，很多人总会畏首畏尾，习惯于待在“舒适区”内，结果却使得 Plan B 的抗职场风险能力大打折扣。因为“舒适区”内的一切都是你能够驾轻就熟、没有挑战性的事物，包括你的思想和认知水平，所以，总是待在“舒适区”的最终结果就是画地为牢、故步自封。而想要成为一个优秀的职场人，拥有一个强大的 Plan B 的第一步就是学会跳出自己的“舒适区”。

当然，不是所有人都能够轻易地跳出“舒适区”的。因此，只有在承受足够大的压力和绝望时，人才有可能会迈出这一步。

为什么说是“有可能”呢？因为在巨大的压力和绝望面前，有的人会选择自暴自弃、自生自灭，而有的人反倒是逆势生长、突破自我，从而让自己的职业生涯又上了一个新台阶。我们要学习和成为的，就是第二种人。

这些跳出自己的“舒适区”的人，具备以下 3 个共性：

1. 他们所在的行业通常已经到达了衰败期，令人绝望。

2. 虽然他们对自己的行业已经绝望，但仍想着改变自己，而不是抱残守缺。

3. 他们是真正发自内心地想要去证明自己，明白自己活着的意义和价值，而不是只能旁观他人的优秀和成功，一切都与自己无关。

在我看来，只有具备以上 3 点，人才会真正思考如何跳出自己的“舒适区”，而不是做那只被温水煮熟的青蛙。

那么，具体而言，我们到底应该怎么做才能成功跳出“舒适区”呢？对此，我给大家提以下 4 个建议：

首先，要坚定自己的意志。

5 年前，曾经有一个小伙子找我咨询，他说自己目前的工作尚可，但没有他想象中那么好，他想要做出改变，但因为自己只是自考大专毕业，所以受学历限制无法进入更好的公司锻炼，也难以妄想高薪。

对此，我的建议是既然他明白自己的短板是学历问题，不如尝试去攻读 MBA，提升自己的学历和学识。毕竟，学历虽然不是万能的，却是求职必备的敲门砖。这个小伙子很上进，他听从了我的建议，经过刻苦的复习和努力，终于获得了某高校的 MBA 毕业证和学位证，并在毕业后顺利加入了当地的一所知名大企业。为什么这个小伙子可以实现人生的逆袭呢？原因就在于他是发自内心地想要改变自己的现状，不愿意被职场无情地淘汰，为了过上理想的生活，他可以付出足够多的精力和勇气。

其次，要做好持久的准备。

改变是很痛苦的，而且可能是持续且长久的痛苦，所以，想要成功做出改变，就要从心理上做好打持久战的准备。还拿上面例子中的小伙子来说，一般而言，具有本科基础的人，只要稍加复习和努力就有很大的希望考上 MBA，但他却只有自考大专的基础。所以，他想要考上 MBA，需要付出比一般人更多的努力，承受更多的压力和痛苦。

他做到了，所以他成功了。想要改变和逆袭，就必须具备解决问题、突破自我的毅力，全力以赴奔向自己的目标。否则，无法承受痛苦、有始无终，是绝对不可能真正跳出自己的"舒适区"而获得成功的。

再次，要努力学习新知识。

很多人不愿意学习，认为学习是一件非常痛苦的事情，但在现代社会，"终身学习"已经成为共识。如果在职场上不懂得改变自己，不愿努力学习和接受新的知识，就会逐渐被时代所抛弃，永远无法再突破现状。因此，学习是一件很重要的事，是实现人生逆袭的利器。

富兰克林曾经说过，"有的人 25 岁就已经死了，只是到了 75 岁才被埋葬"。这句话形容的就是那些安于现状、拒绝学习的人。试想，上面例子中的小伙子如果没有学习的热情，还能坚持到考上 MBA 吗？如果不是因为他考了上 MBA，大大提升了自己的学习能力和学识水平，又怎么可能顺利获得知名大企业的青睐呢？

因此，我建议大家，要成功跳出自己的“舒适区”，就要树立“终身学习”的意识，发自内心地爱上学习，接受新的信息和知识，唯有如此，才能在改变的路上勇往直前，直到成功。

最后，要懂得去全力以赴。

有一个寓言故事讲的是猎人带着猎狗去打猎，一只兔子被猎人用猎枪打中了右腿，猎狗飞奔过来追兔子，结果却没能追上这只受伤的兔子。猎狗悻悻而归，猎人责怪它说：“你怎么连一只受了伤的兔子都抓不到！”猎狗委屈地回答说：“我已经尽力而为了啊！”兔子回到了窝里，同伴知道了它的经历后，纷纷惊叹它居然在受了伤的情况下还能逃脱猎狗的追捕，兔子说：“因为猎狗抓不到我的话，最多被猎人责骂一顿，所以它只是尽力而为，但我不一样啊，我如果跑不过猎狗，就会成为猎人的美餐，所以我是全力以赴啊！”

我认为每一个想要改变自己的职场人都应该记住这个故事。改变自己不是一件轻而易举、一蹴而就的事情，只有全力以赴，逼自己一把，你才能真正跳出“舒适区”，变得更加优秀。届时，你就会发现，那些曾经比你优秀的人，或许并非天生比你聪明，而不过是比你更加努力，更早地跳出了自己的“舒适区”而已。

想要主宰自己的人生，就要学会改变自我。要改变自我，就要能够跳出“舒适区”。只有跳出了“舒适区”，你才有可能获得更大的成功。

随时清空自己的准备

有一位德高望重的禅师名叫怀让，当地有一位名人，对禅师慕名已久，所以特地前来拜访。名人到了禅师的住处，禅师的小徒弟奉禅师之命出来接待他，却不曾想，这位名人态度十分傲慢，根本不拿正眼看这位小徒弟。怀让把一切看在眼里，并没有发作，仍旧吩咐小徒弟给名人看茶，并且，怀让亲自给这位名人倒茶。这时，名人眼见自己茶杯里的水已经满了，禅师还在不停地往里倒，似乎没有注意到茶水就要溢出来的样子，着急地喊道："哎呀！禅师，我的杯子已经满了啊，不能再倒了！"这个时候，禅师不慌不忙地对名人说："施主，其实你自己何尝不像这只水杯呢？你的心中早已装满了自己固有的成见和想法，如果你不先把自己清空，我又如何对你讲禅呢？"听了禅师的话，名人这才认识到自己的错误，羞愧不已。

这个故事告诉我们一个道理：水满则溢，溢则倾之，倾则亏覆。因此，做人做事必须要怀有"空杯"心态。如果没有随时清空自己的能力和准备，那么就无法及时地更新自己的知识和眼界，抵抗职场上随时可能发生的风险。我们讲过人在职场需要制定 Plan B，其实就是在讲职场人必须要有随时可以清空自己的准备。

"问渠那得清如许，为有源头活水来"，在职场中，只有敢于不断地突破自己、迎接挑战，不断清空自己，接受新知识的人才能获得长久的成功。

小林在初进公司时并不被周围人看好，因为他不仅没有名校背景，专业还十分冷门，面试成绩也一般。所以，小林一开始只能被安排做一些端茶倒水、打扫卫生、派发物品等杂务。但是，小林没有因此而意识消沉，他每天都第一个到办公室，最后一个离开。凡是交代给他做的事情，没有一件做的不是尽善尽美的。而在闲暇时，小林喜欢看一些营销学方面的书籍，遇到不懂的地方，也会主动向同事们请教，哪怕因此会遭到一些人的嘲笑，他也并不在意。

结果有一次，公司里为了推销一款新的产品，面向全公司征求最佳营销方案，平时不显山露水的小林却拿出了一套十分贴近生活、易于被人接受且思路独特的营销方案，一举中标。这都是他在做了大量研究和调查工作后得出的成果。

借着这个契机，小林调往了营销部，专门负责公司的营销创意的策划。而小林也不负众望，刻苦钻研，和同事们一起努力，做出了很多令公司十分满意的方案，可以说是为公司的营销板块立下了汗马功劳。

然而，就在营销策划工作做得有声有色时，小林做出了一个令所有人惊讶的举动：他主动申请调往广告部。要知道，小林之前并未接触过广告部的实际工作，对他而言，这几乎是一个全新的领域，所以，很多人都不理解他为什么要轻易放弃之前的成就，跑去广告部从头做起。可是，就在大家的怀疑声中，小林却在一年内帮助公司把几乎停滞的广告市场局面撕开了口子。再后来，广告部的工作成熟以后，小林又申请调换了好几个部门，而且都干得十分出色，几年之后，小林凭借优秀的工作业绩，顺利升为了公司的副总经理。

对于小林的一系列举动，有的人感到不理解，但其实，我认为这正是小林不断获得更大成功的秘诀。公司里本是高手如云，而小林却可以逼着自己不断清空，不断追求新的挑战，突破自身局限，从而不断地攀升至新的高度。这就是不断清空自己的价值所在。

对于职场人来说，你最大的价值应该是不可替代性。所以，无论在任何一个行业、一家公司、一个职位，你只有在自己的朋辈中，保持不断清空自己的能力，才能让自己时刻保持警醒，紧跟时代的浪潮，做一个先锋弄潮儿。

现在，很多人都会抱怨自己的行业已经是夕阳行业了，老板格局有限，自己朝九晚五不说，还挣不到什么钱，可是，每次这样抱怨一番后，他们永远无法下定决心辞职，生怕自己辞职就等于失业，以后的生活再无着落。这就是典型的缺乏 Plan B 和随时清空自己的准备的一种表现。

想要突破眼前的困境，改善自己的生活质量，就必须有足够的清空自己的勇气和准备。如果你只是随口抱怨一下，永远不敢付出实际行动，那么，有再多改变未来的机会，你也会看不到、抓不住。

很多人在职场上待了几年，升职加薪后就开始陶醉于现状，自我满足，再也没有继续奋斗的目标和动力了，心里只盼着可以守住眼下的辉煌熬到光荣退休。对于这种情况，我只想告诉大家，没有最好，只有更好。千万不要满足于现在的成就，未来还很漫长，一切皆有变数。

要做好或者启动 Plan B，就必须要有随时清空自己的准备。对此，我们需要做到以下 3 点：

第一，保持对工作的危机感。

现代社会发展飞快，产业更新瞬息万变，相对应的，职场的交替更迭也会越来越快。所以，千万不要盲目乐观，必须要时刻保持危机感，只有这样，才能在困难真正到来之前做到沉着冷静和随机应变。当然，保持危机感不等于陷入悲观的情绪中，而是要用危机感来提醒自己时刻居安思危。

第二，要不断掌握新的技能。

在所有的自我投资中，只有学习是稳赚不赔的项目。因此，只有专注自身，不断学习，时刻更新自己的知识和技能，才能够顺应潮流、应时而动。

第三，要坚持好奇心和付诸行动。

真正的成功人士，往往能够对自己的行业保持持久的好奇心，并且，他们还是不折不扣的行动派。面对日复一日的工作，保持好奇心可以帮助我们摆脱对其的厌烦和排斥心理，而行动派也可以帮助我们更快地积累经验、实现目标。

总之，只有做好随时清空自己、启动 Plan B 的准备，让自己直面变化和挑战，才能在日新月异的现代社会立于不败之地。

更加精进的时间管理方式

在制定 Plan B 的时候，有一个因素是我们必须引起重视的，那就是做好时间管理。正如管理学大师德鲁克所说的那样，只要我们肯做，认识自己的时间这件事是每个人都能做到的，并且，也是一个人通往成功的自由之路。

可是，在进行时间管理的时候，我发现很多人都存在一定的误区，通过梳理和总结，我发现主要有以下几种情况：

首先，将时间管理等同于具体时间的 To do list，将自己视作机器。

要知道，时间管理是指通过事先的规划，并运用一定的工具、方法和技巧来有效灵活地运用时间，从而更快地实现既定的个人或组织目标，其本质在于自我管理。只有初中生或者高中生才需要进行 To do list，而职场人如果按照 To do list 的标准去进行时间管理，结果只能是在计划的时间内什么都没有完成，搞得自己信心全无。因此，我建议大家放弃罗列太详细的To do list，而应该将重点放在问题本身。

其次，在进行时间管理时忽略了他人、环境等外在因素对自身的影响。

这一点在很多容易焦虑的人身上体现得尤为明显。一旦开始焦虑，他们便处在不断的自我怀疑之中，觉得自己什么都不行，然后就开始思考自己需要学习什么，给自己列了一大串需要学习的项目，导致白天无法专心工作，被迫加班还被领导批评，可以自由支配的学习时间不断缩水，最后心态完全崩溃……这就是典型的无价值、无效率的工作方式。

其实，在职场中，唯一真正有用的利器不过是3类，那就是职场技能、专业工具和专业技能。先把这3类利器弄明白，再去吃透人性、看清自己，才能更加通透地进行自我规划。

最后，误认为工具是万能钥匙，可以用来解决所有的问题。

进行时间管理一定要摈弃“寻找万能钥匙”的思维，工具只能是工具，做不到为你开启新世界的大门。工具的意义在于通过服务于人而最终提高人的工作效率，如果让人因工具而累，则是本末倒置。

认清了时间管理的误区之后，接下来我们谈一谈做好时间管理的具体方法。

第一，学会休息，保持头脑清晰和精神的高度集中。

“只有会休息的人才会工作”，这话说得一点儿都不假。做好时间管理的第一要义就是要有一个精力充沛的身体。如果你晚上不睡，早上不起，久而久之，身体不垮掉就实属不易了，更不要说什么高效率地工作了。很多鸡汤文总是盲目鼓吹勤奋，每天只睡3个小时，凌晨四五点就起来工作，等等，这种事例或许真的有，但绝对不适用于绝大多数人，至少我是不赞成的。唯有休息好，保持好的精神头，才能做好时间管理，提高工作效率。

第二，学会专注，目标应清晰可落地。

很多人往往在进行时间管理的时候，在同一时间给自己安排许多的目标，这种做法是不切实际的，这一类人，其实还是想要找到成功的捷径。我要提醒大家的是，成功没有那么多捷径，与其投机取巧，不如踏实努力。在设定任务目标的时候，必须确保其差异化和具有可实现性，并且，在完成每一项任务目标时，都必须全神贯注，一次只专注于完成一件事，这样才是有效率的工作方法。

第三，学会复盘，每天晚上对规划进行梳理和总结。

我习惯于将第二天要做的工作在前一天晚上安排好，第二天晚上再对当天的工作完成情况进行复盘，仔细总结自己哪些做好了，哪些完成的不满意，原因是什么。如此循环往复，便可以更为清楚地知道自己每天要做什么，怎么做，或者哪些事情应该授权给别人做，等等。此外，必须注意的是，如果你完成的工作是别人授权给你做的，你一定要尽最大努力，保质保量地完成，拿工作结果来证明自己。否则，你花再多的时间、再多的心思，最后也免不了被开除的命运。成人的世界里，大家都很忙，没有那么多工夫跟你浪费时间。

第四，学会反馈，进行及时的沟通和奖励。

我在为职业经理人提供职业咨询的时候，经常会问他们一个问题：你习惯于主动还是被动地与自己的上级老板进行沟通？这个问题的意义在于了解其是否懂得及时反馈。对任何一项工作而言，如果只有执行而没有反馈，那么就等于零。为什么这么说？因为不反馈，就无法真正了解工作的结果，无法及时作出激励和调整，最后一切就只能靠感觉走，出现问题的时候也无从归因、无从解决。

进行时间管理一定要学会及时的反馈，这个反馈既包括向上级领导的反馈，又包括对自己的反馈。唯有及时反馈，才能及时对自己进行奖励，才能做好工作，取得老板对自己的信任。从现在开始，学会反馈吧，这才是时间管理的核心所在。

一个人选择将自己的时间和精力花在哪里，其最终就会逐渐成长为做一个什么样的人。这就是时间管理最终极的意义所在。我们所用掉的每一分钟，所选择做的每一件事情，都在慢慢塑造我们的未来，决定我们的成就。

因此，对待时间管理，绝对不能马虎。只有懂得使用精进的时间管理方式工作和学习的人，才能更有效率地利用时间，实现自律、自控。

Plan B 也需要个人职业品牌

没有万无一失的人生，上帝如果关上了一扇门，你是否有能力推开另一扇窗？对于职场人而言，未来的职业总是面临太多的不确定性，做好 Plan B 的准备是必要选项。但是，一旦真正启动 Plan B，你就会发现，成功的 Plan B 也需要个人职业品牌。

根据 2019 年智联招聘关于职场人年中问卷调查的数据可知，绝大多数职场人的薪资水平仍在原地踏步，甚至还有一些人的薪资水平有所下滑，但与此同时，却有一部分人跳槽成功，获得了更多的薪资，问卷样本中还有将近一半的职场人都拥有了副业。

这说明什么？为什么这些人可以在并不乐观的经济背景下升职加薪呢？究其原因，在于他们建立了优秀的个人职业品牌，令自己变得非常“值钱”。

一个好的个人职业品牌方能产生强大的溢价能力，避免被残酷的职场竞争淘汰。那么，如何塑造和管理自己的 Plan B 呢？我认为应该从以下几个方面做起：

第一，Plan B 的个人品牌定位最好与主业相关。

一个人同时拥有两种截然不同的职业准备，并且都具备一定的竞争力。这在大多数情况下，是很难做到的。所以为了提高 Plan B 的成功概率，我建议 Plan B 的个人品牌定位最好与主业相关。可以是依赖同一份技能，或者是主业资源的有效再利用。这样的规划会更加高效，落地性更强。如果专业够强，能够成为某个细分领域的专家，那么无论是做主业还是副业，都是仰赖这项强有力的“一技之长”，多了一些应对风险的底气。

有一位企业的产品研发人员，她的主业已经很优秀了，但她依旧在业余时间做公众号，做知识变现，用自己的专业知识教大家如何美容，如何养生，教大家辨别产品原料，读懂产品功效。她的 Plan A 与 Plan B，就是来自同一领域，不仅做起来不会太吃力，两种身份互相还会有良性的促进作用，保证了精力投入不会分散。

第二，可以把个人兴趣打造为 Plan B 的个人品牌。

我还认识一些这样的“斜杠青年”，白天是教师、是白领、是销售，晚上可以靠写作、靠画稿、靠配音来赚取第二份收入。他们都是将个人兴趣打造成了 Plan B 的个人品牌。这样的人，他们都是对自我要求很高的。每个人拥有相同的时间，在有限条件内能够将两种身份都做好，并不是一件简单的事情。唯一的动力就是，他们选择的 Plan B 是自己热爱的领域，所以无怨无悔，可以笑对艰辛。

我还认识这样一位女孩子，她的 Plan B 是做无添加健康美食，拥有自己的一个小社群，依靠会员定制服务，每个月也有不菲的收入。她的主业是一名工厂女工，两个身份虽然没有太多交集，但是都做得很好。

如果我们的 Plan A 已经让热爱消失在了流水线上，那么 Plan B 就是弥补和填充这一切的机会。让我们去选择那些感觉快乐的事情，一些关乎梦想的事情。

第三，在专业范围内扩大 Plan B 个人品牌的影响力。

我们在前文中提到过，打造个人品牌需要尽可能多地去参加演讲活动，写写文章，或者通过和知名的人士打交道来提升自己的圈层，经营一个高质量的人脉圈。其实，打造 Plan B 的个人品牌同样需要这些。

起码我们要在 Plan B 的专业小圈层中反复强调这一点，让人们深深记住：有一个人，在某方面的业务极强，并且主业也十分优秀。

第四，坚持做下去，并不断重复。

世间所有事情都怕坚持二字。这就像是炉灶上的水，要坚持和等待，到了突破沸点的那一刻，一切就会发生质的变化。很多时候，Plan B 也正是代表了我们想要抓住的那一个积极向上的自己。

当今社会，多一个 Plan B 的个人职业品牌，世界会宽广很多。商业活动充满变数，我们的职场存在风险，使我们无法永远高枕无忧，所以要怀揣危机意识，保留 Plan B 的可能。在面临失业风险的时候，它会成为主要的生活来源，也会成为救命的稻草，抵挡“满盘皆输”的降临。

打破自我设限的围墙，拥有 Plan B，就是拥有了人生的另一种可能。愿我们都可以多一种选择，多一份底气，不随波逐流。

Plan B 谢绝“玩票”

在选择 Plan B 的时候，依照我的经验，有一点需要格外提醒大家，那就是 Plan B 谢绝“玩票”。

什么叫“玩票”？就是指在某一个自己原本并不擅长的领域去试水，而不带有提高水平的目的去做事。说到这里，相信聪明的职场人一定明白了我在说什么。选择 Plan B 不能盲从，而必须抱着认真、努力的态度，去做自己擅长和专业的事情。

印度电影《摔跤吧！爸爸》中，阿米尔·汗饰演的爸爸在看到两个女儿的摔跤天赋后，通过严格要求、刻苦训练，最终将两个女儿培养成了世界冠军，为国家争得了荣誉。特别是姐姐吉塔，她在经历了最初的不理解和叛逆后，懂得了爸爸的良苦用心，为了更好地主宰自己的人生而主动训练，忍受着日复一日的辛苦，终于得以进入国家体育学院进修，为争夺世界冠军做了准备。

然而，和小时候相比，进入国家体育学院后的吉塔却完全放松了下来。她不再听从爸爸的劝告，拒绝爸爸传授的技巧，留起了长发，开始喝酒和吃油炸食品，虽然也依旧参加训练，但态度却日益懈怠。结果，在国际赛场上，她屡战屡败，甚至到最后自暴自弃，认为自己注定不是拿世界冠军的料。这个时候，还是爸爸给予了她力量和帮助。他告诉她：“永远别忘了你是如何一步步走到今天的！”

这句话深深打动了吉塔，也打动了作为观众的我。其实只要将吉塔前后做事的态度进行对比，我们就可以轻轻松松地猜出她的表现如何。我们大部分人都像取得世界冠军之前的吉塔一样，刚开始做事的时候总是抱着最端正的态度，一丝不苟，全力以赴，而当时间一长，特别是小有成就以后，就开始松懈、停滞不前。

有句话说得好，“态度决定高度”。只有当我们对一件事始终抱着认真、努力的态度时，我们才能持之以恒地实现做事的目的，获得成功。在我们对待 Plan B 的时候，也是一样的道理。不要觉得这是副业就不再端正态度。你应付着做的事情，取得的结果和成就一定是不值一提的。这就好比你想在业余时间做网红带货，那你就要想想，自己有没有付出和李佳琦一样的努力，不然，就不要只是抱怨自己生不逢时，天意弄人了。

那么，是不是只要有态度就足够了呢？当然不是。在摆正态度之后，我们还要对自己的能力和兴趣进行综合评估，选择自己最擅长、最容易做得出彩的那个领域。

为什么这么说？很简单，因为选择大于努力。的确，现实中也有先天条件可能并不足够好，但仍然凭借努力取得了非凡成就的人。

可是，我们必须承认的是，这样的人还是少数。普通人根本达不到他们那样的努力程度，也可能毕生都无法获得和他们一样的机遇。因此，这种成功是不具备可借鉴性的。对于一般人而言，最保险、最有效率的方法就是选择去做自己最擅长的事情，在自己专业的领域进行深耕。

或许有的人又要问："人生短暂，我只想做自己感兴趣的事，而我感兴趣的事不一定是自己擅长的事，要如何平衡和选择呢？"我的答案依然是：如果你感兴趣的不是自己擅长的事情，那么，不要犹豫，请选择做自己擅长的事。

之所以有如此坚定地回答，是因为我清楚地知道，对于我们普通人而言，其实人们往往很难快速地发现自己真正热爱的是什么，并且，这种热爱和喜欢还会随着时间、环境、心情而不断发生变化。而且，如果你很不幸，发现自己热爱的事情并非自己所擅长的事情，你付出了巨大的努力却只取得了一些微不足道的进步，而别人却轻轻张松地超过了你的水平，久而久之，你的自信心和士气就会越来越弱，越来越自我怀疑，试问在这种状态下，有多少人能够奇迹般地成功呢？

相反，发现自己擅长做的事却很容易，而且，只要足够努力、专心训练，绝大多数人都可以在这个领域做到小有所成，甚至成为专家。一边是刻苦努力却郁郁不得志，不断消耗自己的热情和兴趣；另一边是稍加努力就可以功成名就，甚至有可能在练习的过程中热爱自己所正在做的一切，两者相比较，应该选哪一种，答案不言而喻。

所以，在选择 Plan B 的时候，一定要先从自己擅长的事情开始，兼顾热情和兴趣，只有这样，我们的 Plan B 才是一个具有可操作性和发展潜力的项目，否则，只是头脑一热就跑去做自己根本不适合、不擅长的项目，受挫和失败的概率一定特别大。

人生苦难，光阴难得，不要轻易试错，因为每一次试错都是有成本的。如果你还年轻，或许还可以折腾，但如果你已经步入中年，面临职场危机，那么，你在做 Plan B 的时候就尤其不能肆意妄为、浪费时光。毕竟，人生没有如果。

著名演员成龙曾经说过，“把自己不擅长做的事情交给别人吧，只有去做我们自身擅长的事情才可以取得成功”。当焦虑的时候，当我们对未来感到迷茫的时候，当面对 Plan B 的选择无法抉择的时候，好好想想这句话，你会豁然开朗。

想做好 Plan B，就必须放弃“玩票”的心理，要将其当作第二份正式工作，同时，尽可能选择自己最擅长的事情，在自己专业的领域内，尽最大的努力做到极致，如此，才能让你的 Plan B 真正起到对抗职业风险的作用。

拥抱变化，善于调整

《谁动了我的奶酪》里有一句很经典的话：这个世界上唯一不变的就是变化。制定和启动 Plan B 时，我们不能忽略的一点就是观察和适应变化，及时作出调整。

很多人厌恶变化，认为变化会打乱自己原有的计划，让自己无所适从，没有安全感。但其实，面对变化，我们唯一能做的就是拥抱变化。

为什么要去拥抱变化呢？

一方面，变化是这个世界的基本规律。我们无从改变，只能根据变化去调整自身，而不能违背客观规律。这个世界上根本不存在能够应对一切变化的万能计划。所以，只有正视变化，才能更好地去应对变化。

另一方面，变化又是一把双刃剑。并非变化就一定意味着风险和不利。要知道，所谓“穷则思变，变则通，通则达”。在变化里也隐藏了机遇，只要我们善于利用变化，就可以有意想不到的收获。

不过，当变化来临时，能够真正做到应对自如，不烦不躁，也确非易事。那么，我们要如何做才能从心里接纳和拥抱变化呢？

首先，学会“留白”大法。

为什么人们常常说计划赶不上变化？原因就在于你在制订计划时没有给自己的计划留有变动的余地。即在制订计划时，万万不要贪多求全，安排得满满当当。否则，一旦发生哪怕一点儿变化，都会影响到你的计划，导致你的计划因受到影响而无法如期完成。学会给自己的计划进行“留白”，不仅能够更好地应对变化，还可以起到对大脑中已经形成的网状知识结构再思考、再加工的作用，从而激发创新性思维，提升学习和工作的效率。

其次，使用“备案”技巧。

每件事情的重要性和紧急程度都是不同的，而我们在面对重要的事情时，就需要尽可能地考虑各种意外的可能性。假如我们第二天要按时去某个地方参加重要活动，那么，在前一天晚上，你最好提前查找两条以上比较方便省时的驾车路线，还要注意启程的时间点，是否会遇到堵车，一旦堵车了怎么解决；另外，出行时一定离不开手机，那就需要检查手机现在的电量是否充足，是否需要携带充电宝？参加活动的衣服是否准备好？有没有试穿过？明天路上是否会将衣服弄脏？一旦弄脏了怎么办，等等。所有这些问题你要尽可能想到并预想到备选的措施，以防万一。所谓意外，其实就是因为我们在考虑问题时不够周全，没有准备足够全面的备选方案，才给了变化可乘之机。

最后，懂得合理“拒绝”。

当面对突如其来的变化时，很多人的第一反应都是害怕和想要寻求他人的帮助。但是，我要告诉大家的是，如果我们每次面对意外情况时都只会寻求别人的帮助，时间一长，你“难当大任”的形象就在别人心里根深蒂固了。这个时候，你再想获得什么好的表现机会，就很困难了。因此，我们要学会合理地拒绝他人的帮助，提升自己独自解决问题、应对变化的能力，而将寻求他人帮助放在最后。学会自我判断和独自面对，这是生活的必修课，也是学会不被变化牵着鼻子走的关键。

不过，每个人都有自己能力的短板，如果在综合评估之后，我们的确找不到解决办法，也别犯迷糊，及时向有能力的人表达自己的需要，迅速解决困难，事后做好总结和反思，积累经验即可。

但实际上调整也不是那么容易做出的，因为人都具有一定的惰性和惯性，更习惯于待在自己的舒适圈内。诺基亚就是一个典型的例子，很多人或许都不知道，其实诺基亚才是第一个研究发现触屏技术的公司，可是，为什么我们现在看到的是苹果公司率先发明出了智能手机呢？原因就在于触屏技术和诺基亚公司原本的操作技术相抵触，因此，当整个团队早已习惯于原有的运作系统，并且也可以靠着原本的这套技术舒舒服服地生活时，想要让他们作出调整，率先适应变化是不可能的。

《孙子兵法》有云：“故兵无常势，水无常形，能因敌而取胜者，谓之神。”意思也就是说，只有善于根据变化来适时调整的人，才是神一般的人物。随着变化而调整有时候或许很痛苦，但是如果拒不调整，其结果却很可能是粉身碎骨。

当年清政府闭关锁国，对世界科技的进步和局势的变化置若罔闻，死守着天朝上国的美梦，拒绝开放和进步，结果导致了鸦片战争的惨败，中国一步步沦为半殖民地半封建社会长达百年之久。如此经典而沉痛的教训，是我们永远无法也不应该忘记的。

当今社会是一个飞速发展、变化的时代，柔性屏幕、物联网、区块链、5G……越来越多的新鲜事物开始从构想变为现实。在这样一个时代里，如果你还只是故步自封，妄想“躲进小楼成一统，管它春夏与秋冬”，那么，你大可不必费心思制定什么 Plan B，对于懒惰和固执的人而言，任何变化都毫无意义，任何计划和准备也将没有用武之地。

总之，制定和启动 Plan B，必须根据实际情况的变化及时作出调整，而不能一味拒绝变化、厌恶调整。哲学的核心思想就是拥抱变化，对未来预测多种可能，当形势喜人时，要居安思危，为形势变化作准备；而当形势对你不利时，也要善于调整，利用变化来创造机会，实现发展。

WORK
AT
ITS
BEST

第七章 成长就是持续创造价值

体系化知识的重要性

无论在生活还是职场中，我们常常会发现这样一种差异：有的人跟你交流，口沫横飞、云山雾罩地说了将近半个小时，你还是一头雾水，没明白他究竟想要表达什么；而有的人则在交流时，总能清晰地表达自己想说的内容，他们的开场白往往是“我给你打电话有 3 件事，分别是一、二、三……”因此，作为信息的接受方，你完全可以不假思索地就 get 到他和你沟通的目的是什么。

那么，为什么会出现这样的差异呢？这是由于两者不同的逻辑思维能力造成的。具有良好逻辑思维能力的人，严谨务实、表达深刻、言简意赅，可以在工作中快速抓住问题的关键，而缺乏逻辑思维能力的人，往往东拉西扯、浪费时间。

所谓逻辑思维，指的就是将自己的思维内容进行组织、联结的形式或方法。因此，从定义上我们可以知道，逻辑思维的核心是自己的思维内容，也就是体系化的知识。

我们都喜欢或欣赏有能力的人，乐于与这样的人进行沟通和交流。那么，什么是有能力的人？简单来说，在某一领域内具备体系化的知识的人就是有能力的人，这是因为，体系化和系统化的知识是逻辑思维的起点，是一切能力的基础。

根据我的面试经验，在职场中能够获得较高薪酬的人，一定都具备体系化的知识，这是他们驰骋职场的法宝之一。那么，在学习时间不断碎片化的今天，我们究竟要怎么系统地构建起自己的知识体系呢？对此，我认为应当从以下 5 个方面做起：

一是在学习的过程中有意识地进行有用信息的收集。

其实，喜欢看书和学习的人很多，但看完后能够进行独立、深入思考，将学习到的知识进行内化的人却非常少。

如果我们只是单纯地看书而从不加以思考，对从书中获得的知识要么全盘否定，要么全盘接受，这种读书方式本质上就是浪费时间，毫无意义。正确的读书和学习方式，应该是注重在学习的过程中对思考后认为有用的信息进行收集。

在进行知识的收集时，我们可以采用手写的方式，也可以借助便捷的电子工具，但我要提醒大家的是，无论采用哪种方式，都必须注意标注好知识的来源，避免不必要的侵权纠纷。

二是在信息收集之后，必然是信息的分类。

对于一个有竞争意识的职场人而言，具备一套以上的知识体系是我们应对职业发展的必备技能。学会进行知识信息的分类整理，这是我们面对竞争最有效的学习习惯之一。

三是在学习的过程中有意识地不断完善自己建立的知识体系。

任何体系都需要随着环境、时间的变化进行不断调整和完善。这样，随着时间的推移，我们的知识体系就可以不断进行延伸和扩展，同时也可以在这一过程中养成前后贯通，融汇整合的思维习惯。

四是有意识地将学习到的知识信息进行存储和内化。

相信不少人都已经意识到，很多知识，即便我们已经将其掌握和理解，也不一定就能内化为自己的专业知识。想要将知识完全吸收，就必须将知识进行不断的重复和应用。当然，进行重复和应用的前提是做好知识信息的存储。这一点往往被很多人忽视，认为知识的存储不重要，或者错误地认为进行知识信息的存储不过就是为了自我炫耀。

我们进行知识信息的存储是为了日后在实践中派上用场。其实这就好比是储存水源一样，当雨水充足的时候，我们往往感知不到储存水源的重要性，但一旦遇到意想不到的干旱季节，提前储存好的水就会发挥功用。只有注重知识信息的存储和内化，才能建立并强化自己的知识体系，使之在日后的工作中系统而又灵活地发挥作用，而不是僵化为死的知识。许多人的知识在工作几年后基本都还给了老师。

五是有意识地将学习的知识进行货币转化和应用。

在我看来，知识本身还并不是力量，但当你所学习的知识充分改变、纠正了你的认知偏差并转化为生产力之后，知识才会体现强大的力量，你才会发现知识的伟大。

可是，通过观察我发现，尽管我们大多数人都追求知识，也迫切希望所学的知识都可以货币化，但事实上，很多人只懂得消耗时间和精力去死读书，但对于究竟如何将知识进行应用却不甚了解。

换句话说，只知道为了读书而读书，这自然是不可取的。读书学习的最终目标都是进行应用和货币化，否则就是做无用功。当然，陶冶情操也是知识应用的一种，但只有将学到的知识在工作中得到应用，我们才有机会要求升职加薪、进而改变自己命运。

总之，在职场中，想要被领导认可和赏识，我们就必须有意识地掌握在该领域内体系化的知识，这是区分职场人能力高低的基本指标之一。在体系化的知识逐渐形成后，再去掌握一技之长，在合适的场合不断向领导展示自己的与众不同，久而久之，被提拔和赏识是迟早的事。

慧眼："识人"与"断事"

对很多知名人士或大公司的老板而言，领导力是其走向成功之路的一大法宝。而所谓领导力，其实就是具有"慧眼"，能够巧妙、准确地"识人"和"断事"。

"识人"不是通常意义上的认识多少人，而是指对不同类型的人的准确识别。"断事"则是指对事物的准确定位与判断，代表了一种战略思考能力。很多人不乏小聪明，却总是成不了大气候，究其原因，就是缺乏慧眼，没有洞察力和辨别力，容易被他人欺骗。

身为职场人，有意识地培养自己"识人"与"断事"的能力是很有必要的。那么，什么样的具体办法可以帮助我们有效地提升这种能力呢？

我们先来谈谈如何"识人"。在我看来，人之所以会蒙受他人的欺骗，就是因为我们自身的判断能力不强，无法准确揣摩、感受他人内心真正的想法。要知道，人是这个世界上最复杂的生物，想要完全准确地掌握一个人是基本不可能的，但通过刻意的练习来提升自己的识人能力，还是比较容易实现的。具体而言，有以下 5 种办法：

一是通过主动学习来锻炼、提升自己的逻辑思辨能力，从而准确识人。比如用阅读、写作、思维导图来整理自己的思路。

二是通过观察人的眼神、肢体语言进行识人。都说眼睛是心灵的窗户，一个人的眼睛是不会骗人的，即便是经过特殊训练的人，其眼神中也一定会透露出他的本性和真实目的。任何的虚伪和矫饰都会被眼神出卖。人的肢体语言也是十分神奇的信号。比如，人的很多下意识动作可以很精确地反映其内心活动。因此，想要观察、识别一个人，就一定要认真观察他的眼睛，认真观察他下意识的肢体动作，等等，从这些细节上来揣摩、判断他的内心。所谓“相由心生”说的正是这个道理。

三是通过分析和推演来对要识别的人进行解读。我们都知道大名鼎鼎的神探李昌钰。为什么李昌钰可以屡破奇案？原因就在于其强大的分析和推演能力。通过对案件中各种蛛丝马迹进行总结、分析，从中探索规律，最终判断出真正的凶手是谁。职场亦是如此，却比复杂的凶案要简单一些。只有将收集到的信息进行合理的归纳、分析，我们才有可能对要识别的人进行准确解读。

四是通过假设和对比进行验证来识人。如果你经过分析和推演后，判断一个人可能在说谎，那么，你要做的就是假设他在说谎，然后对现实进行验证来验证自己的判断。

拿借钱为例，如果一个人找你借钱，他通常会以一些非常值得他人同情的事情作为理由，此时，你要不要借钱呢？如果你不借，可能会被他道德绑架；但如果你借钱了，这钱又很可能会一去不回，甚至还可能在要求还钱时得罪对方，最终失去友谊。对此，你不妨将计就计。比如，对方说是因为家里老人生病住院了，那么，你就可以顺势提出要去医院探望老人家，如果对方说的是事实，你可以适当借给他一些钱，同时还巩固了你们的人情关系；

但如果你一提出要来探望，对方闪烁其词、顾左右而言他，那么，不用多想，这人十有八九是在撒谎，而撒谎的人是否值得交往，相信我不说大家也知道该怎么做。

五是通过多次的概括和总结来形成自己独特的方法论，以广泛应用于日后的实践中。其实，无论是识人还是掌握其他知识，都需要我们在实际工作中不断总结经验和规律。这样做的好处在于，一方面可以通过对自己的经验和知识进行梳理，形成自己的知识体系；另一方面，也可以将自己形成的独到知识进行加工出售，从而获得额外收入，在这样的过程中逐步树立自己的个人职业品牌。这样，你的职场身价会越来越高，职业道路也会因此越走越宽。

"知识网红"正是这样一群，他们在网络平台上为大家奉上精细、多元的知识养分。如果我们可以将自己识人的经验当作一个产品通过媒体去经营和出售，并在这一过程中不断地进行优化更新，那么，久而久之，你就可以真正成为一个理论兼具实干的"知识网红"了。

接下来我们谈谈如何"断事"。对于"断事"而言，最重要的是要培养如下两种能力：

第一，要刻意培养自己的洞察力。

所谓洞察力，指的就是一个人对于整个时代的趋势有自己独特的判断，并且，能够准确地把握未来事物发展的必然性。不同的公司往往采用不同的发展战略，如亚马逊集团、沃尔玛公司采用的竞争策略就是保持低价；小米公司在竞争中则需要全面的能力，既要有供应链，又要有互联网营销，等等；而京东集团的竞争策略则是保证商品的配送体验和质量要求。这几个战略在实践中应用的效果，其实就取决于相关领导人的洞察力。

第二，要刻意培养自己的决断力。

决断力对于领导者而言有多重要？举个例子，假如现在公司的业务并不顺利，未来的发展前景很不明朗，身为创始人，作出英明的决断，带领公司所有人破除困境，取得成功就是你最大的责任。又比如做投资，如果我只是一名普通的个体投资人，投资成功和失败的概率一样大，投还是不投，对于我而言其实并没有很大的压力，因为个人行为导致的失败也是很正常的。但是，如果我是一家有几万名员工的公司的创始人，就很难做到坦然，因为我的每一个举措都会影响到公司上上下下所有的人。做什么，不做什么，都必须有准确的决断，才能保证公司平稳顺利的发展。

总而言之，练就一双“慧眼”，学会高效、准确地识人和断事是职场人必须练就的一项本事，特别是将来走上领导岗位的时候。学会识人，其实就是学会看清人的本质和底线，亲贤远佞，保持良性发展的人际关系；而学会断事，其实就是学会看清事物发展的本质规律，顺势而为，保持良性发展的战略模式。

“识人”和“断事”也是相辅相成的，这就好比一枚硬币的正反两面，如果不会识人，在战略决策、断事上就会容易出现差错；而如果不会断事，那么也一定很难找到合适的人才，从而影响公司发展。

但“慧眼”的练就不是一朝一夕就可以实现的，它需要我们在职业发展的过程中有意识地去练习。只有多聊、多看、多听、多分析、多总结、多反思，才能逐渐培养起强大的识人和断事能力，帮助我们在职场中更好更快地发展，最终实现自己的职业理想。

选择正确的职业节点

对于很多初入职场的新人而言，做好职业定位与规划，避免眼高手低，才能在职业的发展过程中走得更为顺利和长远。进行职业定位与规划时，最重要的是一定要选择正确的职业节点。如果我们将一个人的职业生涯剖析来看，就会发现，其实人的职业发展也是一个螺旋结构，是在曲折中前进和上升的。

螺旋的结构有两个特点：一是不断向上；二是不断放大。从理论上来讲，随着人在职场中不断成熟，无论是经济收入还是社会地位、职业影响力都会逐渐扩大。

然而，在现实中，其实不是所有的职业发展的螺旋都可以同时保持上述两个特点。这是因为，职业发展的螺旋在每一环上都具有3个非常关键的节点。想要保持职业生涯的良性发展，就必须在这3个关键节点上进行正确的定位和规划。

这3个关键节点分别是：认知——实践——元认识。下面我将为大家逐个分析：

首先，关于认知的节点。认知是职业发展的螺旋起点，而这个起点就是指对自己的“命运之域”进行认知和探索。美国当代最成功、最伟大的企业家之一杰克·韦尔奇在其著作《商业的本质》中，就职业发展的问题提出了一个十分“高大上”的名词——Area of Destiny，翻译成中文即“命运之域”。所谓“命运之域”，讲的其实就是这样一个十分简单的道理：如果将一个人十分擅长的领域和其十分热爱的事业比作两条无限延长的射线的话，那么，这两条无限延长的射线交汇的地点就是“命运之域”。

先来看一个人“十分擅长的领域”。这里的擅长可不是泛泛而谈，而是指你比绝大多数人都要擅长做的事情，比如跑步，不是说你比那些不爱运动的人擅长跑步就是“十分擅长”了，而是至少要达到专业运动员的水准。因此，其实这样一深究的话，或许你会感到十分悲观，貌似大多数人都没有什么“十分擅长的领域”，那么，我们就没有办法了吗？

当然不是！比较中肯的建议就是：不如做好眼下正在做的一切。因为说到底，擅长不是指一种天赋，而是不断努力地刻意练习的结果。无论你眼下在做的事情是不是你内心真正喜欢做的（或许你可能还很抵触正在做的事），你都要先把它做好。因为只有先将眼前的事情做好，在当下取得一定的业绩之后，我们才有资格去尝试那些自己真正热爱的领域。

而“十分热爱的事业”是指那些你能够沉醉其中、甘之如饴的活动或领域。在这种事业中，人们往往可以废寝忘食而不觉得辛苦，而且在取得业绩之后还能获得最大限度的满足。

说到底，一个人“十分擅长的领域”讲的是人的“能力”的问题，而“十分热爱的事业”讲的是人的“意愿”的问题，这就好比人的左膀右臂一样，是相辅相成的。如果有意愿，能力迟早可以获得提升，而能力提升了，意愿也就会越来越强烈。

其次，关于实践的节点。现代管理学之父彼得·德鲁克有一句名言：“管理是一种实践，目的不在于知，而在于行”。诚然，一个人实际能力的养成，其实只有10%来源于理论学习，20%来源于经验交流，而剩下的70%则全部来源于任务的实践。并且，这个实践，还必须是足够的时间内积累的足够的经验。

一方面，这个足够的实践要满足横向的要求，即广阔的覆盖面。以培训管理为例，最重要的不是有没有用来背书的平台，而是拥有多少实打实的核心项目的操盘经验。从员工培训、团队建设、企业文化到战略解码等，如果你在培训体系的每一个环节都有相应项目的操盘经验，那就真的具有很强的竞争优势，有了这种覆盖面广阔的实践经验，那你再想跳槽到大的平台，就可以说是轻而易举了。

另一方面，这个足够的实践要满足纵向的要求，即大量的时间。因为任何有效的实践都不能也不会是只浮于表面。没有大量的时间，我们很多拍脑袋想出的策略或计划很有可能被验证是错误的。并且，也唯有通过时间的不断积累，才能实现从量变到质变的飞跃。而很多优质的项目要完整成型，至少需要3年的时间，如果我们实践的时间太短，根本不可能完整地获得一个项目的操盘经验，你的能力也就是有限制的。因此，我并不建议初入职场的人频繁跳槽，只有先在足够的时间内积累了丰富的实践，进行了充分的沉淀后，再跳槽才会有底气，不然只能是瞎折腾。

最后，关于元认识的节点。所谓元认识，就是对认知的一种认知，用通俗的话来解释，其实就是一种“自省”。并且，这种自省不是指对每次实践结果的复盘，而是指对于3个本源问题的深度思考。这3个本源的问题是：你究竟想要什么？你拥有怎样的特质？什么样的机会可以帮助你发挥自己的特质？

想要找寻这3个本源问题的答案，其实也不难，一个简单的办法就是利用时间线，在回溯以往的过程中进行自省，从而获得正确答案。具体而言就是，回顾在你过往的生活中，令你感到十分开心和骄傲的事情是什么，而令你十分沮丧和挫败的事情又是什么？

然后，你需要对这些令你开心、骄傲，或者沮丧、挫败的事情进行比较和总结，找出它们的共同之处。前者即为你真正想要的，后者则为你不喜欢或不擅长的。在总结出这一切以后，你就要将目光返回到当下，寻找是否有合适的机会可以让你发挥自己的特质，实现自己的目标。

以史为镜，才能面向未来。我们想要的很多关于未来的答案，其实都隐含在过往的现实中，而我们要做的，就是在深刻地剖析自己、分析过往之后再规划未来。

总而言之，想要在自己的职业道路上发展得更好，就要紧紧抓住正确的职业节点，在每一个节点上尽自己最大的努力，做到勤奋务实、沉稳踏实，切不可轻浮急躁、得过且过。

这是一个创新的时代，也是一个飞速发展的时代，身为职场人，每一步都必须扎扎实实地往前走，只有打好基础，掌握了全部的实际技能，才能准确地抓住机会，实现自己的职业梦想。

职场在奖励那些有深度思考能力的人

英国诗人托马斯·胡德曾经说过，“一分钟的思考比一个小时的唠叨更有价值”。而在我们现实的职场生活中，总会出现这样一些场景，当你在解决问题时出现了差错，你的直接上司往往会反问你：“这么简单的问题你居然都出错，你有认真思考过吗？”又比如，当你为某个问题百思不得其解，向他人请教时，对方却非常不客气地告诉你：“我认为你的问题在于问问题之前根本就没有深度思考，因为你这个问题问得毫无水平”

我们可以发现，是否具备深度思考能力是能否独立解决问题的关键是在职场中能否获得尊重的前提。那么，究竟什么是深度思考能力？我们又该如何提升自己的深度思考能力呢？

通过查阅相关资料并总结经验，我对深度思考能力进行了这样的定义：所谓深度思考能力是指通过建立起一定的体系化的知识基础，并借助于自身的社会实践经验和逻辑思维能力，对问题进行深入探究，从而达到从实质上解决问题的效果的能力。

从这个定义中我们可以知道，想要有效地提升自己的深度思考能力，就要建立体系化的知识基础、参与社会实践并积累经验、培养良好的逻辑思维能力并以解决问题为目标，并最终为企业及社会创造价值。

不过，有的人或许要对此提出质疑，认为即使自己并没有培养起所谓的深度思考能力，也一样可以解决问题，但我要说的是，没有深度思考的能力，你或许也可以对付某些实际问题，但这种“对付”往往是靠主观经验甚至是“拍脑袋”实现的。而用这种思维方式，即使你再工作上 10 年、20 年，你的工作经验也不会有很明显的提升，无非就是重复简单思考的职场机械人罢了。富兰克林说：“有的人 25 岁就已经死了，只不过是到了 75 岁才被埋葬。”指的就是这样的人。

因此，身为职场人切不可沾沾自喜，要知道，职场正在奖励那些具备深度思考能力的人。想要在自己的职业生涯中实现飞跃，就必须有意识地进行深度思考能力的培养，对此，我有如下 4 点建议与大家分享：

首先，想要具备深度思考能力，就必须积累起自己完整的知识体系。对此，我在之前的文字中已经有所讲解，这里不再赘述，只总结简单的几个要点作为提醒：

1. 搞清基础性概念问题，即先弄明白问题“是什么”。我本人在遇到一些新概念时，通常会先在网上查找一些概念的来源和他人的解释、讨论。与此同时，我也会购买一些相关的专业书籍，从书中认识、理解这些新概念的内涵和外延，从而印证从网上查找得到的信息的正确性。

2. 搞清问题的概念产生根源，即弄明白问题“为什么”会产生。只有追本溯源，了解问题产生的缘由，才能针对具体的矛盾和情景进行有针对性的解决方案。

3. 搞清问题是怎么被别人化解的，即弄明白问题“怎么样”“怎么办”。无论学习哪方面的知识，思考都必须按照“是什么、为什么、怎么样、怎么办”的顺序进行递进式深入思考，只有这样，我们才能系统地对所学的知识进行消化。这是深度思考能力的基础。

其次，想要成为高手，就必须先与高手进行交流，在交流的过程中才能看清楚自己与高手在理解和解决问题上的差距。对此，我想起之前网友的一个提问。那位网友称自己每天都会接收到很多的微信消息，对此，他很烦恼，有的时候真的顾不上回复或者干脆故意不回复，但有人对此批评他，有一种社交礼貌叫作马上回复，他的这种行为是极不职业的。网友因此向我提问，寻求解决办法。

我回复他，在职场中，别人的 24 小时并不是为了恭候某个人的，千万不可理会那些不珍惜别人时间的人，而是要把宝贵的时间留在与高手进行深度交流和学习上。

那么，我们要如何与高手进行深度交流呢？对此，我建议：

1. 懂得向知识付费。

很多人都以为我人脉资源非常多，所以才能做到见多识广。但事实上，我知道真正的高手通常都非常的忙，他们的时间真的非常宝贵。所以，他们通常不会免费为别人解决理论问题，尤其是最简单的认知问题。对此，我通常都是通过身边的朋友进行背书或者付费买高手的时间，只要能够做到与高手进行交流，这种向知识付费的做法就是值得的。

2. 独立思考所得到的解决方案的实用性。

与高手交流中，他们往往会根据自我的认知和理解为你提供问题的解决方案，带有很强的主观性。我需要提醒大家，对于高手提出的解决方案，我们必须进行独立思考，判断这样的方案是否真正适合自己。毕竟，任何交流如果不以实际应用为目标的话，那只能是吹牛罢了。因此，如果通过独立思考，你判断该解决方案是有用的，就必须按照方案坚持做下去，但如果你判断该解决方案目前并不适合你，就要进一步思考如何将其转化为自己所用。

3. 要常怀感恩之心。

曾经有一位网友 A 先生向我讲过这样一个例子。他带了一个徒弟，几乎是从零到一地教他如何写程序，这位徒弟在 A 先生的指导下很快成为业内的技术高手。

可是，有一次，这位徒弟找A先生借钱，偏偏赶上A先生的公司资金紧张，所以，A先生就委婉地拒绝了他的请求。这位徒弟却因此逢人就抱怨A先生小气，甚至试图抹掉他是在A先生的帮助下才成长为业内技术高手的事实。对此，A先生气不过，就将整件事情的经过公布在了朋友圈业内人士很快就知识了A先生这个徒弟的人品。这个例子提醒我们的是，做人必须常怀感恩之心，千万不要把一切都当作理所当然。

4. 学会传播自己的观点和价值观

最后，在形成自己独立的观点和方法论之后，学会传播自己的观点和价值观，去帮助和指导他人。能够通过深度的思考形成自己独立的价值观和理论知识体系，这是普通人和高手之间最本质的区别。而能够在掌握深度思考能力之后，懂得感恩和回馈，这也是我们应该做的。

总而言之，小聪明或许可以应付一些问题，但深度思考能力才是成为职场精英的必备素质。现在，你知道怎么做了吗？

杜绝无价值社交

很长一般时间，各种类型的真人秀节目频频出现在大众的视野，逐渐成为一些明星获得流量、博取关注、增加人气的平台。但是，有这样的说法，“真人秀类的综艺，就算是你出两个亿请真正德艺双馨的艺术家，他们都不一定会去”。这说明一个什么问题呢？曾有记者就此问题采访过葛优，他解释道，一是因为他总觉得自己没到可以评判选手的那个级别，二是害怕自己被节目组过度消费。葛优的回答也恰恰说明了一些演员、艺术家不喜欢通过真人秀的方式来增加人气，他们对于自己的工作方式有很强的自主性。换句话说，他们都是聪明的人，喜欢“独自修炼”，不会因为任何原因主动进入自己认为无价值社交的环境。

那么，到底什么才是无价值的社交呢？所谓社交，就是我们自身的有效价值和他人自身的有效价值的一个相互交换的过程。

从功利的角度而言，真正意义上的社交就是社交双方自身价值的一种相互利用，你的利用价值越大，对方越会帮你，或者说，真正意义上的社交是一种合作共赢的手段，其本质上是一种价值的交换。

同理，无价值的社交也就是你自身的价值对于他人来说是可有可无的，同时，你从这种社交过程中也得不到任何有效的价值。在当今这个技术高度发达的时代，互联网成为连接人与人成本最低，同时也是效率最高的一种方式，而随着连接起来的人和事越来越多的同时，我们会发现一个问题：我们的精力越来越难以集中，属于自己的时间越来越少，而这种社交的最终结果也变得更加无效。

在我们身边，也有很多人天天混迹在各种社交圈之中，盘旋应酬。一群陌生人之间客套地嘘寒问暖，酒过三巡便开始称兄道弟，互扫微信。在他们看来，这无疑是一种拓展人脉的有效手段，但是仔细回想，3 天之后，你还能记得住几个人呢？你于他们的记忆，不过只是吃过一顿饭、喝过一杯酒罢了，从此之后便再无交集。

你要知道，也许对于人脉而言，并不以多寡论英雄，你认识的人多并不代表你人脉广，而这种酒桌上的社交，便是我们生活当中最典型的无价值社交。

真正的高手在精神世界里十分爱惜自己的羽毛，较之这世界的浮华纷扰，他们更喜欢在一个独立的时间和空间内，掸去一身尘灰，独自清净，独立思考。不过，在我看来，独处并非仅仅是在形式上一个人。我们需要做到的，是更高质量的独处。

意大利传奇导演费里尼说："独处是种特别的能力，有这种能力的人并不多见。我向来羡慕那些拥有内在资源、可以享受独处的人，因为独处给你一个独立空间，一份自由，这些是人们嘴上喊'要'，实际上却害怕的东西。"其实，所谓高质量的独处并不是要求你在这样的过程中必须要学会点什么，静静地审视自己的内心才是最为重要的。

总之，就是在这日益浮躁喧嚣的社会中，静下心来，慢慢地、认真地去做一件事，不受外界影响。在这样一种环境中，亦可反思，可领悟，并从其中收获内心的平静和喜悦，这样的独处，便可称得上是高质量。

也许会有人觉得，这样的独处未免有些孤独，有些无聊，但懂得了高质量独处的人，他们收获的是灵魂的自由和真实的生活，又谈何孤独呢？

“君子和而不同，小人同而不和”。独处给我们提供了更多的可能性，让我们在一个安静的环境内进行反省、觉悟、领会和提高。而要想更好地适应职场，单纯避免无价值社交，仅仅给自己一个安静的环境是远远不够的，完全不需要社交的工作也是不存在的，独处应是我们学会自我调节、自我提升的一种心理方法，而不是我们一味逃避社交的手段。在工作当中，我们还应努力进行有价值社交，这也是职场生存的重要法则。

社交的重点从来都不是一味逢迎、取悦所谓的成功人士，而是你有对方所需要的价值，并且告诉他你愿意和他进行价值互换并实现共赢。当你在心中已经默默地把“人脉”等同于“财脉”并开始绞尽脑汁积攒自己的人脉关系时，你就已经走入了无价值社交的陷阱。那么，我们究竟如何才能在职场中实现有价值的社交呢？

第一，你必须拥有可以用来交换的价值。

这里的价值，指的就是你自身的实力，也就是你所擅长的东西，这是你拿来和他人的有效价值进行交换的基础。假如你是一位卖伞的，恰恰这天下了大雨，而此时有人又恰好没有带伞，他愿意花高价来习伞。这样一来，便可以通过雨伞来获得交换价值，你们两人各取所需，实现共赢，这何尝不是美事一桩呢？

事实上，很多成功人士掌握的也许只是高层的资源以及策略，而对于基础落地和执行的具体方法则一概不知，而你作为基层职员，只要你了解这些具体知识，便会实现你们之间的一种合作，这难道不是有价值社交吗？因此，你必须要明确你擅长什么，你的实力到底体现在哪些领域，并不断以此为基础，提高自己的核心竞争力，不断增加自己可以与人交换的价值。

我曾经和一位年轻的博士生交谈，问其读博之后最大的感受是什么。他感悟道：“在我还没有读博之前，很少有人主动联系我，而在我以优异的成绩博士毕业后，我发现有越来越多的人开始主动找我了。”在科研项目和那些无用的社交之间，他选择了将时间花在科研项目上，使自己不断变得优秀，他的经历和回答也启发了我：人脉是吸引来的，它就藏在你自己的身体里，无论是在学习还是工作中，只有通过等价交换，你才能得到所需要的合理帮助，也只有使自己逐渐强大起来，你所期待的人脉才会逐渐被吸引而来。这些话听起来似乎有那么一点功利，却是事实。

“你若盛开，蝴蝶自来”，我们日常的工作便是这样，与其把时间浪费在认识更多的人上面，不如花时间提高自身价值，也许你并非985或者211毕业，也许你也没有多么厉害的背景傍身，但是当你拥有了最为宝贵的实力，你便拥有了和他人进行交换的资本。人们常说，有付出才有收获，你付出的是你用于交换的有效价值，而你收获的是企业或是老板所给予你的信任。

第二，有价值社交需要真诚。

真正聪明的人都明白一个道理，生活来不得半点虚假。社交的过程中同样如此，只有怀抱着一颗真诚的心一步一个脚印逐渐树立自己的个人品牌，努力修炼自己，用真诚来收获对方的信任，这种“交换”才会持续下去，你才会收获更好的口碑。

同时，在正常的社交过程中，不能单单思考你能从对方那里获得什么，必要时也要能看到对方的需求，并为其提供便利、送去温暖。只有在双方都感到这是一种通过彼此的努力而获得的联结时，才能建立起最强有力的、最有价值的社交关系。

总之，大浪淘沙，我们应杜绝无价值社交，给自己一些独处的空间，在高质量的独处中沉淀自己，并不断增强自身的实力，使得自己拥有更多可以与别人进行互换的价值。

为什么要做长期主义者？

当今时代，越来越多的人陷入了一种焦虑，而引发这种焦虑的因素有很多，其中最主要的一个因素就是“急”——急于干成某件事、急于表现自己、急于达到某种目标。

有句古话说得好，欲速则不达。越是着急，结果往往越是不尽如人意。

越焦虑，越失望；越失望，越焦虑，于是就形成了一个恶性循环。在每一周的那么几天或是每一天里的那么几个小时里，你是不是会被焦虑包围着？那么，怎样才能打破这种局面呢？怎么样才能打败焦虑呢？

很简单，答案便是做个“长期主义者”。

罗振宇曾经在跨年演讲“时间的朋友”中提到：“任何一个人，不管你的力量强弱，放眼于足够长的时间，你都可以通过长期主义这种行为模式成为时间的朋友”。这样看来，做个“长期主义者”便是普通人得以成功的“近路”了。

既然是长期，有些人的心中也许会充满疑惑，到底多长才算长呢？

敦煌莫高窟的壁画从名为乐尊的僧人开始，再到后世千千万万个继承者，他们在此后的一千多年时间里代代传承，绘制壁画、雕刻佛像，使得个体的努力在传承之中形成我们现在所看到的中华瑰宝。对于他们来说，这个“长期”，是千年。而对于很多普通人来说，长期便是永远不放弃，做一个持续向前、永不言弃的追求者。“做一个长期的追求者”，这听起来好像很简单，但是当你真正实践的时候，也许就会发现根本无从下手，你还是做不到。

在生活中充满着形形色色、各式各样的诱惑，尽管你已经对“长期主义”有了充分的认识，但是在这些诱惑的干扰下，你还是无法摆脱“快速成功”或是“赶快放弃”的念头。也许，这便是为什么取得很高成就的人只有一小部分。

那么，我们到底要怎么做，才能真正成为一个“长期主义者”呢？

第一，你必须要拥有清晰的认知。

所谓“清晰”，大致包含两个部分：一是你应该清楚地认识到你设定目标的长期性，它并不是一蹴而就的，它的实现需要一个过程，你必须做好打“持久战”的准备；二是你应该清楚地认识到你设定目标的可实现性，确定你的目标不是天方夜谭。

第二，我们必须要拥有坚定的信念。

所谓坚定的信念，不仅是指对以上我们所提到的两点认知的坚定信念，还包含着对我们自身的一种信念。很多时候，你会感觉到无论你做出了多么大的努力，付出了多少汗水，但是你并没有取得什么进步，能力也并没有太大的提升。也许你会想过放弃，但在面对这种情况时，千万不要急于给自己画上句号。可能就是某个瞬间，你的“封印”便会突然解开，你的技能瞬间就会突飞猛进，从众人中脱颖而出，而支撑你渡过前期那段困苦时光的，也正是你心中的信念。

第三，要根据坚定的信念制订可行性方案。

既然有了明确的目标和方向以及坚定的信念，下一步便是依照信念制订可行性方案。例如，对于创业来讲，你必须做好公司前、中、后期的发展规划，如每个时期投入多少资金？共投多少年？在每个时期公司发展的侧重点是什么，是财务、客户，还是公司内部体系的成长和完善？而这一系列方案并不是轻易就能定下的，既然是方案，那么就必须能够经得起时间的检验，能够让相关的所有人长期坚守和执行，这就要求创业者在创业之初进行认真的研究并不断地投入实践。同时，在制订方案的同时，还要将人生看作一个系统，坚决不做一个功利主义者，试着将某件我们必须要做的事当作自己的一种爱好、一种放松方式，试着去享受实现它的过程，这样也许才能更好地成为一名“长期主义者”。

第四，执行必须要严格。

既然是自己定下的原则，那么就不能轻易地打破。有人觉得，“执行”似乎是最简单的，它不需要我们耗费多少的脑力来思考什么，只需要按照已制定好的原则按部就班去做就行了。

可是，“按部就班”真的有人们想象的那么容易吗？试想，在生活当中，当一个人明明已经做好了 3 年后才买车的决定，如果此时身边的同事一个个地都开始买车，又有多少人会选择坚持自己的计划？又有多少人会决定放弃这 3 年内对自身的修炼而立刻挣钱买车呢？也只有当你经历了“执行”这个过程，才能真正地做到心无旁骛，拥有自己的主见，并成为一名坚定的“长期主义者”。

第五，正确对待时间。

既然是要成为一名“长期主义者”，那么时间便成了核心概念。那么，我们应该怎样对待时间呢？在做某件事之前，我们不妨试着从“收益值”和“半衰期”两个方面来考虑一下这件事是否真的值得我们长期坚持。所谓收益值，便是我们达到目标之后从中获得的益处，这种益处是相对于你自身而言的，不单单是指物质上的收益，也可以是精神层面的收益；而半衰期则是这个收益可以持续的时间长度。换言之，就是你自身所获得的益处随着时间的推移而消失的程度。半衰期越短，流逝的速度就越快；半衰期越长，流逝的速度也就越慢。在我看来，在职场或者创业的过程中，要想和时间搞好关系，就必须学会筛选，明白哪些事情值得你投入大把的时间精力，哪些事情不值得。只有达到了这个境界，学会了选择，我们才能真正成为一名“长期主义者”，收获高价值。

总之，要想成为一名“高手”，在事业或是学业上有所建树，“长期主义”不失为一种最有效的方式。做一名“长期主义者”，就要忘掉眼下的得失，学会拒绝不可持续的快钱；做一名“长期主义者”，就不要用百米冲刺的速度去跑马拉松，也不可在中途就轻易放弃；做一名“长期主义者”，不要怀疑时间是否是一场骗局，而应该更加关注整个过程中时间带给你的财富。

这样，终有一天，你会到达一种宠辱不惊的理想境界，看庭前花开花落，望天上云卷云舒，不被困难羁绊，不被旁物诱惑，只是坚定地望着自己的目标。做一名“长期主义者”，将一切交给时间，相信时间也一定不会辜负你。

强大气场是如何练成的

大多数成功人士能够熬过黎明前的黑暗收获成功，原因在于其背后都存在一种坚韧且强大的精神力量，支撑他们面对困难，越挫越勇。他们的出现往往能够镇得住场面，令人心中的敬意油然而生。可是，你有没有想过，为什么他们能，而你却不行呢？

其实，你所缺少的，便是气场。有些人，将气场等同于气质，这两者的确存在着一些内在联系，但截然不同。气质是一个人内在的素质以及涵养的一种外在流露，而气场是看不见摸不着的，却常常被人们强烈地感认。

气场是一种内在力量，当我们听到这个词时，总有一种神乎其神、不可捉摸的感觉，而它的存在也常常会带给人一种莫名的力量，让人感到一种极强的存在感，在无形中影响着人际关系，让身边的人不自觉地信服于你。和气质相比，它更加的丰富立体，带有更多的个性化因素，更加偏向于一个人的性格，以及其言行举止所形成的个人魅力。

一个人的气场是和他内心的力量成正比的。气场越大，内心力量就越强，同时，他的舞台就会越广阔。有些人生来就带有万贯家财，拥有别人所妒忌的美貌，而有些人却相貌平平，家境贫寒。

财富的多寡、相貌的俊丑只是我们生命中的一小部分，是我们无法改变的先天因素，内在的力量却是后天养成的，与财富、相貌没有任何必然联系。它既不能用金钱来衡量，也不能以相貌来限制，任何人都可以拥有这种强大的内心力量。

这种内心的力量不会因为困难的增加而慢慢贬值，也不会随着年龄的增长而渐渐减弱，更不会因为你卑微的社会地位而变得渺小，而且当这种力量被激发时，那种气场就会瞬间爆发出来，让你在人群中脱颖而出，成为你的“精神名片”。

那么气场的强弱和哪些因素有关呢？我们又应该怎样来练就自身强大的气场呢？我认为有以下几个方面：

第一，学会自信，成为自己的“铁粉”。

气场往往来自一个人内心的笃定以及对于自身强有力的管控和信任。一个自信的人通常全身由内而外都散发着一种气场，给人一种积极向上的力量。因此，要想练成强大的气场，我们必须要学会自信，学会在自我评价上采取一种客观又积极的态度，发自内心地肯定自我、相信自我。

第二，知识储备，腹有诗书气自华。

一个人要想内心笃定，那么就一定要拥有可以拿得出手的底气，这样才能说服别人，说服自己。这样一来，知识的储备是必不可少的。可以说，气场是人的知识与阅历的一种凝结。我们学过的知识、经历过的事情、克服的困难都不会付之东流，而是会渐渐内化为我们自身独特的气场。而唯有拥有足够的知识与阅历，我们才能骄傲地在众人中脱颖而出，大声宣布“我可以”。

因此，知识和阅历并不是毫无用处的“绣花枕头”，它们会帮助一个人形成坚毅强大的气场，使得人身上具有一种无形的安全感，让人不自觉地想要亲近，并让人信服。

那些缺少知识，没有什么学识的人却正好相反。他们喜欢蝇营狗苟，玩弄雕虫小技。想象一下，这样的人能使你产生敬畏感吗？知识从来不会辜负任何一个人。趁着年轻，一定要多读一些有益的书籍来增加自己的学识。唯有读书能让人变得更加自信，更有气场，更有魅力。相反，放弃读书，你只会被人贴上“愚钝”和“无知”的标签。

第三，形象管理，树立良好的个人形象。

形象关乎于一个人给别人留下的第一印象。尽管我们都极力否认自己是肤浅的“视觉动物”，但事实是，人类对于美的事物普遍缺少抵抗力，我们总是本能地亲近那些美的人与事物，而对于气场来说，好的形象不仅在人际交往中起着加分的作用，还可以散发独特的魅力。可以说，形象是气场的关键环节。

根据调查显示，好的形象总能给人带来自信。这种自信一半源于人们的内心，而另一半是来自他人对自己形象的肯定。所以，我们要学会挑选合适的衣服，化合适的妆容，根据不同的场合选择适合自己气场的装扮。符合自身气质、场合的衣服和妆容会使我们的气场得到迅速的提升，而得体的形象也会使我们变得既有气场，又有亲和力。

此外，还有很多形象管理的小技巧可以帮助我们树立感官上的气场，如在走路的时候抬头挺胸；在与他人交谈时，说话不急不慢，谈吐优雅；在与小组进行展示的时候动作大方，不忸怩作态，等等。

第四，学会外交，维护和谐的人际关系。

说到外交，我们会不自觉地将它和政治联系到一起，但是它并不仅仅应用在政治中，而是包括了人与人之间的一切交往。可以说，人与人的交往本质上就是一种特殊的价值互换方式。在这个过程中，我们应该善于观察、总结不同人对于事物的态度，从而采用不同的“外交”方法来对待不同的人，如易怒者、温和隐忍者、狡诈者……我们的方法都应不同；如遇到不知如何处理的情况，保持沉默和微笑总不会错。

同时，在社交的过程中，我们还应该保持一种外向的心态。值得注意的是，我们在这里提到的“外向”并不是喋喋不休的“话痨”模式，而是一种打通关系的积极态度，是对于任何事物都主动探索的精神。当你开始积极主动地探索生活时，你的气场会逐渐感染到身边的每一个人，那时的你，距离强大的气场也就不远了。

总而言之，我们所强调的气场说白了就是一种做事的底气，而这种底气则来源于我们自身的硬实力。如果外强中干，所谓的强大气场在别人眼里也不过是装装样子罢了。通过合理而强大的气场，我们可以收获别人的支持与尊重，让自己的生活和工作更加顺利、完满。没有人天生就有气场，气场也并不是永恒不变的，而是可以后天练成的。强大气场的练就需要自信、执着、积极乐观的心态。

关于说“不”的学问与策略

中国人很讲究“面子”，觉得拒绝会让人丢掉面子。无论在职场上还是在我们日常生活中，总是有这么一类人，无论对方提出怎样的要求，不管自己是否真的做得到，他都会无条件地答应别人。

偶尔，他们也想试着拒绝，却总是因为内疚而妥协。这就是我们经常提到的“老好人”。这种人，往往得不到应有的尊重，周围的人面对“老好人”，并无半点感恩之心。也许在外人看来，这种人善良得可笑，而“老好人”又是如何评价自己的呢？他们认为自己的这种付出是有利于发展同事之间关系的，但是他们往往活得特别累。

要知道，他这样做一次、两次，别人会对他很感激，但长此以往，对方不仅会变得不再对他感恩戴德，反而会把这看成一种理所应当，而当有一天对方失去了他的这种帮助时，他们之间的关系便会急剧恶化。所以，做这种“老好人”的“性价比”真的非常低。

随着年龄的增长，我们会逐渐发现，不知道从什么时候开始，我们很少对别人说“不”了。举一个最简单的例子，当上级发来消息布置任务，我们大多数人会下意识地回复“收到”、“好的”。

由于人际关系的脆弱，“拒绝”对于我们来说一直都是一个难题。太宰治在《人间失格》里说：“我的不幸，恰恰在于我缺乏拒绝的能力。我害怕一旦拒绝别人，便会在彼此心里留下永远无法愈合的裂痕。”而现实中的我们又何尝不是这样呢？

当我们将“不”字说出口时，心中总会响起这样的声音：“我不帮他，他会不会生气？”“我拒绝了他，那我们以后还能继续做朋友吗？”“我就这样拒绝他的话，他一定会讨厌我的。”

但是有时候尽管答应了，我们心中难免还是会有一些不爽，而这种不爽我们也只能压在心里，自己慢慢地消化。实际上在很多情况下，帮助别人是一种情分，而不帮才是本分，没有什么付出是天经地义的。拒绝本来就是属于我们的一种权利，我们也不必因为拒绝了别人的无理需求而感到伤心难过，你不懂得拒绝，真正的朋友又从何而来呢？

《鬼谷子·内揵》中提到，“若欲去之，因危与之。环转因化，莫知所为，退为大仪”。大致是告诉我们：如果想要离开，就要靠自己的智慧与谋略脱身，利用身边的天时、地利与人和，不断变换着方法，让别人看不透你，并选取一个合适的时机，及时止损，退为大仪。

“环转因化”的确是一种很好的办事策略，那么对于我们来说，在职场中及时止损，懂得说“不”的方法策略也是很有必要的，这不仅使我们可以成功摆脱心中不愿意做的事，还可以让对方感受到我们的底线？

那么，在什么情况下我们应该说“不”呢？

第一，当你还没有准备好时。有时候，你在其他人眼里处于一种“极为理想”的状态，比如有些人觉得学中文的人就一定能写出一手好文章；学软件的人就一定会修电脑；等等，而现实根本不是这样。此时，当有人以你的专业为由找上门来寻求帮助时，你如果根本不擅长就应该试着拒绝。

当你新接触一份工作，对它的业务还没有完全熟悉时，此时如果有同事寻求你的意见或建议，鉴于自己基本等同“门外汉”的水平，你也应该试着拒绝。

第二，当需要过多牺牲自己时。如果在工作中同事来找你帮忙，而你处理自己的工作已经焦头烂额，还剩下很大一部分未完成，同事交给你的工作你只有通宵加班才能替他完成，你还会答应他吗？

还有一种情况，当你已经有了自己的孩子，有了自己的宝宝，当你好不容易完成自己所有的工作，准备迎来自己的双休日时，有同事来寻求你的帮助，你要牺牲自己难得的陪伴家人的机会来接受同事的请求吗？这时的你，千万不要把自己当作一个救世主，你并没有那么重要，没有你的帮助，地球还是会照样转。在自己根本忙不过来的时候，就应该考虑一下对他说“不”。

善良是好的，但是你没有必要过于善良，你应该有自己的底线，在必要时放自己一马。在任何一段关系当中，你都要保护好自己的利益，在保证自己足够生存空间的前提下再去帮助别人。

第三，当这件事本身对你没有丝毫价值时。在有些情况下，我们会发现同事们请求帮助的事情既不那么重要，也不那么紧急，而且无论是对于你的短期目标还是长期发展来说都没有太大的帮助，你从中也学不到任何有价值的知识，更让人崩溃的是它还很可能占用你很大量的时间，进而稀释掉你本已有限的精力。面对这种情况，我们在对事件进行充分的评估之后也应该学会说“不”。

在诸多条件下，说“不”的情况都不是绝对的，到底是否应该拒绝，还应该具体情况具体分析。总之，该不该拒绝要经过你的深思熟虑，拒绝要有拒绝的理由，不拒绝又要有不拒绝的益处。

此外，关于拒绝，并不是要让你丝毫不顾及情面，直接生硬地表达，拒绝也是需要讲究一定的方法和技巧的：

第一，摆明自己的窘境，表现自己的为难之处。

有时候我们会发现，没有任何理由而直接拒绝的方式往往使得双方陷入一种尴尬的境地。既充分表达自己想要帮助别人的意愿，又表现出因为不可抗拒的原因而无能为力，采用一种弱者的姿态，既不会驳了对方的面子，又使得自己成功脱身，让对方没有办法继续寻求你的帮助。

第二，中庸之道，将对方的要求化解掉。

有时候，学会藏起自己内心最真实的想法是很有必要的。不要让别人看出你对某件无价值的事充满了厌烦之情。

第三，还转因化，以退为进。

相较于生活，职场中的拒绝，尤其是对于领导的拒绝是最难的。对于领导，我们既不能直接拒绝，也不能找任何借口，即使你的理由有多么充分，都不要轻易说出口。很多时候，虽然我们对于领导的决策会持有不同意见，但大多数领导需要的是绝对服从。因此，不如先答应下来，以退为进，在过程中逐渐提出你的建议，含蓄地提示领导考虑不周之处，并拿出更好的选项。

第四，以身作则，自己先做到少麻烦别人。

帮忙这种事本身就是一个“礼尚往来”的过程，假如你经常向其他人寻求帮助，那么你又怎么好意思拒绝别人的请求呢？

第五，简单利索，不要做过多细节的解释。

在拒绝别人的要求时，你只要简单地解释自己没有时间便可以了，没有必要详细地说明你到底哪一天没有时间，假如你说了今天没有时间，那么别人很有可能继续提出“明天呢”？这样一来，会给我们带来更多不必要的麻烦。

总之，学会拒绝是人生的必修课，对于成年人来说，学会说“不”是一种勇气，更是一种智慧。一个懂得拒绝的人，才能赢得真正的尊重。

不做职场“巨婴”

当你看到一个新生的婴儿时，会有一种什么样的感觉呢？是不是看到他又哭又闹，让人又恨又爱？当他安静地盯着你微笑时，浑身散发着可爱的魅力，让人恨不得天天围着他转；而当他闯了祸，尽管我们心中已经燃起了怒火，但还是会选择原谅他。但是，除了家人以外，又有谁能无条件地宽容一个婴儿呢？

心理学家武志红在《巨婴国》里写道，“我们90%的爱与痛都和一个基本的事实有关。大多数成年人的心理水平是婴儿。我们都是大号的婴儿”。

一个人的成长，就是逐渐和婴儿时期的自己说再见的过程。我们每个人都是从婴儿时期一步步成长起来的。在生活中，有些人会随着年纪的增长逐渐变得成熟懂事、明白事理，但有些人始终没有摆脱婴儿时期的自我。他们带着婴儿的心态步入社会，仍然处处依靠别人，认为在自己提出要求时别人一定会无条件地为自己提供帮助，在自己犯错时别人也一定会选择接纳或是原谅自己。

因此，在职场中，我们也总能看到这么一群人，他们对自己的工作并不认真，遇到问题就表现出过分的胆怯，总指望着同事帮助自己把事事都处理妥当，且又不断抱怨生活和工作的辛苦，向每一个人表明自己的难处。明明是成人的年纪，却仍然摆脱不了婴儿的心理，这种人就是典型的职场“巨婴”。他们在用婴儿的方式破坏着成人的秩序。

那么，“职场巨婴”有怎样的特点呢？

第一，内心不够强大，有一颗“玻璃心”。这种人往往自我感觉良好，没来由地认为自己是“天选之子”，受不了上级领导一点点的批评，还总是抱怨和委屈，每天都充满了负能量，稍有不顺心，就向周围的同事表达自己受到了不公平的待遇，甚至哭着嚷着要辞职。

第二，口头禅往往是“我不知道应该怎么办，一切听天由命吧”。公司聘用员工是为了什么呢？答案很明显，就是为了创造利益。在我们身边，却有这么一些人，在遇到任何困难的时候，他们总会说：“不好意思啊，我还没有学会，再过一阵子吧”，或是“×××，我还不够专业，你说我到底应该怎么办啊”，等等。这类“巨婴”习惯了“衣来伸手，饭来张口”的生活，自己的问题从来不想着如何自己解决，反而将所有的麻烦都寄希望于别人来解决，张口就向别人求助。职场是残酷的，不是慈善机构，它没有一步步培养你的义务，而是讲究优胜劣汰。你的任务是帮助公司解决问题，而不是公司来帮助你解决问题。

第三，不负责任，没有担当。有一些人一遇到困难就会选择逃避。当他们在工作中犯了错误时，首先想到的不是如何去弥补过错，也不是反思自己，而是找一堆借口为自己洗脱嫌疑，甚至编造故事来栽赃别人。在他们的心里，自己是永远不会犯任何错误的，他们以一种“受害者”的姿态将所有的过错推到同事身上。

第四，在“舒适圈”内打转，拒绝成长。“巨婴”们大多不愿意离开属于他们的“舒适圈”，而是墨守成规，拒绝那些看起来具有挑战性的工作。他们总是说，“这个我不擅长，你找别人吧”或者“这个策划模式我之前完全没有实施过，我不行”，等等。他们只愿意在自己的“舒适圈”内做自己擅长的、万无一失的工作，过着“温水煮青蛙”式的安逸生活，从来没有想过迎接挑战，促使自己成长。可“学如逆水行舟，不进则退”，在这个人人都追求进步的社会，一个拒绝进步的人，在他自己看来是在“保持真我”，但在别人都在努力的同时，他的核心竞争力也在一步步地流逝，直至被职场淘汰。

第五，主动性差，一味认同别人。很多人认为，对别人的意见表示认同是一种礼貌行为，这样做会让自己收获更多的人脉，结交到更多的朋友。但是，一味认同不但不能让你达到这种理想的效果，反而会令你在茫然无措中失去别人对你的尊重。盲目认同别人，从表面上来看，这种方式不会得罪任何人，但是，久而久之，你的声音也就不那么重要了，这也是为什么我们要学会坚持自己看法的原因之一。只有大胆地提出自己的看法，并用行动证明它的正确性，才能收获别人对你的尊重。其实，用盲目、认同的方式换来的友谊往往也是廉价的。

如果你不幸发现自己也是这些“职场巨婴”之一，要怎么改变呢？别怕，以下几点建议可能会对你有帮助：

第一，学会尊重。

世界是由规则构成的，无论你在哪里都有规则的约束。职场也是这样，无视职场规则的员工永远都只能是一名“职场巨婴”，因此，遵守职场规则是你通往成功的第一步。

第二，学会调节。

在生活中你会发现，当你开心、乐观、积极地去做一件事情的时候，你往往会非常快速且高效地完成。而当你带有情绪，唉声叹气地去做一件事情时，你会发现它是那么困难，你每走一步都如同行走在刀刃上，完成它的日子感觉遥遥无期。在职场中，我们难免会被负面情绪影响，降低工作效率，甚至干出蠢事。所以我们需要做的就是学会调节，学会克服，理性对待自己的情绪，以一种平静乐观的态度去工作，也只有这样，我们才能高效率、高质量地完成任务。

第三，学会挑战。

在工作中你会遇到来自自身或者来自上级的种种“难题”，或许你会因此感到焦虑，但是从个人成长的角度出发，你应该做的是试着，将每一件事努力做到极致，要有一种“敢挑大梁”的大无畏精神。你要明白，你所有的付出都不会付之东流。量变是质变的必要准备，即使你做着最基层的工作，也不会白白付出。你的内心要始终充满希望，正是这种基层的工作经历，让你养成了眼观六路、耳听八方的能力，让你在未来拥有了独当一面的可能。

第四，学会沟通。

人之所以成为“巨婴”，根本在于他一直没有克服以他自身为中心的心态，丝毫不顾及他人的感受。因此，要想摆脱“巨婴”，必须要学会沟通，学会团队合作，提出你的意见和看法，听取别人的建议，在沟通中生成一个集体智慧的好办法。当你真正融入团队当中去，成为一块重要的“拼图”，

“巨婴”的标签自然就会被摘下。

第五，学会责任。

小时候，出了事有父母、监护人承担，我们做事从来不需要考虑后果，而要想摆脱“巨婴”，“责任感”是我们必须坚持的。关于自己的不足，一旦发现，要大胆承认，竭力弥补，只有这样才能让你收获更多人的尊重，更好地在职场立足。

职场不是温床，愿你也能不断成长，告别“巨婴”，成为精英。

WORK
AT
ITS
BEST

第八章

强调执行力的过程管理

精力储备的 4 个来源

职场过程管理离不开执行力，而执行力又需要充足的精力以及科学的时间任务管理。在职场咨询的过程中，我经常接触一些学术精英和企业高管，他们看起来总是有无穷的精力。每天文献阅读，学术会议不断，仍旧游刃有余地处理各种突发复杂事件。当时我很是诧异，难道这些人都不用睡觉吗？难道他们都是“太阳能”的吗？

何炅每天只睡 3 小时的消息在网上掀起了讨论狂潮，这些优秀人才真的是靠牺牲睡眠来获得时间吗？如果一味牺牲睡眠，那么面对高强度的工作，他们又如何保持充足的精力呢？

精力好比前进的能源动力，既然有所消耗，就需要有所储存。传统的精力管理只涉及体能管理，其实精力储存管理可以从几个维度加以训练。精力并不是恒定不变的，经过规律的科学训练可以令我们精力更加充沛。

精力的最主要来源是体能精力。呼吸、饮食、睡眠是体能精力输入的三大重要因素。一呼一吸之间，并不是简单地气体交换。呼吸是提高自律的有效工具，平稳、自然的呼吸，能够给我们带来畅然放松的感觉，有助于精力的恢复与集中。而冥想更是让我们专注于自己的呼吸，汇聚能量，有效赶走疲劳，储备精力。目前，很多公司都开设了冥想室，鼓励员工在长时间高强度脑力工作后，进行冥想放松。

游泳、跑步等中等强度的运动也是通过专注于呼吸而达到放松且自律的效果。呼吸之间，与自己对话，倾听自己身体的声音，了解自己身体的诉求，观察身体种种细微的改变，从而达到储蓄能量的目的。

饮食为人体提供必需的能量和各种微量元素。尤其作为职场人，饮食更要健康合理。适量摄入碳水化合物，充分补充蛋白质和水分。想必大家都有感触，每次午饭后的一两个小时，都昏昏欲睡，如果那时候碰巧有一个会议，在那种情况下强制集中精力简直痛不欲生。

为什么会出现这样的现象呢？原因之一在于午餐的饮食结构。午餐摄入大量的碳水化合物，胃部消化食物需要大量的能量，因此血液集中在了胃部，导致脑部血氧供应减少，产生困意。

其实，按照现代人的饮食习惯来说，我们每天摄入的能量已经非常充足，可以适当调节饮食结构，多摄入高质量蛋白，不暴饮暴食，减少碳水化合物过度摄入，降低胃部的消化负担。

如果说饮食是精力的摄入，那么睡眠就是精力的恢复，尤其是深睡眠阶段。现代职场，压力陡增，很多人或多或少都有睡眠问题。压力越大，睡眠越晚，而睡眠质量下降又导致第二天工作效率低下，造成恶性循环。睡前的一杯热牛奶，一段温馨的文字，一曲悠扬的管弦乐曲，都能够助力我们尽早进入高质量睡眠。对于那些心思重，爱操心的人来说，睡前小仪式尤为重要。将手机等电子产品远离床铺，调暗灯光，给自己一个心理暗示，然后甜美地进入梦乡。

精力储备第二个重要来源是情感精力。很多人都有这样的体会，赞美和鼓励会带来动力，同时，来自外部的竞争也会激发自身的潜力，完成最初看来不可能完成的任务。

每个人的情感都是趋利避害的。我们希望接收正面的情绪反馈，首先要做到的就是避免传播负面情绪。负面情绪不仅带来工作环境气氛的紧张，而且会反噬自己。积极的情感提供高效的精力来源，而消极的情感则带来低效的工作沟通环境。

那么，我们如何获得积极正向的情感动力呢？

首先，保持自信、乐观的态度。先学会与自己相处，再积极处理人际关系。

其次，学会倾听和接纳不同的感情。每个人的原生家庭、成长环境、教育背景都是截然不同的，可是存在即合理，彼之蜜糖汝之砒霜。很多时候，不要贸然地评判议论别人的是非对错，要接纳这个社会的多样性。

每一种决策背后都有一种理论和心态作为支撑。所以，更要接纳感情的多样性，扩大交往人群，真诚面对每种关系，包容每一种感情，有助于我们建立强大且复杂的感情系统。

生活与职场都会遇到高峰与低谷。低谷时，看清自己；高峰时，看清他人。拥有强大的感情系统，才能驾驭感情的多样性，在复杂处境面前，做到不退缩、不悲观，将感情转化为另一种精力，作为前进的原动力。

精力的第三个储备源自思维精力。思维是个范围很大的名词，细化来讲，不外乎专注与创新。

不做复杂的事情。复杂的事情简单做，简单的事情重复做，是过程管理的重点之一。每个人的精力都是有限的，而每天面对的事务都是杂乱无章的。唯有专注精力才能有的放矢。专注，让我们将有限的精力投入最重要的事情里。阳光透过凸透镜，聚焦才能产生火苗。在日常工作生活中，去伪存真，屏蔽不重要的杂音，专注于核心任务，能够最大限度激发精力。

专注精力同样需要科学的方法训练。时下最简便有效的方法之一便是设定番茄钟。利用番茄钟工作法，集中精力屏蔽噪音完成任务，在固定的时间专注工作，然后就休息一会儿，再重新投入任务中去，反复多次训练后，获益是巨大的。

长期高强度从事重复工作，会产生疲惫、精力下降等感觉。交叉执行，创新工作方法可以快速恢复精力。创新仅仅是一个手段，重要的是在创新的过程中，我们能够放松身心，平静地摄取外部信息。

这种洞察、汲取、思考、求证的过程，就像是给大脑做了一个健身操，能够重新激活思维，在神经元之间建立新的连接。大脑活跃起来，我们的精力也随之变得更加充沛。

意志精力是精力最根本的来源，就像是冰山隐藏在水下的部分，平时很难被发现，但是它在全部精力的占比又非常大。意志力可以说是一个人前进的根本动力，意志力的高下，直接影响了结果的成败。有志者事竟成，充分体现了意志精力的主观能动性。

为什么在面对困难时，有些人无论如何都要勇往直前、在所不辞，因为支撑他们精力的源泉，即意志力是正向积极的，他们拥有乐观积极的态度，正直、真诚，内心相信困难是可以被克服，任何问题都能找到解决方法。

强大的意志力并不是天生的。大脑和肌肉经过科学持续的锻炼，可以变得越来越强大。同样地，意志精力也可以通过训练变得强大。只不过，意志精力关乎个人的价值观取舍。

欲求其上，必先法乎其上上，要想获得强大的意志力，需要我们提高个人价值，丰富人生经历，在坚守自己立场的同时，包容多种观点，重视大局，尊重他人，甚至缩小自己的利益，放大格局。只有这样，才能走得远，走得稳，获得强大的意志力。

有目标的人不知疲倦

超级大公司的掌舵人每天马不停蹄地出征，日程表按分钟安排，是什么在支撑着他们？普通白领被围困在一平方米的格子间，三点一线循环往复，回家疲惫不堪，这又是为什么？

论繁忙辛苦，高管们远胜于普通职员，但是他们仍旧以惊人的精力与体力奋斗拼搏在一线。因为他们心中有使命感、目标感。这种目标不是物质性的，而是处于精神层面上的。

一个公司若没有目标感，只想争做风口上的猪，虽然会挣得一笔快钱，但风停雨霁之后，难免会被打回原形，摔回泥土里。一个人若没有目标感，生活工作都随遇而安，就像是行驶在浩瀚大海上的船只，任风吹行，永远也达不到理想的港口，还极有可能在狂风暴雨中触礁，下沉。

目标感的精髓不在于目标，而在于这个“感”字。目标是发自内心的，来自心底最真实的驱动力。管理学大师彼得·德鲁克提出，一个优秀的组织，一定要有使命感。使命感是目标感的一部分，它使企业将目光和格局放得更远，而不是拘泥于眼下。无论是组织还是个人，有长远的目标，才能够可持续发展。

在这上下求索的过程中，无论多么坎坷，目标感都会驱使我们披荆斩棘地前进，忘记疲倦。

全球医药巨头默沙东公司的价值观和目标感是：“我们应当永远铭记，药物是为人类而生产，不是为追求利润而制造的。只要我们坚守这一信念，利润必将随之而来”。半个多世纪前，乔治·默克提出这一企业价值观，而默沙东作为一个商业公司，确实并没有将利润作为首位。

1989 年，中国乙肝病毒感染患者高达 1.2 亿人次，默沙东同意仅以 700 万美元的价格将基因重组乙肝疫苗技术转让给中国，中国从默沙东引进重组酵母 HepB 模块化全封闭式的自动控制生产线。根据当时的协议，默沙东公司向中方提供现有生产重组乙肝疫苗的全套生产工艺、技术和装备设计等，还帮助培训中方人员，确保在中国生产出同等质量的乙肝疫苗。另外，默沙东公司承诺不收取任何专利费或利润，也不在中国出售默沙东生产的乙肝疫苗。截至目前，每一位在中国出生的新生儿都能及时接种乙肝疫苗。今天的默沙东，作为世界 500 强大企业，常年排名在前五的行列里。30 多年前，默沙东无私地帮助中国生产普及乙肝疫苗，看似损失了一定利润，但是正因为使命感的驱使，默沙东真正实现了自身的价值，从而赢得了人心。

所以，制定目标的首要关键点，是立足当下，多问问自己，内心深处真正想要的是什么。而不是拘泥于眼下的生活，走一步看一步。静下来，倾听内心的真实声音，找到长远且清晰的目标，这样的目标需要自身的价值观作为支撑。

可是很多人，目标倒是有了，却接二连三地在通往终极目标的过程中半途而废。你仅有 3 分钟的热血，就只能做出 3 分钟的成绩。新年伊始，很多人都喜欢立 flag，殊不知，立的越多，倒的越多。很多信誓旦旦的“决心”最后都不了了之了。有人开玩笑说，立起来的 flag 只为了倒下。

为什么你的目标看起来总是遥遥无期？为什么别人为了目标忘记疲倦，你却只有 3 分钟热血，然后又躺回床上刷手机？让我们一起看一下目标设定的两个要点：一是目标是否太过于杂乱；二是目标是否是真实的渴望。

健身房的赌局，很多人都再熟悉不过。办了年卡，从此立下雄心壮志要做个健身达人。然而随之而来的，你发现健身路上到处都是坎坷，加班，聚会，感冒，甚至心情不好都成了通往健身房路上的拦路虎。健身房赌你办了年卡就不会去了，你赌自己一定会坚持下去。你输了，在这场对赌中，健身房就盈利了。如果目标仅仅是变成“健身达人”，那么在工作生活的时间安排上，健身这件事优先级就应该是最高的。无论什么事，都要为健身让路，天气、工作、心情都不应该成为不去健身的借口。而事实是，成为“健身达人”只是众多目标中的一个。在这一年中，既想升职加薪，又想要进修提升自己的业务能力，只是顺便健身锻炼。过于纷杂的目标，不仅会分散我们的精力，更多时候，约等于没有目标。

每个人的精力和时间都是有限的。如果工作占据了首要位置，那么最主要的目标设定就应该与业务能力或职场管理相关的内容挂钩，如果家庭排在了第一优先级，就应该设定与之相关的首要目标。一支箭一次只能射中一个靶心，同一个时间只能专注于一件事情。有得必有舍，所以，请先梳理内心的目标。

哪些是可以舍弃的？哪些是一定要完成的？有所放弃才能有所收获，世间万物都是平衡的，在某一领域适当地放弃，才能有更多精力投入主要的目标之中。什么都想要，只会什么都得不到。

在目标梳理的过程中，就需要运用到目标设定的第二种方法：探寻自己内心的渴望。很多时候，在欲望横流的社会中随波逐流，人们的目标并不是“真正”需要的，而是“别人”需要的。身边的人结婚了，于是今年的目标就是寻找一个爱人；同事换了新车，于是目标就变成了换一个比其更好的车；同学乔迁之喜，于是下决心明年买一套房子作为下一次聚会的谈资。这些受外界影响而制定的目标，都不是真正的目标。

每个人的精力和时间都是有限的，投入什么，就会获得什么。同理，没有投入，就不会有收获。将时间和精力放在并非真正需要的东西上，喧宾夺主，那些真正需要完成的目标就永远没有达成之时。我们需要摒弃外界影响，按照自己的实际情况，找到发现内心深处真正的渴望，用坚毅的信念作为支撑，用智慧的方法将目标实现。

目标有了，下一步便是脚踏实地地执行。执行目标的二字箴言便是：拆分。按照时间和任务量，将大目标拆分成无数个小目标，确保自己能够在规定的时间内完成计划。小目标可以无限细分为更小的单元，甚至要细分到 30 分钟，15 分钟去完成既定的任务。

不积跬步，无以至千里；不积小流，无以成江海。不要小瞧每一次小任务的完成，一次又一次的小进步，最后汇聚成了大的进步。只要定下心，踏实向前，完成的目标任务就会像滚雪球一样越滚越大，日积月累，由量变到质变，终将达到目的。

时间是最好的见证人。拆分目标后，需要强大的执行力将宏远的目标落地。即便我们什么都不做，时间也不会停止。在最小的时间单元内，坚持完成每一件小事，毅力会带我们到达理想的终点。

目标感是一种生活方式，一种思维习惯。这种思考方式是正向的设定——反馈模式，不打无准备之仗。焦虑与疲惫是现代职场人的底色。专注于任务本身，心无旁骛，会让我们忘却身边的杂音噪声，尽快走出倦怠期，屏蔽生命中不重要的事务，追寻真正的渴望。

快速找到问题本质

首先，我们来定义什么是“问题”。简单来说，需要解决或者改善的现实，都可以称为“问题”。

比如，产品经理需要设计一款营销爆款产品，客服部门需要处理一系列客户投诉，硕士生想要申请常青藤校的博士以获得海外进修的机会，家庭主妇想培养两岁的婴儿独立吃饭……这些都可以称为“问题”。

之前我们提到，目标的设定和执行力是过程管理密不可分的一部分。那么，当目标设定之后，如何制定执行路线呢？先解决哪个问题？先从哪里着手呢？

解决问题的第一步，是投入问题本身，找到核心关键点。擒贼先擒王，打蛇打七寸，解决问题就是首先击破问题的核心点。

问题的解决与拆分有很多种办法。管理咨询公司的方法高效且专业，这就是为什么非常建议应届生的第一份工作可以考虑选择咨询公司。咨询公司的工作经验可以教给我们一种思维方式：多问为什么和如何解决。

目前，被广泛应用于企业管理和日常工作中的问题梳理办法是麦肯锡MECE原则。MECE原则说来简单，只有8个字：相互独立，完全无尽。这个原则并不直接提供解决问题的办法，而是帮助我们在复杂的局面中，抽丝剥茧，找到关键因素，进而有针对性地一一击破。

所谓的“相互独立”，是指将问题整体按照一定的原则拆分为彼此相互独立不重叠的部分。不重叠意味着在某一维度上，这些被细分的部分是完全不同的。所有拆分的部分需要涵盖事物的整体，不能做到任何遗漏。这就要求我们思维方式缜密全面，不漏掉任何一种可能。所有独立的部分与其他部分都有可以连接的点。

产品经理在设计产品前，需要做市场调查，他首先要明确这个产品面对的是哪一类人群。如果按照儿童、青年、中老年人群这样来划分，显然是不合适的。什么样的年龄范围是青年？40岁到底算作青年还是中年呢？这样的市场划分不符合MECE提出的“相互独立”的要求。

工作中的方方面面，我们都可以练习使用MECE原则。无论是口头工作汇报还是PPT制作，多问自己几个问题：这一小节完全独立吗？和前后小结有何种关联？这是最优解决方案吗？如果不解决这个部分，把资源先应用到其他部分，问题可以更高效地解决吗？在这种假设归纳，反复推演的过程中，我们才能够逐步深入理解问题的本质。

事物的划分是多维度的，除了用排除法和经验法之外，有没有更快速找到突破点的方法呢？拆解问题的方法如此众多，用怎样的标尺作为衡量问题的最小单位是一个关键点。这里就涉及一个全新的概念——颗粒度的尺寸。

所谓颗粒度，是指问题的拆分单位。回到之前的话题，产品经理经过第一步分析，决定设计推出一个和女性相关的产品。那么女性这一生按照时间点会经历什么呢？出生，求学，职场，恋爱，婚姻，抚育，病痛，死亡。这样的颗粒度未免太大了，我们根本不知道产品的投放要针对哪个点。

此时，我们需要用到“发散”的方法，无穷尽地列举女性一生重要的事情，而且强调这些关键事件对女性尤为重要。在这个过程中，我们逐渐发现，原来颗粒度细化后，女性一生要面对如此众多与男性完全不一样的问题。比如生育会造成的职场脱节，经济收入不同带来家庭地位的截然不同，社会对女性的刻板印象造成的求学专业偏好，等等。而女性所关注的关键点也与男性迥异——美妆、服饰，甚至在健身这件事上的诉求也完全不同。当拆分问题的颗粒度变小，我们用发散方法可以找到成百上千个事件，每一个事件都涉及问题的关键点。

产品经理就这些问题召开了一场头脑风暴，参会者为各个年龄层的女性。她们需要在每个问题后面进行标记，以区分什么是触动内心的，也就是找到女性真正的“痛点”问题。那些可有可无、无关痛痒的问题全部被产品经理排除在外了。

最后，拨开虚伪的表面，用数据模型纠正了一些偏差后，产品经理得到了广受认可的几个“痛点”。思维收敛到这里，还是不够的，因为这些所谓被挑选出来的问题还是太分散了。

有人关注老年女性的健康护理，有人则担心中年时离婚所造成的经济损失，而年轻女性则关心如果做了全职太太抵御风险的能力是否会下降。我们发现，所有这些问题，其实都与“经济状况”有关，相对于男性，女性对于目前的经济情况所能支撑的生活优越程度更在意，这可能与她们所掌控的社会资源较男性相比有限相关。产品经理又按照“收入”这个维度，将女性进行划分，这一动作符合 MECE 相互独立且完全穷尽的原则。

最终，产品经理决定去策划一款专门针对女性家庭理财的产品。至此，他完成了最初的那个问题。下一步，他可以继续结合发散与收敛的思维方式，确定这款产品覆盖的场景以及带来的收益。

其实，快速找到问题本质的方法不是唯一的，最重要的是，找到那种高效且适合自己的思维方式。问题是客观存在的，我们需要做的就是透过现象，看清本质，拨开云雾，找到核心，最终有针对性地制订执行方案。

我们不妨用这样的思考方式想一想自己的职业生涯。在不同年龄，计划做什么样的事情，最终成为怎样的人。当我们看到问题的本质，就能清楚分清主次，抛弃那些细枝末节，集中精力解决关键问题。

心态调整与修复能力

任何事物的发生发展都是盘旋式上升，曲折式前进的。人这一生，若无远虑必有近忧。焦虑与压力是当代人的必须要承受的情绪，想要彻底摆脱焦虑，是不现实的。

从象牙塔到职场，从基层员工到高管，任何场景，任何岗位，都有着各式各样的压力。在面对复杂情景以及压力陡增的情况下，心态的调整和恢复显得尤为重要。心理活动是带有私人属性的，是主观的，是可以用意识层面去控制的。

每个人承受压力的阈值不同，修复心理创伤的方法也不尽相同。我们常常说“摆正心态”是自我调整的第一步。但是要做到“摆正”谈何容易。正，是一个参考值，到什么程度才算“正”，什么样的情绪才算好情绪，什么样的情绪算作坏情绪？其实，情绪没有好坏之分，只有消极情绪与积极情绪。对一件事情看待的角度不同，产生的情绪就会不同。

有句话说得好，幸福是个比较级。听闻身边的人过得不如自己，好像心理就舒服了点。虽然这句话戏谑成分居多，但是仍有一定的道理：摆正心态就是做积极的比较。

让我们一起做个小实验。首先试着回想近 3 年最艰难的那段岁月，回味一下那时候煎熬和高压的心理状态。接着再回想一下近 10 年内觉得最难爬的山峰，想想那个困难时期是如何度过的。最后回忆从出生到现在几十年的光阴里，最艰苦卓绝的事情是什么，而彼时又是以怎样的心态度过的。

曾经那些痛不欲生，压力山大的日子终究会过去。当时的至暗时刻，再拿到如今审视，仿佛也没那么大不了的了。是的，随着年龄和阅历的增长，我们拥有了更为优秀的分析解决问题的能力。

眼界越宽阔，包容心就越强，以往觉得困难的事情，放到眼下也觉得不过如此。从时间角度来看是这样的，从空间角度观察亦是如此。当消极的情绪出现时，请把自己置身于更广袤的时空里。写字楼里出现的低落情绪时常能够被田园乡间的宁静所治愈；个人利益受损导致的痛苦和沮丧时常能够被集体遭受的困难代替。换一个环境，我们会发现原来的那些情绪显得微不足道了。

领导的批评，同事之间的误解，项目提前的紧迫，甲方带来的高压，在另一个环境里完全不存在。乡村里日出而作日落而息，袅袅炊烟带来了人间烟火气，没有同事领导，没有甲方乙方，原本的那些痛苦也就烟消云散了。换一个视角，我们会发现自己只是宇宙中的一个光斑，一闪即逝。面对更广阔的宇宙，我们只是沧海一粟，是时间长河里的一瞬。在更宏大的时空里，个人的一切都显得微不足道。

如此想来，那些压力、痛苦、暴躁、抑郁的情绪都不足挂齿，远没有我们想象得那样可怕。从自己内心世界里走出来，从执念的泥潭中挣脱出来，我们会发现，其实事情本身并没有那么严重与不堪，没有什么是难以逾越的。唯一阻碍前进步伐的，只是我们的心态。

叔本华在《人生的智慧》一书中提到，唯有内心的平和才是一个人立事的根本。内心平和的人，是不因客观物质变化而变化的，他能够从众多纷杂的事务中脱身而出，享受闲暇，享受内心的安宁。

所以，心态的调整归根结底还是靠自我有意识地进行调节。可以用扩大比较法，无论是时间还是空间的比较，都会消除一定的压力。最根本的，还是保持内心的强大、平和。内心足够强大，抵御噪音和伤害的能力就会变强，接收压力的阈值也会提高。

在面对重大困难挑战的时候，有些人可以最终平复心态，获得积极的内生性力量，有些人却从此一蹶不振。究其根本，是面对重大挫折时，我们是否能够做到自我关怀，自我修复。尽早的自我修复，能够使我们获得镇定的心态，更有勇气面对并解决这些重大的困难。修复能力和诸多其他能力一样，是可以通过反复练习来不断增强的一种能力。

修复力主要源自外在的支持力与内心的控制力。修复的另一层含义是保护。诚然，个人内心的强大很重要，但若是一个人在面对重大挫折时，身边的良师益友、父母亲人能够提供足够的心理慰藉和支撑，对其创伤的修复是大有裨益的。

有时候，一个人苦苦硬撑不是好办法，容易陷入僵局，造成恶性循环。此时，外界的劝导和帮助显得至关重要。支持力让我们重新鼓起勇气，加速恢复。但是究其根本，心态的修复还是要靠自身的控制力。拥有内部控制力的人相信自己的命运掌握在自己手中，环境因素不能打倒他们，唯有自己才能成就自己。

值得一提的是，修复力不是一成不变的，既然能变强，也能够变弱，甚至消失。长时间在高压环境下的个体，频繁遭受心灵打击，会弱化修复力。因此，我们在调整自己心态的同时，要时刻记得给他人提供心理修复的帮助与支持，创造一种平静祥和的环境，避免高压环境的产生。

面对重大挫折时，首先要镇定下来，才能谈及心态的调整和恢复。有几个小方法可以帮助我们修复糟糕的心态。

首先，清楚自己消极情绪的来源并且明确什么事情能够让自己高兴起来。

那些明确能够实施，又会给自己带来裨益的事情，就是带来好心情的积极因素。对于那些在理论上都不可能发生的事情，就不要浪费宝贵的时间了，以免带来更多的焦虑情绪。客观记录这些事件，帮助我们客观评价此时的情绪和想法。情绪是一个非常主观的东西，这意味着我们对客观存在的事情会有一些扭曲的认识。列举一个清单，我们就能更清楚地乍清事实真相，纠正扭曲的心理。

说起喜欢做的事情，大都是那些可以让人放松的活动。聚会，看演出，听音乐，读小说……多做一些能够让自己减压的活动。虽然在心情处于低谷时，我们很难静心去享受这些娱乐生活，但是娱乐就好比菜品里的食盐，是生活的调味品。这些娱乐活动会调剂低落的心情，有助于消极情绪的缓解。主动给自己减压，为生活做调剂，让心理活动能够张弛有度，避免一味高压紧张。

其次，平时多加强运动。

我的一位同事因为业绩压力出现了焦虑抑郁情绪，甚至影响到了身体健康。后来，他恢复后和我讨论说，多巴胺和内啡肽会让身心愉悦，远离抑郁，并且有十足的信心去迎接更多的挑战。恋爱那种心动的感觉就是多巴胺支配肢体的表现。我说："那你又不能保证总有恋爱的感觉。"我们笑着说可以追星。确实，追星，读小说，追剧产生的那种"爽感"的来源也是多巴胺。

但是多巴胺出现得快，消失得也快，这时候，就要靠内啡肽了。内啡肽也被称为"快感荷尔蒙"或者"年轻荷尔蒙"，意思是这种荷尔蒙可以帮助人保持年轻快乐的状态。

长时间规律性的运动后，体内便会分泌内啡肽。游泳、跑步、滑雪、篮球等运动会让人"上瘾"，也正是因为内啡肽可以给人带来持久的愉悦感。我的这位同事就是通过每天坚持游泳和跑步恢复了健康。

无论多忙，他都会抽出时间进行规律性运动。激素是非常奇妙的东西，少量的荷尔蒙就可以大大改善我们人体的状态，让我们心情开朗，睡眠更踏实，从而减少抑郁和焦虑。

任何人都会有情绪，我们要做的是识别并且接纳自己的各种心态。人生就如一场战役，心态总有高低起伏。做好心态的调整与修复，才有动力与精力翻过一座又一座高峰。

找到情绪的安全出口

每个人都会有情绪，积极的，消极的，情绪就像是天气，总有变化。雨天，我们撑伞；晴天，我们享受阳光。同样地，我们拥有积极情绪时，就去享受当下的好心情，去感受并传播这种快乐。消极情绪来袭，我们也要想办法宣泄与缓解，硬抗是不可取的，就好比冒雨狂奔，终究会被淋透。

众所周知，著名歌手姚贝娜因乳腺癌于 2015 年英年早逝，姚贝娜生前曾经说过，在她最郁闷的那段时间，她被检查出乳腺癌。消极的情绪带来的负面影响绝不仅仅是低落的心情，心理上的低落最终会影响身体健康，无处宣泄的情绪最终会造成机体不可逆的损伤。所以无论如何，都要给情绪找一个宣泄的出口。

暴饮暴食，疯狂消费，甚至破口打骂，都是出口。但是我们需要寻找的是情绪的安全出口。发泄的方式尤其不能伤害到他人。其实，有很多方法可以缓解我们的压力，缓解消极的情绪。

曾经有一名实习生给我的印象非常深刻。一般的实习生刚从学校的象牙塔走出来，空有一腔热血，初入职场却是懵懵懂懂的，办事也是跌跌撞撞的。这位实习生完全不同，虽然她一开始上手做事也显得很青涩，但她非常有悟性，而且对自己要求极其严格。只要是做过的事情，她就不允许自己出错。有一些稍微复杂的任务，她也要求自己迅速学习。

可以说，当时整个项目能够顺利进展也依赖于这位实习生的工作能力。但是因为她的极度自律，甚至不允许自己出一点错误的性格，导致她在工作中积累了很多压力和垃圾情绪。

有时候我能明显感到她情绪的压抑，但是她仍旧伪装成很高兴的样子，对小事不放在心上，一副积极工作的样子。有时候面临同事的无理要求和指责，她也照单全收，经常加班到深夜。

我问她为什么不适当拒绝或者大家一起承担，她说自己是一位实习生，要多学习，能够接到任务是大家对她的信任。结果这样一段时间后，她突然发高烧，生了重感冒，休息了很长一段时间，反而耽误了工作。

满则溢。坏情绪积累到一定程度要释放或者转移。很多人都伪装成快乐的样子，将消极情绪掩埋心底。殊不知，这样做最大的受害者就是自己。让情绪恢复到原本的状态，才能以饱满的热情重新投入工作和生活。

消极情绪不一定需要猛烈宣泄。自我独处，自我消化也是一种不错的方式。每当情绪激动，很难自已时，试着做一些小事让自己平静下来。侍弄花草，寄情于植物，在花草天地之间，抚平激动的情绪。抑或垂钓江心，静坐湖畔，在静默的几个小时内，与自我对话，化解消极情绪。书法绘画也是很好的宣泄途径，这些活动有助于我们集中注意力于当下的任务。每当我们专注时，就会淡化甚至忘却那些消极情绪。

但是毕竟情绪的积累拥有入口，所以情绪的宣泄也需要有明确的出口。不是每个人都能静下心来自我消化消极情绪。痛哭一场，大喊尖叫，打沙袋……这些稍微暴躁的方法，也是非常行之有效的。都说男儿有泪不轻弹，但适时的痛哭，确实可以非常有效地缓解压力。

我在卫生间，听见过不止一次低声抽泣。但是回到办公室，每一个人都热情饱满，斗志昂扬。这并不冲突，情绪有高低起伏，需要缓冲和宣泄，哭喊并不是丢脸的事情。让消极情绪随着眼泪流走，让乐观与积极重新回来。

除此之外，准备一个“情绪垃圾桶”也是行之有效的办法之一。众所周知消极情绪是垃圾，既然是垃圾就需要丢进垃圾桶。丢垃圾有以下几种方式：

第一，写日记就是一个丢垃圾的过程。

将心中不快一股脑付诸纸上，你会舒畅很多。此时有三五好友就显得尤为珍贵，这些好朋友不仅接收我们的文字，还可以用同样的方式从他们的角度帮我们分析事由，为我们的心房打开另一扇窗。

第二，音乐作为抚平心伤的灵药，有着特殊的作用。

在音符跳跃，旋律飞扬之间，我们逐渐放下怨气，调整呼吸，释放不良情绪。音乐作为一剂良药，是生活工作中的必备品。激昂的音乐带我们走出低谷，而低沉婉转的吟唱又慰藉我们受伤的心。

第三，旅行是悲剧的休止符，是人生的暂停键。

如果短暂的休息没办法宣泄情绪，不如给自己放个长假，出去走走转转。旅行确实是一种逃离，但是最华丽的逃离。离开逼仄的工作环境，忘掉高压的生活环境。旅行的意义不在于如愿以偿，而是放松心情做一个闲云野鹤。天地之间寄情于景，为自己的心灵做一次 SPA。每个人都会有迷茫困顿之时，旅行可以给我们充足的沉静自省的时间和机会。旅行让我们更加了解自己，更明白种种情绪源于何处，又该如何宣泄。旅行是紧张生活重要的节拍器。

生活总有疲惫之际，有时候必须走开，必须转换情景。无论自我消化，还是对外宣泄，消极的情绪都必须找到安全出口。情绪发泄最重要的原则就是不委屈自己，也不伤害别人。情绪一旦宣泄，就总有终止之时。事情的高潮往往也是谢幕的时候。当消极情绪得到安抚与好转，我们自然就会脱离迷茫与困顿，这种情绪所带来的一系列副作用也就慢慢地消失。我们会用另一种眼光来看这个世界。

用正确的方式宣泄情绪，以焕然一新的面貌迎接更大的挑战。人生在世，就是面临各种各样的挑战，你应懂得适时调整，重整旗鼓。

让职场效率全面提升

1913 年，福特公司开发出了世界上第一条流水线。随后的 20 世纪 20 年代，在流水线的支持下，福特的工厂可以每 24 秒就生产出一辆汽车。流水线作业帮助福特成为汽车行业的佼佼者，“效率”便是其中最强有力的驱动力。

100 多年后的今天，职场人的工作环境已经发生了天翻地覆的变化，个体对于整体的影响体现在方方面面，而不仅仅是组装一个完整产品的其中一个零件这么单一。但是不管行业和岗位如何变化，职场人始终需要面对“效率”这个不变的话题。每个人的 1 天都是 24 小时，每个小时都只有 60 分钟，但是在不同职场人的视角里，每天的 1440 分钟有着截然不同的意义。

相同的绝对时间段里，不同个体的工作产出、业绩贡献和个人感受，可能有着超乎想象的差异。那么，我们就从时间效率、沟通效率和处事效率 3 个方面来探讨一下如何提升职场效率。

首先，时间效率。

既然每个人每天的时间都是相同的，那么决定最后产出差异的，就在于不同个体在单位时间的效率了。时间管理，是职场人每天不得不面对的话题。时间管理的秘诀就在于，要有条理地强制自己关注那些真正的要素。

1. 要事优先。

这是时间管理的根基，我们可以利用四象限，将每天的事务分为：重要紧急、重要不紧急、紧急不重要、不紧急不重要 4 种。当我们拿着桶来装东西的时候，如果一开始就装满了沙子，那么桶里就再也没有空间来装更大的石头了。

同理，如果我们每天都把宝贵的时间耗费在鸡毛蒜皮的小事上，那就再也没有精力来顾忌真正重要的事情了。按照要事优先的原则，我们将每天的事项的优先级列好，将精力集中在解决真正棘手、能带来最大投入产出比的事情上。

当然，这里有一个植根在人性深处的陷阱需要去克服。那些看起来需要马上解决的鸡毛蒜皮的小事，虽然最后对绩效影响不大，但是在当下，如果我们把精力转移到这样的事情上，会获得即时的反馈。这种反馈就像一种可以成瘾的药，可以带给我们即时的“快感”和一种虚无的“成就感”。这种感觉会让我们误以为自己很努力，容易形成一种错位的自我满足感，从而进一步对自己做出错误的评价。

克服这种陷阱的第一步，就是要用白纸黑字列出那些重要紧急的事情，放在自己能轻易关注到的地方，时刻提醒自己不要“跑偏了”。

2. 纯粹工作时间很珍贵。

移动互联网的发展，让我们可以随时随地查看发生在这个星球任何一个角落的“新鲜事”，再辅以即时通信工具，任何人都可以轻易地获取大量信息。

除了网络，我们还不得不面对他人无休无止的咨询，这种咨询在绝大多数时候的信息价值都是很低的。而我们的工作一旦被打断，要想再次回到之前的轨道中，就需要花费更长的时间。这种情况被称为“中断综合征”，除了要花时间重新进入状态，我们甚至还可能忘记了之前工作中的重要信息或者当时瞬间的灵感。这个问题没有万能的解药，但是我们仍然可以通过一些办法，给自己腾出一段纯粹的工作时间。比如关掉与工作无关的微信群的消息通知。所有的社交工具似乎都在掠夺着我们的注意力。我们可以试着在工作中将各种无聊的消息通知、推送统统屏蔽，给自己一整段纯粹的工作时间，等到效率开始下降的时候，再切换到处理琐碎事务的频道上来。在这个过程中，我们可以强制自己在一个“番茄时钟”（比如 30 分钟）内集中精力处理要事，而一个“番茄时钟”后，给自己 5 分钟时间快速处理各种琐碎消息。接着再进入下一个时钟循环。

3. 每日复盘。

当每天的工作结束时，为了检验一天的成果，我们可以尝试做每日复盘。有人可能会问，每日复盘会不会显得过于频繁和占用时间？答案是否定的。5—10分钟的时间，就足以让我们对一天的工作进行简单总结，我们来回顾一下一天的时间都分配到哪些事情上了，是否合理，接下来要怎么优化，以及当天的产出有哪些，还有哪些工作需要跟进，等等。

感兴趣的读者可以查阅亚历山大·柳比歇夫的一生，柳比歇夫对于自己每天的时间统计几乎到了“变态”的地步。比如，他将自己的时间按照分钟来统计，到最后不借助钟表，便可以非常精准地估计出当前的时间以及自己在一件事情上花费的时间。当然，我们并不是一定要按照柳比歇夫的方式来统计自己的时间，事实上也很难坚持下去。

但我们可以退而求其次，至少每天花一点时间来复盘自己的工作，日积月累，当我们回过头来看，这些复盘不仅有助于我们完成及时的总结，还可以让我们在将来，看到自己并没有虚度那宝贵的一天又一天的过去。

其次，沟通效率。

高效沟通的驱动力是为了弄清问题，并找到行之有效的解决办法。在沟通过程中，需要避免无谓的争论，避免被情绪左右，争取在深入交换意见后，更好地达成共识。现代管理之父德鲁克说，“一个人必须知道该说什么，一个人必须知道什么时候说，一个人必须知道对谁说，一个人必须知道怎么说”。

“三步沟通法”的模型可以帮助大家更好地在职场中进行沟通。

第一步：认真听，不打断。

听是有效沟通的前提，既是为了获取必要的信息进行后续的沟通，也是为了表示对讲话人的尊重，以便获得更好的沟通效果。当然，听也需要技巧，如果我们在听的时候什么反应都没有，那么说的人会觉得自己得不到反馈。在听的时候，我们可以在不打断的情况下，给予对方一些响应，类似“嗯”、“确实”、“没错”、“就是这样”的反馈词，这些词虽然没有足够有效的信息量，但是会让沟通双方彼此拉近。

第二步：复述对方的观点。

这一步是为了明确地向对方传达：我确实在认真听，且接收到了这些信息。在这个过程中，我们理解了对方的诉求。如果这一步做得不好，很容易陷入“他说他的，我说我的”局面，形成双输，沟通时间耗费了，却没有任何效果。

第三步：用认真的态度表述。

这一步是为了表达自己的观点，当然，前提是在第二步的基础上，结合了对方的观点。我们自己的观点，可以是对对方观点的加强、更新或者反驳。在这个过程中，一个很重要的原则就是“对事不对人”，很多沟通是艰难的、谈判式的、博弈式的，彼此观点和立场不同，是常有的事情。如果陷入情绪的旋涡，很可能事情没谈好，感情也没了。同时，在表达的过程中，我们也要精确地阐明自己的诉求，拒绝模糊不清的表达。

最后，处事效率。

福特工厂的流水线上，每个工人不需要太多的思考和动作，每个人尽最大的速度完成自己固有的工作即可。当下的职场人面临的却是更加多变和模糊的工作，不同的人对同一项工作的目标的理解可能是一样的，但是在实现目标的过程中，却可能有着大相径庭的路径。

在收集信息阶段，我们要克服的是信息不完备带来的困扰，在一步步前进中不断去掉模糊的、有误差的信息，将信息量的“纯度”提高，为后续更好地推演打好基础。

在逻辑推演阶段，我们要克服的是认知偏差和逻辑谬误。在这个过程中，我们可以利用上文提到的沟通技巧，和不同背景的人讨论、一起推演，避免陷入“自我主义”。推演的目的是获得不同可能性的概率，为决策做准备。有了不同的推演，我们就有了不同的方案，需要权衡利弊。方案之间，一定有诸多的不同，很多时候并不能一眼看出孰优孰劣，我们可以根据自身的情况赋予不同的要素不同的权重，最后得到每个推演方案的加权分数。

所有上述准备工作完毕后，事情的主要负责人就需要作出决定并坚决执行。从这一步开始，事情开始从“口中”到“手中”，从理论走向现实。决定并不一定是正确的，但是人就是在一次次的决策正确和错误中成长和进步的。

最后是反思总结。不是每件事情都有好的结果，总结是为了从自己的经验和教训中获取经验，在后续的工作中，放大好的，消灭坏的，最终将职业生涯不断向前推进。

缺乏格局的努力，注定无果

近几年“格局”这个词火了。究竟如何定义格局？要想理解它，我们先看一下“格局”的几个近义词：气质、气场、眼界、胸怀、情商……理解任何一个词，都会有助于了解什么是格局。“格局”看似是一个很虚幻的词，但是在职场和生活中，无处不透露着这个词所带来的力量。

首先，格局与一个人年少时的价值观和意识形态有关。

平庸的人生如同循环往复，无关对错，就像是那个放羊娃一样，放羊卖羊挣钱娶媳妇，生孩子接着放羊卖羊挣钱……很多人的一生亦是如此，出生，读书，结婚，生子，工作，再为子女提供教育。来自小县城的人，他的格局是在省城安家；来自三四线的人，他的格局是在一线城市站稳脚跟；出生于一线城市的人，他的格局就是留学、出国。我们输入什么样的格局，就会怎样理解这个世界。

其次，格局还与身处的环境有关。

外因在一定程度上塑造了个人的格局特征。如果一个组织的特点是鼓励短期目标的达成，考核机制是短期反馈制度，那么极易造成员工的短视与贪欲。因为员工被灌输的准则就是，需要快速获得成绩以取得奖励。为了在一定期限内达到目标，员工甚至可能会不择手段，在这样的组织中耳濡目染，人极易变得鼠目寸光，格局狭小。

这就是为什么很多管理者经常被教导需要制定长远的战略方针，因为管理者的胸怀和眼界直接关系到企业文化的形成，会影响员工的实际行动。一个人在职场上是否有格局，见微知著，每一个细节都可以体现。比如，有些人就是奉行不吃亏原则。上司多安排一点活，马上跳脚。很多人“混迹”职场多年，从小白变成老油条，始终没有获得升职的机会。他们永远在抱怨，

“凭什么比我资历浅的人都可以晋升!”殊不知职位的晋升，并不是因为岗位级别的变化，工作内容才有变化，而是先有了能够达到上一级岗位的工作能力，才有了晋升的机会。工作中处处要占便宜，只顾着手头工作的人，他们再努力，也是一条道跑到黑，晋级无望。

毕业后不少同学因为工作生活压力的问题，退而求其次，选择了小县城或者三四线城市安家。他们的目标就是老婆孩子热炕头。那时候刚毕业，他们轻松买房买车，还嘲笑在一线城市“蜗居”的人。十年过后，那些曾经在一线城市群租的人也已经安家乐业，小县城的同学们只能望洋兴叹。

再次重申，人一生的循环往复和人生选择没有对错之分。但是如果刚毕业时，能够多想几步，把重点放在自身的提高和职业发展上，而不是基于娶妻生子买房，那么，你的人生多半会比平庸之辈更精彩。

多想几步，是很多人缺失的能力。在既定的格局里，每天起早贪黑忙得团团转，都是在做无用功。围棋上，活子讲究需要“气”。有些人下棋只看到眼下这几枚棋子的“气”，而我们需要多想几步，在脑海中模拟大的格局，用棋子制造更多的“气”，为以后的发展谋划布局。那么，是什么支撑了我们的格局？是见识。读书，旅行，与有文化的人交流，视野就会开阔，思考方式也会不断优化。格局大了，自然就不纠结于细枝末节，也不烦恼于一时的成败得失。

正所谓胸中有沟壑，心中存乾坤。无意义的纠缠，是典型的小格局视角。为了达到更长远的目标，甚至需要放弃一些事情，损失一些利益，但这些努力和布局都不会付诸东流。

我们常说有些人活得通透，那是因为他们内心的格局和方向与普通人完全不一样，无论在什么样的环境下，都能够坚持自我。杨绛先生出身名门，中年身陷牛棚，一边打扫卫生间一边翻译出了《堂吉诃德》。老年时，杨绛先生的女儿和丈夫相继去世，她一个人读书写字，寿尽百年。她的一生，被人们称赞，就是活得明白。曾经经历了那么困难的年代，她都没有气馁和放弃，到了老年，更是心如止水，一心一意地看书写字。因为她的格局足够大，心胸开阔，态度淡然，能够平衡世界的内心的关系。

格局并不是一成不变的。30 岁时再回过头看 20 岁的追求，不免莞尔。所以不要过早为人生设限，要大胆展望。近年来中国经济高速运转，很多新兴行业如雨后春笋般展现了强大的生命力，5 年甚至 3 年之内，就可能改天换地，成为一个完全不一样的世界。

这也为我们的个人职业发展提供了借鉴，没有什么是不可能的，做人做事总要长远规划，要为自己今后的发展铺路。所以，在职场上更要努力开阔眼界，去承担和尝试更高级别的任务，不断提升自身业务水平，格局高的人，总是会第一时间抓住机会。因为他们为了等待这个机会，已经酝酿准备好久了。

但是格局又不是凭空想象的。面对一项任务，我们需要设身处地地去思考，目前我处在哪一个框架内，能否站在一定的高度去解决这个问题。只有当分析方式落实到具体的问题上，这样的思考方式和格局才有大用处。制定好了框架和高度，剩下的就是用各种方法去解决问题。格局大并不意味着高屋建瓴，在解决问题的过程中，还是要脚踏实地。

随着年龄的增长和阅历的丰富，我们的格局也会随之发生变化。无论是与曾经的自己做比较，还是与他人做比较，都让我们更清楚意识到格局的差距，没有比较就无法凸显格局的重要性。有了更大的格局，做事情的落脚点和关注点自然更高，这又反过来促进我们的成长，形成良性循环。

最终，在为人处世上，我们的包容性更强，心胸更宽广。无论是职业的横向发展——拓展人脉，还是纵向发展——深入某一领域成为专家，都会有十分乐观的前景。

哪些问题是跳槽解决不了的？

做猎头这么多年，接触过形形色色的候选人和用人企业，每个人的跳槽理由都不尽相同。辞职，是改变工作环境，做一个新的选择。但是可以肯定的是，大部分问题，通过跳槽都是解决不了的。我们先来明确一个问题：为什么要跳槽？正确答案是：跳槽为了使职业道路更宽阔，获得更适合自己的发展平台。每一次的跳槽，都应基于上述原因。

可以提供更匹配的岗位，有更好的发展前途，更适合自己，那么这才是一个优质的机会。在老东家遇到了职业天花板，换一份新的工作无可厚非，若是为了逃避困难，那么无论跳槽到哪里，也于事无补。

现代人辞职的原因可谓是五花八门。网上有一个很戏谑的段子："80后"有高薪就离职；"90后"被老板骂了就离职；"00后"领导不听话就离职。虽然是段子，但可谓真实反映了职场人的心声。但是很可惜，涉及的这3个问题，都不能通过跳槽解决。其实，辞职原因总结起来无外乎就是两条：一是追求高薪，二是做得不开心。

说到薪水问题，最适合用来举例子的就是应届生以及工作一年以内的职场新人的工作心态。应届生因为社会经验尚浅，往往第一份工作薪水不是那么令人满意。

刚从大学的象牙塔里走出来的年轻人，多少都有"怀才不遇"的心态，总觉得自己是被误放在石头堆里的金子。眼高手低也是很多职场新人的通病，他们不明白也不屑于职场规则，不能很快适应环境，总觉得自己的薪资待遇被低估了，于是就会被逐渐边缘化，最终心里委屈怨念堆积。由此，职场新人一年内的跳槽率是很高的。一次成功的工作更换，薪水涨幅20%是常态，所以，职场新人很多都是梦着高薪而匆忙选择跳槽。

当我们想追求一个事物的时候，最好是忘掉它。薪资也是如此，为了追求高薪而跳槽，通常结果不会那么尽如人意。企业为什么能给高薪，看中的是他的工作能力和工作态度，以及能给企业带来多大的价值。

当我们能给用人单位带来这些益处，薪水自然水涨船高。一味追求薪资，张嘴闭嘴重点都在"钱"的问题上，会分散掉投入在具体工作上的注意力，而且极容易钻牛角尖，进而做出错误的判断。

职场新人发现通过跳槽可以获得平均水平的薪资涨幅，就会受这一点蝇头小利的驱动，不断地更换东家，直至最后把简历搞成了一个"大花脸"。没有哪家公司会对持有这种简历的人感兴趣。更有甚者，心情不好也成了当下很多年轻人任性辞职的理由。

需要明确的一点是，这个世界上没有完美的公司，也没有完美的制度。“办公室政治”，小团体，在任何组织里都有可能存在。每个企业的文化都有差异，这没有好坏之分，只看员工怎样去适应它。典型的大企业，尤其是行业巨头有着标准的流程化管理，员工只需做好既定工作即可，是标准的“法治社会”，纵使同事关系再紧张或者再融洽，都没有关系，丝毫不影响工作进程。但弊端是效率不高，制度不灵活，个人能力在企业面前显得渺小，几乎没有能够自主决定的事情。

近年来很多民营企业蓬勃发展，提供了大量高薪的岗位机会。这样的企业正处于发展上升期，处事灵活，任人唯贤。个人只要有能力，很快就会脱颖而出。俗话说乱世出英雄，在企业的快速发展期，各项工作都还没有明确的流程，需要见招拆招，很考验个人的业务能力。但同样的，因为制度的不完善，更容易导致拉帮结伙等现象。

我们能够做的，不是抱怨和逃离，而是去改变和适应环境。如果几次跳槽后同样的问题还存在，就要认真反思，到底是公司有问题还是我们自身出了问题。沟通游刃有余的人无论在什么样的岗位上都可以很好地驾驭复杂的关系。而企图靠跳槽来更换心情的人，即使到了新东家，也可能面临同样的问题，甚至因为未来的不确定性，他的新工作环境很有可能还不如原来的公司。

跳槽是为了前进，而不是为了逃避。

有些人跳槽不是发自内心的，而是参与了“客观比较”。昔日的同事跳槽后摇身一变，连跳三级，薪水翻倍。此时，难免心里痒痒，“我和他能力差不多，那我大概也可以做到。”在一个固定的环境里待得久了，这个环境便成了一个温室。身在温室，眺望外面的世界，难免向往。在决定挑战之前，建议再三做好评估。俗话说，没有金刚钻不揽瓷器活。前同事有胜任新工作的能力，我未必也胜任。从机舱跳出去，需要降落伞。一旦我们离开了目前的温室，是否有能力抵御外界新的严寒？

采过草莓的人都知道，我们总是看不到自己脚下的草莓，而一侧头，就能看到远处的草莓。因为草莓是匍匐长在地上，被叶子覆盖。其实，无须羡慕隔壁的草莓又大又红，低下头拨开脚下的叶子，会发现同样的果实。职场也是如此，与其羡慕别人，模仿别人的跳槽轨迹，不如多考虑一番，现在的职位真的不适合自己吗？

每一个岗位都有意义，我们能体现出多大的价值，取决于我们怎么看待这个岗位的价值。不是每一个跳槽的人都走到了职业的瓶颈，更多的是被脚底下的叶子挡住了视线，看不到脚下的果实。

另外，时间成本是最昂贵的成本，已经在一个公司沉淀积累了许久，就不要轻易放弃。跳槽，面对的是未知，是迎接更大的挑战。不要美化新机会，可能这背后有更多不为人知的秘密。与其靠着跳槽来获得更多的认可，不如深耕脚下这片土地，让身边的领导同事刮目相看。

跳槽，只能解决一部分的外部问题。外部问题容易解决，最难解决的是内部问题，即关于我们自身的工作驱动力和性格特征的问题。海底下的冰山最难察觉。自身动力来源不同，看待工作岗位的角度自然不同。

工作中总会有问题出现，我们的任务就是解决这些问题。性格和原动力没有改变，那么无论跳槽到哪里，我们的工作思路和内在环境本质上都不会有任何改变。

通过一次次的跳槽改变人生的人毕竟是少数，在工作中，我们应该思考如何通过提升工作能力来改变现状。但是很多人把经济情况与喜怒哀乐都和工作相挂钩。这就导致了对工作抱有了超过其本身价值的幻想。

跳槽是一种前进和优化，而不是逃避问题。换一个工作，应该是解决新问题的开始，而不是用来终结难以解决的旧问题。总而言之，不要让跳槽成为我们逃避责任、躲避困难的出口。

方向比努力更重要

努力是职场的基本法则。但是努力并不意味着成功，努力也未必让你获得满意的薪水或者职位。

参加工作后，太多的人高估了自己的能力，而忽略了趋势的作用。想一想刚毕业踏入社会的自己，是不是一腔热血，立志要做出一番事业。即使面对烂摊子，进入夕阳产业，也有着初生牛犊不怕虎的勇气和志向。社会是一所好大学，会教会所有人成长。几年后蓦然回首，你会发现那些走得快的人，并非能力最强的，而是借了东风，才会乘风破浪。此时你才意识到，理想固然很崇高，但只有理想是万万不行的。脚踏实地地干，还要选择那些摸得到、看得到的未来，因为选择远比努力更重要。

这几年中国互联网的腾飞举世瞩目。站在印度人和中国人脊梁上发展的美国硅谷，流失了一大批华人工程师，甚至是华人高管。这些人看好了国内良好的投资土壤和成长环境，他们纷纷回国创业，希望分得中国互联网的红利。

互联网行业炙手可热，尤其是电商领域。成功人士戴着一身光环投身国内资本市场，借助资本的力量，如滚雪球一般建立起一个又一个电商帝国。而初出茅庐的小程序员们，因为赶上了浪潮，也获得了远高于同龄人平均水平的薪水。

他们搭上了中国互联网快速发展的班车，一路扬尘，将很多人远远甩在身后。无数“职业神话”时至今日仍旧提醒着我们，前几年涌出了多少个“90后”CXO，每个人都意气风发，他们觉得自己的能力终于被认可，自己终于靠着双手打拼下来一片江山。然后，他们发现，在江湖里，从无常胜将军，这“大好江山”不过就是“海市蜃楼”。

近年来，经济增长放缓，电商行业也不复往日那般风光。大鱼吃小鱼，浪潮退去，很多“裸游”的人纷纷离场。往日的CXO们将办公室搬离一线核心地段的摩天大楼，且越搬越远，每一次搬家都少一批人，以致最后全部关门大吉。再问问这些当年炙手可热的程序员，还觉得自己的能力不可一世吗？

我身边的好多朋友都没有逃过中小电商的倒闭，不幸地遇上了中年裁员的悲剧。他们仍旧如往常一样优秀，仍旧很有能力，仍旧在职场上拼了命地奋斗，但已经不复从前的光辉。没有人能战胜趋势。唯有借助趋势，顺势而为，才有可能更快地达成目标。

我们之前做大客户销售时，因为采购金额都是千万级别的，所以需要持续跟进。有时候针对一个项目前前后后做了很周全的布局准备，却怎么都没办法攻下来，甚至是拖了一年还在原地打转。但突然因为一个政策的改变，一件大事件的推动，项目就自然而然地向前推进了，并且顺利成交。

我们做营销复盘的时候，常说的一句话就是：顺势而为。方向在哪里，就朝着哪里努力。逆风，很难飞得高。既然方向这么重要，那么怎样找准方向呢？站得高，看得才能远。方向判断就是制定一种决策。人的一生就是不断决策的过程，我们所获得的信息在支撑我们作出各种决策。

所以，获得信息的能力就显得至关重要。俗话说，站在树上的人，能看到士兵背后的敌人。一味埋头苦干，脸朝黄土背朝天，眼界里只是这一亩三分地。站在高处获得的消息自然不一样。那些有前瞻性的信息带给我们某种暗示，告诉我们风即将往哪里吹。

有了信息还不够，还要要有善于分析思考的习惯。信息也好，数据也罢，只是客观存在的。我们需要抽丝剥茧，去伪存真，找到真正有用的核心信息。有时候，善于思考还会倒逼我们去收集信息，去询证，然后反过来再推动信息的更新。

常思考的人往往也是对市场极为敏感。有任何蛛丝马迹，风吹草动，他们都会最先感知。什么是方向？就是在大家都难以察觉到趋势的时候，有心人却可以敏锐地捕捉到。在此时便能够坚定地走下去。

不要高估自己的能力。古往今来的成功，都带有运气的成分。但是须知，这种“运气”并不是偶然的，而是年复一年地在某一领域里的浸润所获得的经验和思考带来的益处。

新的方向常常伴随着新技术而来。有个笑话说，小偷从来没想过，使自己失业的不是同行，而是移动支付。新技术强势改变我们的生活，很多职业随之诞生，也有很多职业彻底从历史谢幕。

想一想手机的发展史，十几年前，我们还握着翻盖手机、滑盖手机，觉得很酷炫。而现在，大家更关注的是手机的内存、芯片、续航等。塞班系统昙花一现，诺基亚准备摩拳擦掌用其巩固天下霸主的地位，安卓系统横空出世，争得了大量的市场份额。在众多手机都选择搭载安卓系统之时，诺基亚仍旧抱着塞班系统不放，最终，这个巨人轰然倒下。现在，我们只能依靠着怀旧情绪偶尔才会提及诺基亚。从如日中天到步履蹒跚，不到10年，诺基亚就从手机霸主的位置上退下来。随着5G的普及，我们触手可及更多的新技术。网络的快捷便利性，智能手机的普及，让人们每天都离不开互联网。过去，只有坐在电脑前才是上网，而如今，除了睡觉，人们就没有不在网上的时候。也正因如此，短视频、微博等开始兴起，占据了人们最后一点碎片化的时间。

方向一直以来都是存在于广阔的市场中，从不是人为制造出来的。年轻人一直是网络的主力军，年轻人喜欢什么，网络的趋势就在哪里。从B站跨年晚会的收视率远超几大卫视晚会这一现象可见一斑。如果此时，再抱残守缺，必然会被时代淘汰。

拼多多的成功则从另一个角度阐释了如何寻找并定位产品的方向。中国不仅只有一线城市，那些十八线的小城、小镇里的人们也是中国的组成部分。市场下沉，就会触及广大的客户，这才是产品的基础，是服务发展的目标人群。和拼多多同一时间成长孵化出来的电商平台不胜枚举，大家都盯着那些有消费能力的一二线人群，最终在同质化的厮杀中纷纷折戟。拼多多另辟蹊径，找到全新的定位，在基层市场，在乡村，掀起了“病毒式”的传播狂潮。拼多多找对了方向，同样也借助了技术革新带来的福利。没有微信的发展，没有智能手机的普及，也不会有拼多多如今的成绩。所有的这一切思考分析、技术革新、方形定位，都是相辅相成的。

努力固然重要，但我们不鼓励逃避式的努力。用战术性的勤劳掩盖战略性的懒惰，这样的努力是廉价的。放眼四周，看看自己选择的轨道是否正确。任何时候，重新开始都不晚，只要方向正确，就要坚定地走下去。

WORK
AT
ITS
BEST

第九章

领跑未来的风向标

任何改变都是从行动开始的

每一个职场人都会渴望自己变得更好，成为能力超群、独当一面的人。于是，为了这美好的愿景，很多人会在年初岁尾或者某些时间节点设立许多目标。可究竟这些目标有多少变为了现实？又有多少人能真正地坚持到底？答案往往是残酷的。

无论是职场还是生活，立下 flag 何其简单，每个人都有变好的愿望，把工作做好，把生活过好，大家都可以说出一串漂亮的目标。但并不是每个人都能实现自己许下的诺言，也因此，通往卓越之路似乎变得很“艰难”。

但事实上，平铺在理想与现实的那条路就在眼前。只要你做出改变，付诸行动，就能逐渐接近目标。而没了行动，再小的目标都会无比遥远。正如约翰·菲希特所说，“行动，只有行动，才能决定价值”。

不久前，有一位职业咨询者向我提出了他的困惑。他说自己是一个很有上进心的人，每次接到任务时，总想把任务做好，让同事对他刮目相看。但任务一开始，他就会忍不住地开始拖延，不能专注于事情本身。等到项目规定的时间快到了，他又会感到异常焦虑，担心被老板辞退。结果，他还是连续被不同的公司辞退了 3 次。

最初的愿景和最终的结果之间，出现了极大的落差，也让他备受打击，不知道该怎样改变这种恶性循环。为什么这位咨询者连续 3 次被公司辞退？其实很简单，就是行动力的问题。他总是给自己做出很努力、很上进的人设，在任务开始时抱有美好的愿景。而到了执行层面的时候，却迟迟不肯行动，用各种各样的理由拖延。

其实，在职场中，有很多人都曾经历过这样的状态，不光是一些普通职员，甚至是一些高管，也会在执行力上出现问题。他们都会面临想法太多，落地事情太少，最后被人贴上一个“忽悠”或“不靠谱”的标签。

肯尼迪说，“最大的危险是无所行动”。当你无所行动时，就会不知不觉地走入恶性循环的怪圈。为什么会出现这种现象呢？

1. 浮躁，没有耐心，沉不住气，更是眼高手低。

浮躁已经成为职场人共同的问题，在这个高效率时代，信息迭代速度加快，草根逆袭暴富的故事蛊惑着人们的欲望。很多人都想着如何快速拿到高薪、快速实现“财富自由”，却没有想过自己该如何立即行动才能实现目标。

其实这种想法背后映射出的是心态问题，抱有这种心态的人很难静下心来思考，并通过学习提升自己。只是空想如何快速实现“财富自由”，过上惬意的生活。而恰恰是这样的思维，会让人陷入迷茫、焦虑的情绪中，更没有实现“财富自由”的可能。千里之行，始于足下，一万次空想都不如向前迈出一步更有意义。

2. 行动没有得到领导的反馈导致自己不愿意行动，或拖延行动。

针对行动力的问题，我也曾做过一个调查，发现职场人缺少行动力的另外一个原因就是自己曾经努力过，却没有获得应有的回报，或没有得到领导的认可，甚至因为一些特殊原因受到了批评或斥责。一些人缺少正面的反馈便会泄气，失去了干劲，做事拖延，试图蒙混过关，换句话说就是为自己之前的努力打抱不平。而一旦进入这样的状态，就更难在职场做出成绩，最后形成了恶性循环。

这样的情况在职场中是客观存在的，所以我们在面对这种情况时，首先要建立自我反馈机制，要清楚自己所做的行动和努力，初级目标是为了完成工作，但终极目标是为了实现自我价值，让自己变得更好。所以，当自己做事情有了结果时，就算暂时得不到他人的认可，也一定要给自己一个积极的反馈，或是一个自我奖励，这样你才会更加有兴趣和信心去完成其他的事情。你会逐渐进入一个积极进取的上升状态，而所有那些来自外界的鲜花与掌声，会在你成长到某个时刻自然而然地到来。

3. 很多人在苦苦寻找捷径，却没有思考什么才是真正的捷径思维。

捷径思维讲求的是效率，让拼搏和奋斗的过程更加高效，而非投机取巧的手段。没有人能一口吃成胖子，经过持之以恒地奋斗，才会获得真正的成功。在职场中，会出现这样一种情况，很多人初入职场时踌躇满志，对自己未来的职业发展充满了无限向往，但是日复一日的枯燥职场生活渐渐磨灭了最初的斗志，甚至会让人进入瓶颈期。

眼看着身边的同事、朋友节节攀升，自己却在原地徘徊，有些人便会动了小心思，寻找捷径。巴结领导，拉拢同事，以期提高自己的职场地位，更有甚者，耍手段来为自己博得利益。职场竞技靠的是真本事而不是虚假的招式，所以看似捷径其实暗处布满了陷阱。

4. 有些完美主义者总是想要把每件事都做到最好。

他们认为完美的结果是从完美的想法开始的。但事实上，只有不断的行动和实践，才能得到完美的结果。

我曾遇到很多人都表现得过于追求完美，总认为自己的方案不完美或不够出众，就没法向领导汇报，或担心领导不认可。有些领导者在策划项目时总是停留在项目策划阶段，反复勾勒着商业模式，却迟迟难以落地执行。停留在想法上的完美主义，是对时间和精力的浪费，失去行动支撑的完美构想也注定是一场空。

恩格斯说："判断一个人当然不是看他的声名，而是看他的行动，不是看他自称如何如何，而是看他做些什么和实际上是怎样一个人。"这也正是说明行动力对一个人的重要性。在职场中，行动力决定着职场人的发展路径和发展程度。那么，面对每一天的工作，又如何才能成为一个强有力的行动派？你要清楚以下这几点。

首先，忘记捷径，自我切断退路。

所有缺少行动力的人都留有后路，认为自己有退路才是安稳的。但是，退路虽然给人以安全感，但同样也会给人放松和懈怠的理由。有些人正是因为有了退路才会在可以再搏一搏的时候，选择了退缩，放弃了奋斗。所以，当你聚焦一个目标，而身后又无路可退时，只有马不停蹄地向前走，不给任何懒惰找理由，不给自己任何懈怠的机会。

其次，认清诱惑，拒绝幻想。

将个人发展寄托于运气注定是一场赌博，而输赢早已注定。其实，这世界上所有的诱惑，都来自人心底的贪婪和妄想。因为贪婪所以才会盲目地相信捷径，选择捷径，因为妄想所以渴望侥幸的成功。而贪婪和妄念是人性最大的陷阱，它们动摇人的意志，给了诱惑可乘之机。因此，认清现实，认清成功的本质，才能将更多的精力专注于行动，脚踏实地地去奋斗。

最后，学会聚焦，关注目标本身，并对目标进行科学规划，然后逐一攻克。

其实每一个大目标都是由许许多多小目标组成的，而目标越小，就越容易实现。职业发展的核心就是要聚焦长板，并实现持续的影响力。如果单纯地跟着感觉走，最后职场之路一定越走越窄，越来越迷茫。

所有缺少行动力的人，要么是缺少目标，要么是目标过大根本无法实现。所以盯紧目标，还要对目标进行分解，把大目标分为若干小目标，这样才有动力去实现这些目标，你才会有更强的行动力，在攻克每一个小目标后实现阶梯式上升路径，从而实现量变达到质变的成长。

这是一个好的时代，科技文明的发展，带给我们的是机会，是效率。但并不意味着投机取巧。做事，是没有捷径的，这是亘古不变的道理，适用于过去，适用于当下，也适用于未来。我们应该一步一个脚印，从行动开始，从每一天的最普通的工作做起，踏实地走向美好的目标和美丽的期待。

忘记“财富自由”4个字

“财富自由”似乎是当下的网络热词，在网络上掀起了不少议论话题，由它衍生出了旅行自由、房产自由、包包自由……一时间刷爆网络。可支配的自由时间，可支配满足愿望的财富，这似乎成了很多人成功的标签和毕生的向往。

可对于这样的言论，从本质上去分析后你会发现，那只是不同收入的人，通过不同水平的消费，获得的消费满足感。美其名曰：“财富自由”。在这样的“成功”逻辑中，财富是实现自由的核心。有了足够的财富，就可以摆脱永远干不完的工作，摆脱加班，摆脱朝九晚五，摆脱讨厌的客户……随心所欲，品茶、赏花、出游……过着最惬意的生活。

但事实上，这是对“财富自由”最浅层次的认知，当人们为了追求“财富”本身并以此获得自由时，也必将沦为“财富”的奴隶，也就无法获得真正的自由。而那些真正获得“财富自由”的人，专注的是成长，而不是这种“财富成功”。对于他们而言，“财富自由”不过是实现人生价值的一个里程碑，而并非终极目的地。

2019 年，某大公司的一位产品经理找到我做职业咨询，说自己准备跳槽到一家刚刚获得种子轮投资的公司。在了解到情况后，我略有迟疑，问他为什么非要选择刚刚获得种子轮投资的公司。他不假思索地回答说：“为实现‘财富自由’的梦想。”

我顿时明白，他跳槽的目的并不是非常喜爱这份工作，而是这家公司能够给他丰厚的报酬，让他更靠近“财富自由”的梦想。“财富自由”的愿景固然美好，但是每个人都应该清楚地认识美梦背后的真相。否则，当缥缈的美梦撞到了残酷的现实，可能会给我们的职业生涯带来一次不可逆的重创。

第一，如果你的梦想在别人手中，却不能被自己控制，那么梦想越大，失望也就越大。想实现“财富自由”当然可以，但梦想的钥匙一定在自己手中，可以被自己掌控。不然，没有了掌控权，梦想也会与你渐行渐远。一切都是水中捞月，看起来很美，却永远无法成真。

我认识一位朋友，想要靠所谓的资源整合来赚钱。结果他连续帮助好几个人对接资源，最后对方却把他甩掉了。当初我就建议他，这种无法把控的事情尽量不要去做，不然都是为别人做嫁衣。想实现“财富自由”，唯一途径就是要么自己把控核心资源，要么自己成为核心资源，否则你永远都是他人的配角。

第二，从大公司跳槽到刚刚获得种子轮融资的公司，有幸运者实现了“财富自由”，大部分却死在了实现“财富自由”的路上。当一个人还在追赶财富时，财富其实离你很远；只有当你的能力在适合的平台上得以施展时，财富才会追赶你，你才可能真正实现“财富自由”。也就是说，人追财累死人，财追人很轻松。

每一个职场人都应该清醒地认识到财富与人的关系，不要抱着实现“财富自由”的梦想而盲目地加入创业公司。我曾遇到过很多互联网公司的职场人，他们为了实现“财富自由”，倾向于加入一些创业型公司，最后公司被收购了，自己也离职了，手中的期权变为一张废纸。

其实，想加入创业型公司并非不可行，但如果创始人不靠谱、格局不大，加入这样的企业无异于浪费青春。到那时，你的失败也不过是为别人的梦想陪跑，毫无意义。

第三，从大公司跳槽到小微企业，很有可能会让职业轨迹一路下滑。甚至未来再想找到一份好的工作都会有难度。不管是猎头还是企业面试官，当看到你的职业经历在一直往上走时，会对你兴趣特别大；反过来，如果职业经历往下走时，他们都会用质疑的眼光不断审视你。正是因为面试官的这种审视心态，你或许会一次又一次失去机会，职场生涯从此一蹶不振。

不久前我帮助一位职业经理人做职业咨询，他面临的问题就是：在38岁时突然加入一家创业型公司，但遗憾的是不到两年的时间，公司融资的3000万元被花光，面临清算，自己只得重新找工作。也有猎头和企业HR主动找到他，他却一次次在面试中失利，而这个过程也在逐渐透支他多年建立起的自信。

这位职业经理人面试不成功的原因，除了年龄以外，还有就是他加入一家非常小的创业型公司。正是这个失败的选择，让他的职业轨迹走向了下坡路。

所以，对自己的职场规划一定要树立长远的目标，不要为了眼前暂时性财富的诱惑而跳槽到小微企业，否则一旦失败，就会让你职业道路越走越窄，与“财富自由”背道而驰。

第四，正视财富的价值。如果没有得到真正能力的积累，即使得到一笔丰厚的财富也未必能真正帮到你。的确有些职场人幸运地在风口时加入了互联网公司，年纪轻轻就实现了“财富自由”。

我身边也有一位这样的朋友，才31岁，就实现了“财富自由”，财富来得太容易也就不太会珍惜，从此进入了糜烂的生活状态。31岁正是人生奋斗的好年纪，他本可以通过不断拼搏，创造更大价值，活得更有尊严更有意义。但是，过早的“财富自由”蒙蔽了人心，消磨了他的斗志，也吞噬了他更多的人生可能性。

古希腊历史学家希罗多德说：“欲让其灭亡，必先使其疯狂。”当职场人为了实现“财富自由”的梦，而连连做出违背内心的决定，就会渐渐脱离了理智的轨道，变得虚妄。实现“财富自由”固然美好，但最好发生在一定的人生积累之后，对财富有正确的认知。在这样的基础上再拥有财富后，你才能够正确地运用它们。否则，它们带来的是苦恼，是空虚，而失去了原本的价值。

杭州某一拆迁户，一夜间成为千万富翁。他在得意中迷失了方向，开始沉迷于赌博，很快就将钱输光了，还倒欠别人几百万元。现在又回到了“赤条条”的原始阶段，一家人在社区食堂里糊口度日。

“财富自由”从来不是幸福的标配，也并不是职场的终极目标，而是你专注成长后获得的阶段性奖励。所以在每一次职场选择时，一定要谨慎，千万不要为了所谓的“财富自由”的梦想而跳槽，而应该在合理的职业规划中一路向前。

当你专注于自己热爱的领域，脚踏实地地累积经验，不断深入学习，成为专业领域的佼佼者，财富也自然会向你靠拢，也唯有如此才能懂得如何理智驾驭财富，实现“财富自由”。

如何科学地读书?

明朝的思想家王阳明认为：“读书的最高境界，不是学知识，而是要发现自己、发现良知”。的确，阅读是为了更好地改变自己的气质，从思想上进行脱胎换骨。同样，阅读可以促使职场人实现更高效的成长和蜕变，获得更好的发展。统计表明，有阅读习惯的人拥有更广阔的职业拓展性。

首先，阅读可以让职场人变得更有价值。

在职业发展中有 3 种最关键的能力：个人能力、工作处理的能力和情商，而这 3 种能力都可以从阅读中得到。

到底该如何读书以提升自己的情商呢？读过《三国演义》的人都知道，情商最高的莫过于诸葛亮，但能力最强的莫过于庞统。为什么庞统不如诸葛亮？那是因为庞统能力强、情商低，诸葛亮是能力强、情商高。在阅读一些经典故事时，我们可以在此过程中学习到他人处理问题的方法和经验，这些案例都可以运用到职场上来。

其次，阅读能够帮助我们提升认知。

最重要的是专业的认知。每一个职场人都可以通过阅读对自己所从事的行业领域进行更深入的纵向和横向的学习。提升专业认知，在未来的工作中能够更加得心应手。

除此之外，阅读还可以提升对世界的认知。每个人的人生经历都是有限的，那么，关于历史、关于未来，以及我们当下未能触及的世界，都可以通过阅读去了解。

当我们对这个世界有了更丰富的认识，再去审视这个世界时，便会逐渐形成新的角度和更开阔的视野。这些广泛的阅读，能够逐渐提升一个人的格局，帮助人们在职场中得到更快的成长。

有的人阅读是为了兴趣，有的人阅读是为了工作需要。但不管怎样，阅读已经是优秀职场人的标配。他们会不断提升自己的认知，永远保持思维处于社会的最前沿，让自己的意识不落后；而很多职业发展不好的人，认为阅读是在浪费时间，自己则整天无所事事，或沉迷于娱乐的短暂快感中。

有一位工作了 7 年的职场朋友，我在聊天中问了他一个问题："工作这么久了，为什么没有跳槽的打算呢？"他说："自从跟着现在的领导，喜欢上了阅读，同时，工作能力也增强了很多。"他现在的领导特别喜欢看书，每次自己工作上遇到问题，找领导请教时，领导都喜欢引经据典，告诉他这样的事情历史上的大人物是如何处理的，在现在的职场上又该如何处理。

从这位朋友的经历可见，阅读对职场人的工作和生活都会产生积极的影响，职场人遇到热爱阅读的同事或者领导更是莫大的幸运。阅读氛围浓厚的企业环境更加开明，更具创新精神，能够与时俱进，员工在这样的企业中也更容易获得充足的发展。

最后，阅读能够助人打磨性格，让人变得更沉稳。

如果你细心观察就会发现在职场中有这样一个规律，一些热爱阅读的优秀人才，他们大都在单位占据重要的位置。他们性格沉稳，不会无故大发脾气。而那些常常抱怨，情绪不稳定的人，大都不喜欢阅读。因为阅读在潜移默化中可以打磨人的性格，祛除我们身上的浮躁。当一个人在情绪平稳、心境平和的状态下，才能够抛却周遭的干扰和诱惑，更加专注于自己的职场工作。

书籍是思想的延伸，无所事事的人，他们的内心没有得到书籍的洗礼，还停留在浅表的利益认知中，难以获得更好的职场发展和人生顿悟。长期阅读的人都习惯于深度思考，逻辑非常清晰，看问题直击重点，而且更容易接受新事物。以书为伴，可以增加内心的定力。学会阅读，养成阅读的习惯，会让你受益终生。

阅读是知识和信息的输入，方法尤为重要，大量阅读优质书籍，然后进行积极的思考和沉淀，才能对自己产生正向的影响，进而为实现个人价值做好充足准备。那么，到底该怎样科学地阅读？

第一，学会选择书籍。

面对选择时，很多人都会迷茫，因为书籍品类众多，不知道该如何选择。是选择与自己专业相关的书，还是选自己喜欢的书？抑或是读点人生哲理散文，还是悬疑小说？在迷茫时，很多人都会受别人的影响，而不会根据自己的情况选择图书。

对于那些渴望在职场快速提升的人来说，读书就应该为自己的工作提供帮助，这样的书就应该精读、反复读。提升自己品位和生活情操的书，也要读，可以在闲暇时、假期里进行泛读。

那么具体该如何选择书呢？我的建议如下：

1. 认真审视自己的工作遇到的问题需要读什么书。例如，学习沟通技巧、增强培训能力等。有针对性地去阅读，在知识的积累中去提升思维能力，并运用到工作中，逐步去解决这些问题。

2. 明确未来的职业发展方向，那么就在这个方向上进行书籍选择。锁定一类书籍后可以从经典的理论基础读起，系统地了解该领域的全部知识，再进行深入阅读。

3. 明确个人理想，以此来选择书籍。当下图书品类众多，每年中国出版的书都上万吨重，书籍是永远都读不完的。

所以，要清楚自己未来想成为什么样的人。比如，你想成为有追求、有思想的企业家，那么你就读一读企业家看的书。就像宗庆后还熟读《三国演义》《水浒传》等历史经典名著，以及《李嘉诚传》《曾国藩》等成功人士的传记。

第二，集中精力读书，边读边画思维导图和做笔记。

阅读的时候要平心静气，专注于书中的世界。作者通过文字在传播他的理念和价值观，读者可以通过书中的内容和思想，与作者进行心灵的对话。

在阅读的同时，可以边看边用笔批注精彩的内容，画出精彩的句子。这样，能够加深印象，如果需要重温书籍或者是在未来需要用到某部分内容时，就能够快速获取。

此外，有计划地定期复盘对于阅读来说也是一个十分重要的方法。千万不要认为重复阅读是在浪费时间。“温故而知新”会让阅读者得到意料之外的收获，随着年龄的增大，当我们每隔一段时间对此前阅读的内容进行复读时，都会有一些全新的认识，可以加深对知识与道理的领悟。

第三，养成阅读思维。

读书一定要养成阅读思维，阅读过后，丝毫不动脑，那只是浏览，过而不留，谈不上真正高效的阅读。先理解“是什么、为什么、怎么样”，将这9个字应用到阅读中才能收获更多的内容。

第四，继续积累，坚持阅读。

阅读不是短暂的知识救急补充，而是一个循序渐进的过程，需要长期的坚持和积累。“三天打鱼，两天晒网”最终只是一场空，无法从阅读中获得提升。建议职场人每天在固定的时间进行阅读，从而养成阅读习惯。此外，在阅读时要给自己创造一个舒适的阅读环境，这里所指的“舒适”并不是让你躺在床上，而是一个良好的阅读场景。具体来说，是一个无打扰的阅读场景，如手机静音，安静的环境，有健康的灯光，等等。只有在一个相对舒适的阅读场景中，才能够完全沉浸于书的海洋中。

针对阅读建立奖励机制。例如，在坚持阅读了7天、半个月、一个月后给自己一个小小的奖励。可以给自己买一本喜欢的书，买一块可口的点心，或者是发一个朋友圈晒图。通过这种奖励方式可以获得一种强烈的成就感，从而将阅读习惯保持下去。这样的做法还可以带动身边的人一起阅读，这也会让阅读变得更加有意义。

总而言之，阅读是一件每个人都触手可及的事情，它能够带给人们更多知识、快乐、成长……无论我们把它当作生活中的休闲方式，还是提升自我的必要工具，都应该掌握科学的阅读方法，让阅读的效率和价值倍增，获得更多的知识，更深的领悟，更好的成长，更高质量的生命体验。

懂战略的人，才是真正的高手

战略并不是只有领导才要思考的，它是一种能力、一种素养。在职场中，懂得战略思维的人，都是真正的高手。拥有战略思维的人，才能够在复杂的职场竞技中游刃有余。优秀的战略思维具有以下几个特征：

第一，需要战略聚焦。

其实聚焦在某种程度上就意味着“放弃”。在资源有限的前提下，放弃不重要的，完成最重要的。真正有效的战略并不是调用所有资源去完成所有目标，而是有主有次，确保关键目标，其次完成次要目标。在这个过程中，一旦资源不足，就要适当地舍弃一些旁枝末节，集中资源攻克主要目标，完成那件最重要的事情。但是在日常工作中，许多职场人常常忙得不可开交，工作还是一团糟。

我曾遇到过这样一位职场人，他入职某公司 3 年，每日勤勤恳恳地工作，早出晚归。无论是自我评价，还是在亲友同事口中，他都是那个勤劳的小蜜蜂，却是公司中挨批评最多的那个。和他同期进入公司的同事已经升职加薪，他仍在原地踏步，做着最基层的工作。

起初，他将这一切都当作职场的历练，相信自己会厚积薄发，相信“吃得苦中苦，方为人上人”的信念。但是几年过后，他的职业发展毫无起色，心态也渐渐发生了变化。

身边的亲友为他感到不甘，辛辛苦苦却得不到回报，劝他尽快辞职跳槽。他也觉得很不公平，认为自己常常挨骂，没有晋升机会，是因为自己做了太多工作，做得多也就错的多。

对于他的情况，我给出了几点建议。首先，是要客观地明确公司是否有公平的晋升机制，得到升职加薪的同事，是不是因为业绩、能力、贡献而得到晋升。如果答案是肯定的，那么可能问题就出在他自己的身上。

看问题要看到本质，做了很多工作但并不代表做好了工作，这二者相差天壤之别。这个时候需要厘清自己每天忙碌的工作中，成功地完成了多少，领导交代的最重要的工作是否也在其中？如果最重要的事情没有完成，做了一大堆次要工作其实是没有太大价值的。甚至，因为你在这一环节没有完成，会拖慢公司整个项目的进展。

企业发展需要的是真正有价值的人，高效率的人，而不是干活多的人。所以，在职场中，无论再小的工作，再普通的职位都应该懂得战略聚焦，分清主次，集中精力攻克主要目标，做好工作的价值排序。

在经过我的指导后，这位职场人重新调整了自己的工作重点，工作上突飞猛进，也逐渐受到了领导的认可。当能力和努力都不输他人的时候，战略的作用就凸显出来。

第二，分解资源，扬长避短。

在职场中，"扬长避短"更侧重在"扬长"。就如亚当·斯密强调社会分工一样，我们要做自己擅长的事情，并把自己擅长的领域做到极致，你的能力才能被看见、被发挥。"避短"并不意味着逃避，可以将自己不擅长的内容分给更擅长的同事。每一个把专业领域的事情做到极致的团队，都能够凸显优势，形成合力，最终共同完成任务。

在职场中，一定要认清自己能力的上限，切忌大包大揽。小王就曾在职场上犯过这样一个错误。他和另外一个同事是领导重点考察的晋升对象。在一次领导分配任务中，为了争取表现的机会，他揽下了这个他并不擅长的项目，而这项工作正好是另外一位同事擅长的领域。

他害怕自己在这次竞争中失去晋升机会，所以才极力向领导争取这个项目，并保证一定保质保量完成。过程可想而知，坎坷重重，最后项目进展困难，领导十分不满，最后还是将项目交给了另外一位同事，小王也因此失去了这次晋升的机会。

在这次事件中，小王犯了一个严重的错误，就是用自己的劣势和别人的优势去较量，所以从一开始他就已经输了，这种行为确实得不偿失。在职场中，真正的竞争优势不是去和别人竞技较量，而是以自我成长为中心，因为职场的竞争对手在不断变化，你即使幸运地打败了一个对手，还会有新的更强的竞争者出现。唯有专注于自我成长，让自己成为专业领域的优秀人才，才能在竞争中立于不败之地。

第三，战术协同。

战略中最重要的就是战术协同，运用在职场中，就是实现目标的途径一定要与目标一致。一旦锁定了目标，就要制定科学有效的战术。

曾有一个上进心十足的职场人，平时也算是勤勤恳恳，一直渴望升职进入管理层，在公司有一番大作为。后来听说公司近期会提拔一批人，他为了升职就开始拉拢同事，利用个人关系为身边的同事提供各种各样的帮助。

在这个过程中，他的确积累了“好口碑”，同事们都觉得他是个热心人，但是他最终没能升职。因为他重点发力在拉拢同事上。真正实现职场晋升的方法是提升自己的价值，并让领导充分认可这份价值。要把手中的工作做到优秀，为领导分忧，才能得到领导重视。这样的战术才能与个人的战略目标协同。

第四，大智若愚，放低姿态。

真正有战略思想的职场高手懂得收敛锋芒，在静默中积累自己的能量。他们在职场中总是能够放低姿态，以谦卑之心对待同事和领导。放低姿态并不意味着凡事装作不懂，而是对人对事要谦虚谨慎。

对于同事而言，他们更喜欢与有能力又不张扬的人探讨和交流。拥有了和谐的人际关系，彼此之间才能相互促进成长。对于领导而言，大智若愚的人更值得信赖，他们有能力，且态度谦逊，适合委以重任。当遇到重要的工作时，领导自然而然会想到他。

初级的职场竞争拼的是能力，高级别的职场竞争拼的是格局。因此，每一位职场人都离不开战略思维，掌握了这种能力，才能更加凸显竞争优势，职场生涯也会更加平顺。

成功不是一条道跑到天荒地老

对于职场人而言，职业规划是要通过合适的路径实现自我成长。成功也并不是要一条道跑到天荒地老。在适当的时机重新选择职场，是职业生涯中重要的一步，也是每个当代职场人都要面临的课题。那么，当你面临跳槽的问题时又该如何选择公司，才能更好地帮助自己实现职业发展呢？

和谐的职场环境，公平的竞争机制，科学的激励机制，知人善任的领导，高瞻远瞩的老板……这似乎是每个职场人的梦想。但梦想永远是梦想，现实总是比想象残酷。绝对的理想主义职场是不存在的，那么在这个不完美的职场社会中，在跳槽时趋利避害，选择更适合自己的“土壤”也就显得更加重要了。

第一，选行业。行业决定着每一个职场人未来的发展前景，站在熟悉的行业领域还是选择新的更具前景的行业，是许多职场人在跳槽时面临的大问题。

对职场新人来说，务必把行业选择作为第一考虑要素，职场最好的状态是可以从进入职场开始，一直深耕一个领域，这样更利于个人发展。职场新人如同一张白纸，充满了可塑性，所以在选择行业时一定要格外谨慎，最好可以收集大量的行业信息再作判断。但这并不意味着单纯选择发展前景好的行业就可以，还要结合自己的个人能力和爱好，进行理智选择。对于有明确方向的人来说，没有任何一个行业是轻松的，唯有热爱才能坚守，才能深耕，才能走得更远。

但值得注意的是，一定要避开下行行业，不要在时代的潮流中逆行；对于职场人来说，应该选择更具前景、更具科学性，并且自己的能力可以应对的行业。

对于已经有工作经验的人，建议不要轻易更换大的行业。但你可以考虑换细分的小行业，或是转换思维。如果你原来做传统零售，你是不是可以考虑新零售；你原来做传统采购，可以考虑非传统采购；你原来做传统媒体或网络媒体，可以考虑公司的 PR 或新媒体；你原来做制造业电器元件，可以考虑去新能源汽车行业……总之，在你能力可以平移的行业内寻找新的薪资增长方向。

第二，识老板。老板是企业发展的天花板，也是公司文化的起源和持续点。还有一种说法，老板的文化就是公司的文化。所以，跳槽的时候，选择正确的老板非常重要。

我曾经接触过一位职场人，他去一家公司面试，聊得很好，老板也一直表示他就是公司一直寻找和期待的人才，让他回去就办理离职手续，尽快入职，但就是不谈工资，说等入职后再谈。但这样不敢直言薪资的公司一定不是好公司。真正好的公司在面试时，直接谈应聘者的工作内容和薪资制度，看你能否胜任，如果不能胜任，就不要浪费双方的时间了。所以，以下几种类型的公司，求职者应该谨慎选择。

1. 谈战略谈梦想。当老板在面试的时候给你谈战略，只能说明他的战略根本就不清晰。因为战略清晰的公司，更会着眼于执行，有规划地实现公司的战略。如果一个老板还处于探讨战略发展的阶段，那是因为他不知道企业该何去何从，在这样的企业供职，得不到真正的锻炼。

2. 谈情怀不谈钱。一般谈情怀的公司都不想给你高薪，想用情怀拉拢你。职场可以有理想、有情怀，但职场更是每个人赖以生存的奋斗舞台，有付出就应当有相应的回报，这是老板与员工彼此最起码的尊重。

3. 以背景夸夸其谈。在职场中，真正能吸引人才的，是企业的实力、企业的机制、企业的文化和发展空间。只有那些没有实力的公司才会靠其他的背景去彰显自己。

第三，挑直接领导。直接领导决定你职业发展的高度，与你每天上班的职场满意度息息相关。任何人面试都会有直接领导参与，直接领导面试你的时候，也是你面试你的直接领导的时候。

在简短的沟通中，他是否思路清晰，言谈是否恳切，他待人是否谦和而礼貌……虽然是短暂的接触，但也可以对一个人形成初步的了解。而后，再问问自己，是否愿意与这样的领导共事，当你完成了这样的思考，便会间接对这个岗位有更清晰的认识。

第四，观察团队。在职场中，不怕神一样的对手，就怕猪一样的队友。到底该如何观察团队呢？最有效的方法就是在面试的时候看看团队的精神面貌，看看和你沟通的团队人员的性格，再从面试你的人身上进行综合评定。因为人以群分，有什么样的领导，就有什么样的团队成员。

第五，谈收入。职场人也要生存，要发展，所以薪资收入是选择工作的重要部分。却是应该最后考虑的问题，如果不能满足前 4 点，收入多少都没有意义。如果能满足前 4 点，然后再看看收入。同样的条件，便可以择优选择收入高的公司。

薪资水平是证明一个人职场价值最直接的方式。如果你的工资要求很低，说明你的价值不大，随时可以被替换；如果你的工资要求很高，说明你风险很大，老板可能会考虑你的能力以及公司岗位预算而把你排除。所以，实事求是，选择与自己能力相匹配的薪资数值，才是职场最智慧的选择。

对职场人而言，跳槽不是简单地从一片土壤走向另一片土壤，而是一种智慧的攀登。选择更好的平台、更优质的上升路径才算得上是跳槽成功，你的职业发展才会更好，你才会不焦虑，才会有幸福感。只有登上山顶，才能看尽眼底的风光。

所有的能力问题，都是态度问题

层次是区分人群的一种方式，因为层次的背后是人与人之间的认知差距。认知的背后是能力，能力的背后是态度。在职场中能力相同的人，常常会因为不同的态度而走向不同的发展路径。

获得好的结果会被人称为是能力的强者，获得较差的结果会被人认为是能力弱的表现。如此循环往复，人与人之间的差距就拉开了。其实，归根结底，所有的能力问题，都是态度问题。

在面对一些普通而简单的工作时，所有的人都是有能力完成的，但是最终还是会出现不同的结果。有些职场人会非常抵触简单而烦琐的工作，因为他们“怕麻烦”。简单的工作，会让人感到既麻烦又无聊，也就没有动力去做，他们在内心里认定这不会影响大局，所以便会草草应付。

也有一些人，会认真对待，按照领导布置的任务去完成，认认真真地做好每一个细节。工作是否用心，呈现的结果也必然不同，对于领导来说更是一目了然。而在以后遇到重要工作或者项目时，领导也会更倾向于选择那些做事谨慎认真不怕麻烦的人。因为他们对待普通的工作，都能十分用心，那么对待重要任务更是会一丝不苟。作为领导任用这样的员工才会更加放心。所以，在一些细微之处，在一些日常简单的工作中，人与人之间的差距就渐渐拉开了。

其实在大多数情况下，我们在职场中每天面对的都是普通的工作。认真地对待每一份工作，不轻视每一份工作，才能让自己更具价值。

有一位“90后”职场人莎莎，她入职时只是一个普通的经理秘书。起初，在大家眼中，她只是一个端茶倒水，打印资料，递送文件，做简报的小职员。这是任何人不需要培训就能上岗的普通工作，毫无技术含量，也很难出彩，尤其她还只是一位刚毕业的大学生。

但她并没有轻视自己的工作，而是对每一份别人看似微不足道的工作心怀敬畏，力求做到最好。打印普通资料时，她会认真地对文件进行排版，让领导阅读起来更加舒适。她还会认真记录领导的习惯，冲咖啡的时候掌握好温度以及领导的喜好。做简报时也会根据领导的阅读习惯，有重点分主次地做好。在提交文件时，总会用标签清楚地分类、备注……把每一项工作都做得一丝不苟，于是她很快得到了领导的认可，给了她很多提拔的机会，让她学习到了很多管理知识，工作4年后，她已经做到了总监职，受到领导的重用，薪资也是涨了几番。在职场中，把握好心态。每个人都可以把平凡的工作做得不平凡。

在职场中，一些人还会有一种心态，就是他们总是觉得很多事情都不可能实现。他们习惯了按照过去的经验，对于超出自己认知范围的全新挑战就会高呼“不可能”，可商业领域中，许多创新和发展，往往源自于实现了“不可能”的大胆想法。很多职场人一飞冲天，往往是因为敢于打破“不可能”。

乔布斯带领团队研发第一代Macbook时，电脑页面还只能用键盘上下左右调整光标箭头，无法像现在的鼠标这样任意滑动。彼时，乔布斯有了一个大胆的想法，他希望有一个可以操纵光标向任意方向移动的鼠标。

当他与团队进行探讨时，一个工程师告诉他：“这样的鼠标是不可能批量生产的。”结果，这位工程师在第二天就被解雇了，而他的接任者的承诺就是，“我能做出那种鼠标”。最后，在一群人的共同努力下，可任意移动的鼠标诞生了。时代向前发展，一代又一代的新技术不断更迭，正是因为有人不断尝试突破，曾经难以想象的事情才变成了现实。

这个世界的魅力在于拥有无限的可能性，而每个人最大的魅力在于拥有无限潜能。所以身在职场，更不应该为自己设限。如果你能打破心中的枷锁，便能够在职场中挖掘出自己更大的潜力。

有些人会以个人狭窄的思维去评判周遭的事物，在他们眼中，许多事情是没有用，且没有必要的。公司开会做战略部署，有些人会觉得自己是普通员工参加也没有用，左耳朵进，右耳朵出。而有心的人会认真记录，了解公司的发展规划，分析领导的战略思路，慢慢地这些人的思维格局也就提高了。公司集体培训，有些人会觉得培训中没有涉及自己板块的业务，因此培训这件事情对自己也就没什么用处，浪费时间。而有的人会格外珍惜公司培训的机会，认真听讲，提升自己的知识，拓宽视野，了解一些自己业务之外的内容，也能够在后续工作中和同事沟通更为顺畅。不同的态度，自然会产生不同的结果。

不理解公司用意的人觉得很多事情都是无用的，不听也不学，自己也就渐渐成为无用的人。而那些紧跟公司步伐，敏而好学的人则是会在日复一日的累积中，拓展自己的视野，提高认知和眼界，自然也就获得了更好的发展。

拉开人与人之间差距的是每个人对待职场的态度。不同的态度产生不同的结果，有的人不断在贬值，有的人不断在增值。那些看似能力的差距，其实都是态度问题。唯有保持积极进取的心态，才有可能成为优秀的职场人。

如何快速提升职场价值？

职场现实而残酷，不讲半点情面。有价值的人才会得到重用，获得更好的发展。而这个处处讲求效率的年代，如何才能快速高效地提升自己的职场价值，是每个职场人都迫切需要面对的一个课题。

快速提升职场价值，需要你具备快速、高效学习的能力，才能不被超越、不被落下。

第一，必须有强烈的学习动机。

学习往往是很枯燥无味的事情，如果你本身就不思进取，或不爱学习，不管怎样有趣的学习方法，对你而言都是毫无意义的。所谓强烈的学习动机就是给自己一个学习的理由。你的理由越充分，你就越能说服自己，对学习的渴望越强烈，才能克服惰性，不断努力为自己创造条件静心、专心地去学习。

有一位“90后”的职场朋友，他的学习动机就是要掌握某项专业技能，从而有资格进入大公司，目的就是早日赚钱买房。经过3年的努力，他虽然没有进入大公司，但他的确掌握了这项技能，也获得了不错的收入，买房的愿望也越来越近。

所以，当你渴望做一件事时，必须要有很强烈的动机，动机越强烈，达成目标的可能性就越大；当你的目标可有可无的时候，行动的价值也就随之降低，很难获得持续的动力。

第二，记忆是学习能力的基础。

据科学证明，人类的知识95%靠的是记忆，只有5%才是创造力。所以，能记住一些知识，是你学习的基础，也是你进行创造的基础。如果没有这个基础，你的学习就是无源之水、无本之木。记忆力是人类的最基本能力，如果你丧失了这个能力，你可能什么都不会，更不要说去判断是非了。

记忆是学习的基础，理解和内化都是建立在记忆的基础上的。如果有人对你说，理解后就不用记忆了，只能说明这个人根本就没有理解知识，更加难以应用转化为己所用。

第三，理解和掌握知识的内涵和外延，然后刻意练习。

当下社会，短视频、自媒体蓬勃发展，带来了信息爆炸，但人们获取真正有用的知识也越来越难。想要真正地掌握知识，应该通过系统性的学习和理解，领悟知识的内涵，才能在知识中延展出更多的内容。学习就是一种建设，需要打好基础，才能到达一定高度。

第四，重塑思维方式，试图用你掌握的知识去解释所遇到的问题。

学知识的目标就是学以致用，当知识不能加以应用时就失去了重要价值。若想实现知识的价值则要懂得转化思维方式。在遇到问题的时候，我们可以通过练习，运用自己掌握的知识去解释或应用其中。只有这样，在处理问题时才能更加全面而通透，做出决策或选择时才会更有逻辑，更加条理清晰。

第五，构建自己独特的知识体系，然后去传播和影响他人。

当你的知识不能形成自己的知识体系时，这足以证明你还没有彻底地掌握知识。知识是砖瓦，我们通过吸收、学习和提炼，可以构建自己的知识逻辑。当我们拥有了自己的知识逻辑，并以此完成了自我成长时，我们的知识体系就具有了更高的价值，我们每个人也就有了更高的自我价值，甚至成为职场精英。

当知识转化为技能后，通过高效的方法，将其转化为价值，你在职场中才会更具竞争力。所以当你掌握到学习的规律，系统地掌握了知识，便会快速获得提升。在学习过程中不断克服困难、总结经验、解决问题，形成适合自己的高效学习方法，并养成良好的学习习惯，你的学习才会更高效、更有趣，你才会快速地提升自己的职场价值。

除了不断学习和自我提升，还有一些职场的实战技巧。

第一，每个人都需要认清在自己所处的职场环境中，是谁决定自己的晋升，他们分别是评估者、影响者和决策者。所以，在日常工作中，要充分珍惜每一个能够和领导一起工作的机会，让评估者和决策者对自己的能力产生更加充分的认识。

不要在考察期有所懈怠，时刻保持积极的工作状态。此外要远离职场是非谣言，避免对自己产生负面影响。

第二，在工作中将自己的能力最大化。做好本职工作最大限度地体现个人价值。因此，职场人要明确自己的工作重心，知道自己的工作的最大价值在哪里，竭尽全力实现自己的岗位职能。同时，要明确上级领导的期望，简单来说，要遵从上级领导所给予的工作方向，与整个团队协力同行。在工作中，凡事多思考，认真考虑如何优化自己的工作，把工作做得更好。

另外，要学会定期复盘，通过复盘总结可以快速发现自己的成长与不足，而在后续的工作中更能有的放矢，快速提升工作能力，提升自己的职场价值。

第三，就算是普通职员，也应该有意识地培养自己的职场领导力。在工作中思考问题时要跳出自己的个人角色和个人利益，站在团队角度思考问题，培养自己的大局思维。从全局出发，提出科学有效、利于团队发展的建议，给团队以“方向感”。

身处团队中，要充分运用赞美和鼓励给予团队“能力感”，鼓励与他人共同协作完成任务。一个在团队中能够起到重要作用，拥有领导力的人更容易获得提升。

第四，提升自己的职场“能见度”。打造自己的能力标签，例如自己设计能力强，要给大家展现出一个设计达人的形象。要充分运用自己的能力在职场上塑造个人能力标签。除了在个人能力上的提升之外，还要学会营销自己。

第五，要充分把握外部晋升机会。每个人要想取得职场成功，并不一定需要一条路跑到黑，选择适合自己的路径也是快速提升自己职场价值的重要方法。因此，每个职场人可以每半年为自己更新一次简历，多向朋友介绍自己，积累行业人脉资源。为自己寻找更合适的发展机会，或者可以把猎头当作自己的合作伙伴。

唯有掌握科学的方法，才能快速提升职场价值，成为优秀的职场达人。

提高自己的归纳总结能力

在职场激烈的竞争角逐中，每一个人都在努力拼搏奋斗，但每个人发展的程度却各不相同。甚至有些才智天赋、努力程度、家庭背景相似的职场人，在几年或者十几年后却获得了截然不同的发展。

有些人已经成为某个领域的专家，而有些人却仍然在基层摸爬滚打。为什么会出现这样的结果？是命运的推动还是另有玄机？其实，是一种常常被人们忽视的能力，让相似的人走向不同的人生，那就是归纳总结的能力。

职场是社会化的竞技场，职场能力的提升并不取决于是否多看了几本书，多听过几节课。而在于是否能将自己通过各种途径吸收到的知识、技术运用在实践中，并且在实践后对所学、所做、所思的内容进行总结，从而获得成长和提升。这样循序渐进地获得更多的进步和更快的发展。

悉心观察后你会发现，那些优秀的职场人，可能并不是做事情最多的人，但他们一定都是学习能力强，成长较快的人。因为他们能够在完成每一项工作后进行反思归纳总结，对每一项工作的本质进行抽象深入的理解和思考。

归纳总结的能力不仅在职场个人能力的提升上起到至关重要的作用，同时在沟通中也扮演着重要的角色，归纳总结的能力直接决定着沟通的效率和质量。

一些优秀的职场人，都有着这样的特质，他们能够侃侃而谈，对自己的思路和想法都有着很强的归纳总结能力。在沟通表达时，逻辑清晰，思维缜密，感染力极强。他们常常在职场中担任着领导、管理者等重要角色。相反，归纳总结能力差的人，则会在职场发展中举步维艰。

首先，缺少了归纳总结能力，当你想表达自己的观点时，别人听不懂，听不懂的结果就是不再给你表达的机会。对职场人来说，失去机会，就是失去职位的晋升和薪酬的提升。

我曾参加过一个活动，一位观众向我提问时，述说了近 5 分钟，也没有说清楚自己究竟想要问什么。而这种情况如果发生在公司，领导也不再会给这样的人表达的机会，甚至有可能会淘汰他。

其次，如果缺少归纳总结能力，你就不会发现问题的根源在哪里，找不到问题的根源，就无法解决问题。每个人立身于职场的能力，本质上就是解决问题的能力。当你无法解决问题的时候，就说明你的职业发展即将走向末路。

最后，缺少归纳总结能力，在和领导同事或客户沟通时会出现裂缝，失去职场发展机会，稍有不慎就有可能被离职。所有的客户都会以挑剔的目光，希望找到更优秀的合作者。要想打动客户，除了你具备真诚、靠谱、专业特质之外，还需要你有较强的归纳总结能力。

归纳总结能力如此重要，是每个知识工作者必须训练的基本能力，那么对于职场人该如何提升自己的归纳总结能力？在这里有以下 4 点建议：

第一，吸纳丰富的知识和社会实践。

没有丰富的知识和社会实践，就失去了思考的源泉，没有思考的源泉，就很难训练自己的归纳总结能力。所有的深度思考都不是直接到达的，它需要建立在丰富的理论知识和很强的社会实践基础之上。也只有经过了深度思考，才能充分挖掘自己分析、归纳问题的能力。

第二，训练较强的逻辑思维能力。

逻辑思维能力对每一个职场人至关重要，它能够让我们对事物梳理出清晰的条理，进而获得正确而全面的认知，为自己的决策提供判断依据。逻辑思维能力的训练要从有条理的思考开始。当你学会了系统地思考问题，也就建立了逻辑思维的框架。在建立了逻辑思维框架之后，还需要不断的练习，学着抽丝剥茧地归纳信息。

第三，提升概括能力。

归纳总结能力就是概括能力的呈现。阅读也是一个提高归纳总结的重要方法，读书不是泛泛地阅读，而是要真正地读懂一本书，需要你真正理解这本书的价值，可以做思维导图，然后用自己的思维和语音来概括一本书。这样，你既读懂了一本书，又在这个过程中把别人的知识吸收为己用。

第四，演讲输出，熟能生巧。

另一种非常有效的训练方法就是演讲。获取知识，提升能力的最高效的方式是先输入后输出。只有将自己领会的知识大胆地讲出去，才能更深刻地掌握它。而这个输出的过程就是对知识进行归纳总结的过程，它需要建立自己的输出逻辑，并将获取的内容通过自己归纳总结，有条理地输出。

天使的翅膀，不是自己长出来的，是在地狱尽头的火焰中，千锤百炼磨炼出来的。所有善于归纳总结的高手，都是经过多年的刻意练习而培养出来的。掌握了这种能力，职场也会更加顺利通畅。

学会面对“办公室政治”

有人的地方必然就有竞争与政治，职场也一样。人在江湖身不由己，“办公室政治”就是职场的江湖。

究竟什么是“办公室政治”？在现代企业中，企业从业者之间的人际关系问题让广大职场人士和企业经理人饱受折磨。不管是分工合作，还是职位升迁，抑或利益分配；无论其出发点是何其纯洁、公正，都会因为某些人的“主观因素”而变得扑朔迷离，纠缠不清。

随着这些“主观因素”的渐渐蔓延，本来简单的平级关系、上下级关系变得复杂起来。一个十几个人的办公室，可以有几个不同的派系，还有无数由这些派系滋生出来的纠缠不清的话题。

习惯于这种政治生态的职场老手，他们会不动声色、波澜不惊，将办公室比喻成没有硝烟的战场。在这里，每天都进行着较量，不管你累不累，愿不愿意，只要你置身“江湖”，则必然会“身不由己”。

很多时候，职场人就算想要远离是非，远离“办公室政治”，但是只要身处职场就必然会或多或少地卷入其中。对于职场人来说，最好的选择不是逃避，而是积极地面对。从正向角度出发，“办公室政治”是解决职场中那些不可避免的矛盾和冲突的流程和工具，大家通过智慧的较量，最终达成一致。

要想正确地面对“办公室政治”，首先要了解“办公室政治”的根源，深入分析，有以下几种：

1. 人与人之间的不信任是“办公室政治”产生的根本原因。

2. 利益，是“办公室政治”产生的导火索。

3. 职场人手中权力的不正当使用，是“办公室政治”的助推器。

4. 不干活员工得到领导的重视，造成公司现有平衡被打破或让干活的员工在心中认为“不公平”或愤怒，就会在公司慢慢助长小团体意识，当小团体被放大时，公司就会形成帮派，当帮派得不到梳理时，两种或多种势力就会互相制衡。最终，真正的“办公室政治”就会呈现出来。

5. 直接领导的不作为、和稀泥、一碗水端不平，再被别有用心之人的推波助澜，是办公室矛盾爆发的核心点。

当“办公室政治”爆发后，就会形成恶性的办公室文化，优秀员工纷纷离职。这种恶性的“办公室政治”一旦稳固，便很难改变，也会严重制约企业发展。“办公室政治”从发展壮大到爆发，与领导者的态度息息相关。虽然问题不能全部归结于领导，但与领导的管理方法有着密不可分的关系。

无论对于企业还是对于职场人来说，“办公室政治”都无法完全摆脱，只能通过科学的方法去驾驭，尽量减少其负面影响。

从管理者角度来讲，应从以下几点出发处理“办公室政治”。

首先，梳理利益关系，把所有与利益都透明化，避免一些以牟利为目的的暗箱操作。

人性都是趋利的，制度无法直接制约人性，但是公司可以规范制度，从而制约人们获得利益的方式。当公司能够制定合理的利益分配机制，就能在很大程度上减少职员利用非正当手段获取利益的行为。

其次，公正公平是减少“办公室政治”发生的根本方式。

当管理者做事不公正、不公平时，就会打击认真做事的员工的积极性，更会助长员工惰性。这就会造成有能力的人不愿意付出，而本身惰性很强的人就会动用多种非道德手段地与他人竞争，以此来获得领导的信任。

越是在缺乏公平的环境下，职员就会更愿意投入“办公室政治”博弈，从而获得各自的利益。当公司打造公平的文化环境，以业绩、工作能力、贡献值作为衡量标准，有实力、有贡献的人获得认可，获得应有的回报和更多的发展机会，员工们的工作积极性才会被充分激发。整个企业环境也会朝着正向发展。

最后，公司管理层要敢于亮剑，敢于对公司里不作为又热衷“办公室政治”的员工进行严厉制裁。

职场中常常有这样的现象，有能力的人埋头苦干，更愿意把时间专注在工作中，不愿意去讨好领导。

而那些没有能力或者惰性很强的员工却围绕在领导身边，挖空心思讨好领导。这个时候，如果领导只喜欢听好话，任由“好事”的员工挑唆，“办公室政治”就会一波又一波地到来。

相反，如果公司领导能够有清醒的认识，远离这些“办公室政治”的始作俑者，并对于那些醉心于“办公室政治”的恶劣员工进行严厉制裁，惩治不正之风，就能够大大减少“办公室政治”带来的负面影响，营造较好的办公室氛围。

对职场人来说，如何在“办公室政治”中生存呢？其实，早在2003年，《北京晨报》就给出了解决方案：

1. 不要在公司范围内谈论私生活，无论是办公室、洗手间还是走廊。

2. 不要在同事面前表现出和上司超越一般上下级的关系，尤其不要炫耀和上司及其家人的私交。

3. 即使是私下里，也不要随便对同事谈论自己的过去和隐秘思想。

4. 如果同事已经成了好朋友，不要常在大家面前和他（她）亲密接触。尤其是涉及工作问题要公正，有独立的见解，不拉帮结派。

5. 对付特别喜欢打听别人隐私的同事要“有礼有节”，不想说的坚决不说。

除此之外，还有一些方法可以有效应对“办公室政治”：

1. 你必须有解决问题的能力，这是在“办公室政治”中获得优势的基础。

2. 你的沟通能力要强、情商要提升，这是你的领导支持你的根源。在职场中，领导的态度决定别人对你的态度。领导支持你，便不会有人敢针对你，攻击你。

3. 不到万不得已的时候，不要利用手中的权力，多使用你的影响力。权力有时候只能获得形式上的服从。

4. 管好自己的嘴，多用耳朵听，除了工作，少发表你的“独特见解”，要时刻谨记“祸从口出”。不然，终有一日会为自己的不当言行付出高昂的代价。

5. 面对办公室的各种“派系”，不要过早地盲目选择站队，而要判断谁在拉拢你、谁在真正支持你。正确的做法是要选择真正支持你的领导，而不是选择为了小团体利益拉拢你的领导。

6. 该出手时就出手，千万不要软弱。软弱的人，最容易被人轻视，也最容易被人欺负。

“办公室政治”，永远无法完全避免。既然躲不掉，就要积极面对，利用自己的智慧和能力，来梳理和改变对我们不利的局面。

WORK
AT
ITS
BEST

第十章 你的底线决定你的高度

不要透支你的职场“信用卡”

职场如战场，只有那些真才实学有能力，又有着良好信用的人，才能备受青睐。

从踏入职场开始，每个人就拥有了一张隐形的职场信用卡。这张无形的卡片记录了职场人的职场形象和职业操守，它会伴随每个人的职场生涯。因此，职场中万万不可急功近利，透支职场信用卡，稍有不慎可能就会断送自己的前程。

职场人在以下几个方面，一定要保持警惕，不要触碰信用的红线。

第一，在应聘时，不过分“包装”自己。

这一现象主要会发生在一些刚刚步入社会的应届生身上，在当下招聘形势中，很多企业都会要求“有一定工作经验”，但是普通的应届生很难有完整的职场经历。许多人在遇到自己喜欢的工作时，就会采用一些“非常”手段，对自己的经历进行包装。但假的永远真不了，面对身经百战的面试官，很多人常常一不留神就会在细节处露出马脚，失去机会。

有的人会侥幸通过面试，拿到offer。但这也会有一种潜在风险，就是到了实际工作中，之前夸大的工作经历和工作能力会被拆穿，使自己的职场信用大打折扣。

不光是应届毕业生，许多工作几年的职场人在跳槽的时候也容易在面试求职时动歪念头，虚报自己职位、工作年限等，而一旦应聘成功，在日后的工作中，就算领导委以重任，但能力却支撑不了责任。

曾经有一家服装公司，招聘平面设计师，并且要求平面设计师懂得服装设计。他们给出的待遇很高，所以来应聘的人也很多。

在众多的应聘者中他们根据以往的经验以及现场沟通情况挑选了几位有潜力的人，其中一位叫小松的应聘者是他们期待值最高的，因为她的履历和公司需求完全吻合，洽谈中，公司对她的印象也很好。

在最后的环节，他们对 3 个比较中意的应聘者进行最后的设计能力测试。要求他们设计一个蔷薇与鸟的图案，这位叫小松的求职者却让他们大失所望，从她的作品来看是懂得简单的平面设计软件操作，但是一定没有受过专业的素描和造型训练，就连最基础的造型能力都不过关。

当面试官对她的简历质疑的时候，小松支支吾吾地涨红了脸，最后灰溜溜地离开了。很显然，她华丽的简历背后，一定注入了不少水分。这样的人，就算没有这一次测验，到了真正的岗位上，也会迟早被淘汰。能力不足，经验不够，都可以通过努力去提升、去积累。但是，过度地包装自己，迟早会原形毕露，失掉更多的机会。

第二，在职场中不要急功近利，为了利益放弃原则，失掉了诚信。

有一些职场人，面对难度较大的任务时，为了完成任务，便对工作质量失去把控，草草应付。而作为领导，实际上更会器重那些脚踏实地做工作的员工。那些偷奸耍滑，只会做表面工作的人，虽然暂时占了便宜，但会给人留下不靠谱的印象，最终失去领导的信任，得不偿失。可偏偏人们常常会为了眼前的小利放弃更有价值的东西。

第三，无论是对领导还是对同事，承诺的事情一定要做到。

言而无信的人，必然会被同事远离，被领导抛弃，甚至终结自己的职场生涯。

我曾经遇到过一个咨询者名叫小李，他初入职场两年，但是这两年的职场生活过得十分坎坷。他是个非常积极和热心的人，总是乐于帮助身边的人。而他曾先后入职过两家公司，最后都是以被离职终结。小李十分郁闷，也百思不得其解。经过一番交谈之后，我才发现小李真正的症结所在。

他是个十分热心的人，主动分担工作，帮助同事。他总是揽下很多事情，无论这些事情他是否真的能做到。可结果常常很糟糕，每当无法完成时，他总是会找出各种客观原因，做出解释。

一次两次可能是意外，时间久了，无论是同事还是领导都会觉得他是一个不靠谱的人，便会自然而然地远离他，被离职也是必然的结果。

我给小李的建议是，首先要立于职场，输出价值，不被淘汰。这就需要立足本职工作，把它做好、做精，并在工作中不断锻炼自己的能力。

第四，做好职业规划，不要频繁“闪辞”。

众所周知，多种多样的工作经历，在面试时总不免让人怀疑这个人的诚信值。“闪辞”的人，其职场经历看起来是断断续续的，从中可以看出他的职业规划比较凌乱。而职场诚信的建立是一个长期历练和累积的过程，一个阶段的成长、一个问题的处理、一段人际关系的解决，都成为这个过程中的重要部分。

任何一个企业如果想长久健康地发展，人力是核心要素，每个HR都希望能找到和企业一起发展的员工，其中稳定性也是考察要素之一。因此，“闪辞”留给面试官的印象会大打折扣，面试官对这样的应聘者信任度不高，也更加会在录取前谨慎选择。

毁掉诚信，只需要失信一次，而建立诚信却需要经过漫长的累积。因此，每一个职场人都应该谨慎做事，守护自己的个人品牌，坚守诚信，才能不断获得提升的机会，成为职场达人。

撕掉“伪努力”的面具

“我遇到问题就想逃避，看完励志故事、打鸡血不到半天又回到了从前……我很想拼命努力，但就是努力不起来，这到底该怎么办？”这是某位职场人曾向我提出的问题，也是许多职场人都会面临的困局。

职场人若想要让努力真正地有所收效，就需要撕掉“伪努力”的面具，掌握科学的方法。然而，当下时代，诱惑越来越多，许多职场人也变得越来越浮躁，更多人想要寻求可以快速地积累财富、升职加薪的方法。

付出很少的努力，就想要快速得到收获，这种装作很努力的样子，其实就是伪努力，只是为了给自己和他人摆出努力的样子而已。这样的努力，只是为了在面临失败时用来宽慰自己，向他人展示自己的委屈。

在职场中，为什么会出现伪努力的现象？其实，许多都是面子问题。很多人为了面子，表现出很努力的样子，实则自欺欺人。很多人偶尔想起要学习，花了大价钱买了很多平台的音频、视频或书，发完朋友圈获得一系列点赞，似乎自己就已经完成了努力。

就像许多人外出旅游就是走马观花，拍照发个朋友圈到此一游。通过这种形式来展示自己的努力，都只是为了感动自己，安慰自己。但是，在还未成功之前，所有的装样子都毫无价值，而一旦失败，再华丽的理由都掩盖不了失败的事实。

所以，职场人应该清楚，我们每个人所做出的努力都是为了自己，为了达到自己的目标，实现自己的理想，而并非为了他人毫无意义的称赞和关注，当我们真正专注于目标并为之付出努力，最终成为某个领域的优秀人才时，才会获得真正的尊重。

还有一些职场人，虽然付出了努力，但太急于求成，缺少持久的坚持。总错误地认为，只要努力就应该获得回报。近年来，很多人都在讨论“财富自由”，如何实现“财富自由”并设定了努力的通道。但后来在实践中，一些人“财富自由”的梦想破灭，而且还在不停地寻找新的工作。为什么会这样？是因为太急于求成。

许多职场人常常会忽略一个问题，所有的成功都是细水长流积累出来的，所有的努力都是一种长期投资。你看到别人一夜暴富，却没有看到别人水滴石穿的坚持；你看到别人的成功，却没看见别人全身心投入时的废寝忘食。只有真正长期坚持的努力，才能获得回报，才会有从量变到质变的飞跃。

雨果说：“进步，意味着目标不断前移，阶段不断更新，它的视野不断变化。而在这个过程中，需要掌握正确的方法，真刀实枪地投入真正的努力。”那么对于职场人来说，究竟该如何真正地为自己的目标付诸努力，通过努力获得真正的价值呢？

首先，撕掉“伪努力”的面具，找到自己努力的真实动机。真正的努力动机需要向内挖掘，回归本心，认识自己的能力，看清自己的初衷，明确自己的未来。

每个人努力的动机各不相同，有人为了生活安稳，有车有房；有人为了父母安康；有人为了孩子获得更好的成长环境；有人是为了自我价值的实现……但本质都是为了追求美好和幸福。而当你找到努力的真实动机时，才会有持久的动力，才能在无数次的挫败和历练中坚持下去。

其次，放弃假大空的目标，结合自己的实际情况，制定适合自己努力的目标，通过刻苦练习去努力实现，然后再制定更高的目标。所有大目标的实现都是从一个个小目标开始的。当你不去实现小目标，就直接奔大目标而去时，会经历更多的挫败与失落。

目标越大，走得越累，而你的动力也会在这个无望的追逐中逐渐消耗。不如放弃不合理的目标，先行动起来，实现一个小目标，你会发现其他的目标都会接二连三地实现，一步步地阶梯上升式地发展。然后幸运和机会接踵而至，人生也会拥有更多的可能性和可塑性。

再次，明确努力的方向，聚焦能量。每个人的时间和精力是有限的，所以若想要努力有价值，必须要聚焦自己的能量，不能像无头苍蝇一样到处乱撞。

我曾经接触过一个职场人，无论是他的自我评价，还是在周围人的评价中，他都是一个极其努力的人。他会在业余时间参加读书打卡，参加网络培训课，报兴趣班，考各种各样的资格证，做自媒体……每一天都十分忙碌，但是几年过后，他虽然增长了一些技能，但是在职场上表现平平，没能获得太好的发展。这让他在很长一段时间陷入一种十分郁闷的状态。觉得世界不公平，甚至怀疑自己的能力，觉得自己资质愚钝，很难获得更好的发展。

但事实上，他真正的症结在于不能够很好地聚焦，以至于他做出了很多无效的努力。获得有效的努力很容易，首先明确长期目标和短期目标，然后找到实现目标的通路，也就是努力的途径。无论是上网课还是打卡自学，都需要服务于这个目标。这样，集中全力做你最想做的事情，才会成为你渴望成为的那种人。

最后，找到努力的参照物，进入一个积极、优秀的圈子。曾有一篇文章的观点是这样的，一个人的财富是自己身边经常接触的5个人的平均值。

如果按照这个逻辑来说，你身边的圈子就决定了你的天花板。不管这个理论和逻辑是否正确，其实这里都有一个值得我们学习运用的思路。

在职场中，要选择一个参照物，然后全力以赴地向他学习，并试图努力超越他，你会发现自己就会逐渐远离现在的圈子，进入一个积极又全新的圈子。这时候，就更加乘胜追击，因为身边都是比你有能力有实力又不断拼搏努力的人，若想真正融入这样的圈子就必须要付出加倍的努力，让自己变得优秀且有价值。

想改变自己，就要付出真正的努力，撕掉“伪努力”的面具，真实地面对自己的现状，面对自己的目标，一步步脚踏实地才能创造自己的高价值。

一张“特别通行证”

很多职场人在初入职场3至5年内都会选择跳槽，重新择业，但也有工作不顺利、不开心、发展不好等问题。解决这个问题其实很容易，你只需要一张“特别通行证”，也就是一技之长。俄罗斯作家亚·索尔仁尼琴曾说过：“一个人要么掌握很好的专业技能，要么掌握在生活中无孔不入的本领。这两者都是生财之道。”

每一个职场人，都需要系统的学习专业知识，通过专业知识来获得一项能让自己在职场上生存的“独门”职业技能。当你拥有了这张“特别通行证”后，许多职场困境便会迎刃而解。

其实，无论你学历多高，在入职场后的3至5年内遇到的问题都是因为没有一技之长所造成的。通过从业十余年来接触的职业咨询案例我总结出以下几种：

第一，定位不清，找不到自己的核心能力，没有做好职业规划，完全跟着感觉走。

所有的职位定位都不是拍脑袋想来的，而是需要清晰的梳理，找到自己的擅长点，而后确定发展路径。但很多职场人，每天忙于工作，却没有明确的方向，根本没有梳理自己职业发展路径的意识。这样的情况，会让你的生活疲于奔命，却很难在职场上获得有价值的提升。就算是跳槽也很难找到称心的工作。就像职场人小张，名校硕士毕业后，就进入一家公司，在这家公司工作5年，但是在这个过程中，她被调岗了6次、换了3个部门，没有全程参与过或主导过任何一个完整的项目，都是在别人的指挥下进行一些辅助工作。当面试官询问她一些项目经验时，很难在她的经历中找到她的核心价值。

所以，每一个职场人都应该警惕，自己是为了什么工作，不仅是为了每个月得到的那些报酬，更是需要一个明确的路径，提升自己的价值。所以，在工作中一定要找到自己的擅长点，做好职业规划。缺少规划的职业，就像在大海中航行的小船，看不见灯塔，随时有触礁的风险。

此外，在工作中一定要积极地表现，争取发挥自己长处，全程参与或全程主导一些项目。这样，你的个人价值才会充分发挥。如果不能主导，也要争取机会，加入一些好的项目组，好的项目组可以让你得到很好的锻炼和提升，更有利于职场人挖掘自己的特长。

第二，基层理论知识掌握不系统、不体系，缺少自我管理和主动学习的能力，更缺少职场生存技能。

人在职场，不管是基层人员，还是高层人员都需要拥有一项能让自己立身职场的技能，这种技能可以让职场人承担更重要的工作，或是在工作中承担重要的内容，从而实现自身的发展。这种技能不是凭空得来的，所有技能的发挥和深度思考都离不开对理论知识体系化和系统化的理解和掌握。

基础理论是技能的逻辑框架，也是实现深度思考的路径，它能让我们更加通透地看到问题的本质，不断提升解决问题的能力，并在此过程中促使技能快速提升，成为自己的一技之长。其中，目标管理也尤为关键。做好职业规划，明确发展路径，打好理论基础，经过日复一日的坚持和努力，一定会实现自己的职业理想。

我有一位朋友，非常擅长OKR（Objectives and Key Results，目标与关键成果法），就这一个技能，让她一年收入高达200多万元。这就是“打遍天下无敌手”的独门职场生存技能。

第三，有些人过于看重和追求人脉资源，一直在寻找成功的捷径，急于求成，最后导致职业发展不顺。

有些人错误地认为，人脉就是职场的捷径，认识了某某人，就会有更多更好的发展机会。但是事实上，如果没有必备的能力，再多的人脉都是无效的。而若要真正发挥人脉价值，是要想办法让自己先成功。你只有成功了，才能吸引金凤凰，才能去影响他人。曾经在和一位职场前辈交流中他这样说道，现在的年轻人，做梦都在想如何快速积累人脉，早点实现“财富自由”的问题，但这些问题的背后都是捷径的错误思维。职场上，从来没有捷径，如果非要找到一条捷径的话，那就是脚踏实地。

其实，人在职场上遇到不幸或不顺，都是因为你没有做好职业规划、没有一技之长导致的。正如米南德所说，“人在生活中遇到不幸，没有什么比一门技艺会给人更好的安慰，因为当他一心钻研那门技艺时，即已不知不觉越过了重重危难”。所以，每一个职场人都应该在忙碌之余清醒地思考自己的职业规划，自己的发展路径，自己又是否拥有可以到达职业理想的一技之长。

胸怀都是委屈撑大的

在职场中，胸怀就是一个人的格局。当你看透问题的本质后，便不会被一些细枝末节的小问题所困扰，也更能够释怀，如此便有了宽大的器量，有了宽广的胸怀。

职场上的胸怀都是被委屈撑大的。每一个优秀的人，都有一段沉默的时光。没有一个人能初入职场就身居高位，所有职场人都需要从点滴小事做起，从最普通最平凡的工作做起。而日复一日的职场生活中，都必将面对各种困难、挫折、委屈……但是，在同样的职场上升路径，最后却出现了不同的发展结果。在相同的环境中，不同的职场人抱有不同的状态和心态，对每一件事都有着不同的想法，渐渐地，人的眼界和格局就有所不同。

有的人，面对职场的琐碎平凡的工作，简单应付了事。而有的人，却会把每一天简单的工作当成积累，任劳任怨。有的人在面对一些困境和委屈时，消极对待，或是向周遭抱怨。而有的人却在同样的境况下，能够为团队利益着想，以企业利益至上。承担了加班的疲惫，忍受了工作中的委屈，扛下了艰难的任务。这样的人不会纠结于眼前的得失利害，更注重工作的结果以及在攻坚克难中领悟工作方法和能力的提升，同样一件事，他们能看得更为深远。

这些点点滴滴的“委屈”和打磨，渐渐地撑起了一个人的胸怀和格局，拓宽了他的眼界。于是，一些曾经相似的人，会逐渐走向不同的发展路径。胸怀小的人，眼界窄，只顾眼前利益和个人得失，永远都只能是职场末端的小职员；而胸怀宽广的人都拥有大格局，他们高瞻远瞩，审时度势，能够成为职场中优秀的领航者。

胸怀宽广有大格局的人，都具备以下这 5 种特点：

1. 对事物认知度高，碰到不认识的事物或不懂的知识，都会刨根问底，彻底弄清楚。也就是说，大格局的人，是不断学习追求事物本质的人。言外之意，当你放弃或停止学习的时候，就很难提高自己的格局。

众所周知，古代儒学思想所提到的“格物致知”，其实就是穷追事物的本质和搞懂事物的内在关系，然后加以应用。

我接触过很多职场高管和在职场发展不错的年轻人，他们个个都是穷追事物本质的人。比如当和运营人员交流时，他们都会用流量法则的思维告诉你如何更好地利用流量，获得更大的价值。而一些只知道皮毛的人，会告诉你某种做法的效果更好，但不会告诉你应用过程。只有知道其中的过程，你才算知道事物的本质和内在联系，才能真正地解决问题。

想做大格局的人，就要多学习理论知识并且多次实践，当你能通过自己所学的知识和理论挖掘到事物的本质时，你才更能看清眼前的世界，真正地解决问题，获得渴望的结果。

2. 有全局思维，能看到事物的本质。当你具备了系统化和体系化的知识，在遇见问题或难题时，大格局的人都会从整体看事物，直达事物本质。看到事物的本质后自然就能破解难题。

我曾在《登峰——顶级猎头眼中的职场进阶法则》中，比较细致地讲解了系统化知识的重要性。特别是现在飞速变化的职场中，如果没有系统化和体系化的知识，就很难把握事物的本质，更不用说如何有效地解决问题。在职场中，解决问题是每个人岗位价值的体现。

3. 大格局的人都拥有阳光心态，也更加自信，更不会被外界干扰。心态好的人，信念坚定，他们清楚自己未来的目标，并且会向着目标不断努力。他们始终都会保持着自信的状态，在他们的思维中，总是能看到事物积极的一面。就算遇到困境，心态好的人也能看得更远，不会因为遇到挫折而退缩，也不会因为面对困境而抱怨。他们更注重解决问题，注重事件本身的未来发展。

相反，心态脆弱的人往往会缺乏自信，他们遇事也容易悲观，在挫折中常常会怀疑自己的能力，或者抱怨环境。这种心态会让人生下行，陷入糟糕的恶性循环中。因此，在职场中，要学会调整自己的心态和看问题的角度，增强自己的钝感力，不断使自己培养出乐观积极的心态，这会让你走向更好的职场人生。

4. 大格局的人从来不会抱怨、也不会情绪化，而是以理智的目光和平常心看待世界。而那些抱怨的人，永远不会拥有宽广的胸怀。因为抱怨会积累负能量，当你的身心充满了负能量时就难以逃脱负能量的磁场，人生会走向迷茫，也就无法到达向往的远方。

我曾遇到过一个职场人名叫佳佳，从个人能力来讲，相较于普通人，她是一个比较优秀的人。尤其是在校园中，她文采斐然，获过很多奖项，成绩优异，文笔很好。但是走入职场近3年，她发展平平，没有获得领导的认可，陷入了职场困境，生活也是一团糟。

经过沟通我发现，她的最大问题是太过于情绪化。常常工作中遇到一点不顺心，后面的工作也就没了心情，工作质量也会受心情影响直线下降。而领导看着她忽高忽低的创作水平，有时候就会批评她，说她不够用心。由于工作不顺心，所以她常常会和闺密吐槽，常常抱怨诉苦。久而久之，闺密似乎也不再愿意和她聊天，因为她每天都是在向自己诉说着各种工作和生活的不顺，闺密不想再做她的情绪垃圾桶。她的生活因此变得一团糟，却不知道如何改变。

其实，像佳佳这种情况，的确是很可惜，明明有不错的能力，却被坏情绪搞得一团糟。当你的工作和生活被情绪左右的时候，一定要有意识地改变自己，最首要的就是将工作和情绪分离，身在职场，就要完成职场的责任。认真做事，做好自己的本职工作，是每个职场人应尽的义务。当你认真对待工作时，领导也会认真对待你的成果，给予你认可。

5. 大格局的人更能平和地掌控自己的情绪。有些人总是会在遇到突发事件时大惊小怪，或者取得一点点小成就便会沾沾自喜，这样的人，看似真性情，但不够沉着冷静。

在老板的眼里，很难委任这样一个人去带领重要项目。人在职场，除了锻炼自己的技能更要锻炼自己的心性。只有沉着冷静，遇事不惊，才能担起更大的责任，也自然会获得更大的职场成就。

河流之所以能够到达目的地，是因为它懂得怎样避开障碍。职场上，当你跳出眼前的琐碎，放开胸怀，放大格局，你的人生将拥有无限的可能，获得重重惊喜。

职场的无形杀手

有一个无形“杀手”，正在收割善良软弱的职场人，它的名字叫“不懂拒绝”。因为你不懂拒绝，所以他人习惯了无度索取。而你若是有一次拒绝，就会成为他人口中的“罪人”。

当你不会拒绝别人的时候，你只能违背自己的意愿去做一些自己不想做的事情，如果结果并没有令对方满意，就会被人认为是水平差和无能的再现。有时候，你会忧虑因拒绝别人而产生冲突，担心对方因你的拒绝而怀恨在心。你会担心害怕自己被伤害，才不敢拒绝别人。可事实上，如果遇到这种人，即使你帮助了他，他也并不会心存感激，或者尊重你。

别人不尊重你，是因为你从来不敢拒绝，它会蚕食你的自信、你的人际关系、你的尊严，慢慢地，你会被不懂拒绝、不敢拒绝的心态收割，彻底成为职场中任人宰割的弱者、失败者。

其实，所有碍于情面，不敢拒绝，怕起冲突、怕伤面子伤感情的职场人都应该清楚一件事，那就是，世界本身就是一个矛盾体、冲突体。当你成为厉害的人的时候，那些曾经打击过你的人，都会趋附你；当你失败了，那些打击过你的人仍会继续嘲笑和讽刺你。所以，我们每一个身在职场的人都应该清楚，矛盾和冲突是永远存在的，就算是一味满足别人的要求，也无法获得所有人的喜欢，只会沦为别人随意指使的菜鸟。

每一个职场人都是独立的个体，并不是他人附属品，我们都应该守住自己的原则和底线，敢于向他人开口拒绝，不被“情面”收割。所以，要做到以下几点，守护住自己的原则。

第一，保持良好的心态，要敢于对他人说“不”。

在职场中，敢于说不的人，都有着很好的心态。而那些不敢拒绝的人，常常表现为不自信、敏感脆弱等心态问题。所以，在面对别人提出的要求，想要拒绝时，就要勇敢说“不”。拒绝别人不是错误，帮助别人也不是你的义务。身处职场，彼此是独立而平等的。要对别人的要求建立正确的心态，不断告诉自己，拒绝别人没有错，不要有任何的不好意思，更不要让自己觉得有负担。

有的时候可能你觉得拒绝了别人的要求，没能帮上忙，很对不起别人，或者说不好意思，这完全没有必要。首先，你要确定你有没有时间和精力帮助别人处理事务。应该明白自己的时间也很珍贵，自己的专业能力还有待提高。在你考虑帮助别人的时候，你先想明白自己的机会成本，再看有没有空余的时间去徘徊纠结他人委托的事情。

对方需要你帮忙的事情，你是否能百分之百地完成，或者能否达到对方的预期。如果仅能完成50%，倒不如不做，“没有金刚钻别揽瓷器活”，以免耽误了别人，也连累了自己。对方寻求帮助的事情是私事还是公事，会不会干涉或伤害到其他人，你插手其中是否合适？这些你都要思考清楚才不至于事后追悔莫及。不想帮的忙一定要果断拒绝，千万不要因为碍于面子而违背自己的意愿，尤其是一些违背原则的事情。于别人有利，于自己有害的事，为什么要做？不仅会使自己内心不安，还容易受到别人的谴责。

第二，在你心中拒绝别人要干脆、直截了当，但不要简单粗暴机械地说“NO”，回绝别人的请求也需要智慧。

人处于社会中，维持良好的人际关系也是重要的生存法则。生硬粗暴地拒绝别人，是一种过度反应，会在一定程度上破坏人际关系。所以，在拒绝别人时切忌摆出一副傲慢、盛气凌人的样子，而是心平气和、面带微笑找适当的理由拒绝。比如，“这个真的搞不定，你换别人试试”。用这样的方法委婉地表示自己的态度，也能够给对方足够的面子。如果还被过度纠缠，就可以给对方一些方法性的建议或者途径，让他去寻找其他途径解决问题。

第三，学会示弱，用示弱的方式来拒绝别人。很多人都喜欢表现自己、伪装高能力，更喜欢展现自己最优秀的一面给别人。这些人根本不会示弱，表面上他表现卓越，然而内心却很脆弱。而那些真正敢于示弱的人，才是内心强大的人，才是最有智慧的人。示弱不是因为自己能力不行，而是拒绝自己不愿意与之交往的一种方式。

《道德经》里面有一句话，“柔弱胜刚强”。你只有学会了柔，你才能从内心战胜对方。当你从内心战胜了对方时，才算真正的高手；而傻瓜才会“论短长”，纠结对错，表面上嘴巴赢了，其实，内心却很忐忑，全靠表面硬撑。

在职场中，不要伪装自己，适当示弱也是一种智慧。人生过刚则易折，职场上也是同样的道理。职场上，合理地拒绝不代表自己冷漠，而是一种成熟的社交技能。当你能够智慧地对他人说“不”，才拥有了职场博弈的能力，摆脱被收割的命运，从而获得独立自由心境和状态，专注于自己的职场发展。

走出职场倦怠期

很多人在职场中都会遇到瓶颈，不知不觉走入倦怠期。事业发展中遇到的停滞不前的状态，这个阶段就像瓶子的颈部一样是一个关口，如果没有找到正确的方向有可能会一直被困在瓶颈处。

许多人在职场中由于长期都没有得到晋升，但自己又不甘于落后，想突破晋升的瓶颈，又无法获得晋升的机会或根本就无法得到晋升，从而产生一种倦怠迷茫的无力感。

对职场人来说，是什么原因让你在不知不觉中走入倦怠期？

第一，缺少学习能力，个人能力提升缓慢。

我国每年都有 40 多万海归加入职场竞争序列中，如果自己不努力提升，坚持学习，很快就被这些海归和国内名校毕业的学生所取代。

职场是残酷的竞技场，尤其是在当下科技进步、社会节奏较快的环境下。大量的人工智能被研发应用，代替了人工，大量优秀的人才涌入职场，稍有不慎就会被竞争者代替。想要保持竞争力，你只有不断学习、不断快速突破自己，才能不被超越。否则会在不知不觉间失去了自己的职场价值，失去晋升机会。

第二，长时间停留在舒服区，无法突破自己的认知边界。

所谓长时间停留在舒服区就是自己习惯于某种熟悉的环境中，不愿意跳出又不愿意提升，才导致自己的认知边界无法突破，最后在不知不觉中被人超越。我们常常会发现，许多一起毕业都出校园的同学毕业 10 年后会呈现出巨大的差距。

其中更是会有一些当年的“学渣”一跃成为社会的佼佼者，飞黄腾达，成为社会中的“学霸”，他们远见卓识，有着一定的财富和社会地位。而这样的人，大多都是敢闯敢拼，勇于走出自己舒适区的人，他们不断接受挑战，最后实现了认知的跨越，获得了更好的发展。相反，那些安于现状的人，往往会像是温水煮青蛙一般，慢慢地走入职场倦怠期，举步维艰。

第三，有些人个人能力强，任劳任怨，属于老黄牛式的职场人。

不愿在领导面前刷存在感，也不会在领导面前展示个人能力，更不愿意讨好领导。但在职场中，老黄牛式的人真的不可取，因为你不愿意在领导面前展示你的能力与业绩，但其他人可能会在领导那里留下很好的印象，久而久之，最后你很可能会因此错过了晋升的机会。做好自己的工作固然重要，但与此同时，也要向领导展示出自己的能力，这并非“谄媚”领导，而是要让自己的能力被看见，被看见才会获得更多发展机会。职场上，价值被看见才能真正实现价值。

职场倦怠期就像是一摊可怕的泥淖，如果不能清醒地认识到眼前的险境，快速逃离，你将会面对职场的失败与竞争的残酷。所以，当职场人意识到自己走入了倦怠期时，可以试着从以下几个方面出发，从而让自己及时作出调整。

首先，重新自我梳理，客观评价自己，校正目标，重新出发。

在职场中，只有正确客观地评价自己，你才能清晰地认识自己，才能校正自己的原始目标，更好地实现最终目标。

人们总在谈论“梦想”，梦想其实是由许许多多的小目标组成的，只有不断实现自己一个一个的小目标，才能实现大目标。很多人的困境是无法真正地认识自己，以至于无法客观评价自己，因为人们习惯了站在对自己有利的角度来评价自己。

这个时候需要运用科学的分析方法，从多个维度对自己的职场能力作出判断。或者可以找专业的老师来对自己进行系统的评估，深入了解自己的弱势和优势，而后才能扬长避短，对自己的目标有的放矢。

其次，持续、快速学习，突破自己的认知边界，遇见更优秀的自己。

当你感觉自己职业发展不顺的时候，你总会隐隐约约的感觉“一股能量”无处施展，或者感觉“浑身是胆”无处发挥。这时候你只有静下心持续、快速学习，不断突破自己的认识边界，你才会遇见更优秀的自己。唯有如此，才会认清目标，逐渐把目标变为现实。

再次，努力走出自己的人脉圈，多与优秀的人一起交流。

这样才能激发你努力的信心，点燃你奋斗的决心，你才能突破自己，走出能力的舒适区。生活中有这样一种现象，当你是硕士的时候，你会发现身边的人和你的学历是大致匹配的。

当你买不起房子的时候，你会发现你身边很多人买不起房子，然而事实上你周围的很多人都已经有了房子……为什么会有这样的“错觉”？这是你的圈子决定的。你只有不断让自己变强大，多和优秀的人交流，你才能跳出自己的圈子，不断获得进步，获得更好的职业发展。

最后，多向领导展示自己才能获得领导的青睐，你才会有更多的晋升机会。

在职场中，永远不要忘记展现自己的能力，永远不要忘记多和领导交流、汇报工作，通过这样的沟通，才能让领导更清楚地了解你的能力和特点，同时你也能够在交流中获得更多的指导和帮助，快速提升自己的职场价值。

职场倦怠期是一个极其痛苦和煎熬的过程，但是只要你有一颗上进奋斗的心，就一定能走出困境。所以，不要抗拒倦怠期，也不需要为此过度烦恼，你需要的只是好好抓住这个机会，运用科学的方法，完成自我的进阶，迈向职场的新阶段。

职场不需要文艺青年

众所周知，文艺青年身上有很多闪光点，他们才华横溢，充满理想，更有情调。但是文艺的情怀，更适合放在生活中。职场是竞技场，讲求的是能力和规则，职场需要的是现实和理智，不需要太多文艺的情怀。当我们走向职场，便应该以更加成熟理智的姿态去面对每一天。相反，一旦将文艺青年的特质带入职场中，就会对职场造成一些困扰。

文艺青年更加感性，也因此情绪更容易波动。他们对外界的反应更为敏感，一点轻微的风吹草动便容易触碰到他们敏感的神经，从而浮想联翩。同事是不是对自己有意见，领导是不是看自己不顺眼，某某人的话语是不是故意针对自己……当情绪蒙蔽了双眼，也就容易不顾后果做出冲动的行为，抑或是以悲观的心态看待职场，对职场加以批判，打下“职场险恶”的标签。

可职场是一场博弈，只有迎面搏击，积极面对，解决问题，才能不断提升自己的价值，在竞争中脱颖而出，成为佼佼者，而不是顾影自怜的失败者。

职场压力大，时不时地会出现各种难题，有时候会莫名“背锅”，承受委屈。如果不能够保持平和的情绪，而总是怀着一颗敏感脆弱的心，便处处容易受伤，也就很难面对职场更大的挑战。

最后，职场路途坎坷，也会增加挫败感，只能空叹一句“怀才不遇”，聊以慰藉。所以，身在职场，就应该收敛起那些放纵的情绪和文艺的感怀。提升自己的钝感力，磨炼自己的意志力。

在职场中，我们需要划清生活与职场的界限。你可以保留文艺的内心，因为文艺的情怀，可以让你更加热爱自己的生活，让生活变得丰富多彩。但是当你身在职场，就要拿出职场人的姿态，担负起自己的工作职责，让自己在工作中更有价值。当你在工作中呈现出巨大的价值时，那些文艺的特质，才会锦上添花，让你更加有趣，更加受到同事的喜爱。

工作和生活达到平衡，才是职场人所向往的最佳状态，也只有在这样舒服的状态里，才可能会激发出更大的能量。每个人身在不同的环境，就会成为不同的角色，父母面前，你是子女，应当孝顺；朋友面前，你是知己，应该彼此分担，共同成长；独处时，你是自己，可以成为你想要成为的人：一个懒散的人，一个勤奋的人，一个游戏爱好者，一个文艺青年……

当你走入职场，你便是老板的员工，是别人的同事，你应当扮演一个成熟理智的职场人，尽职尽责，发挥自己的价值。唯有懂得在不同的情景中，担当正确的角色，人生才会不断进步，有序发展。一旦角色发生错位，你就会成为不靠谱的人。

文艺青年的心中更加向往理想化的生活，然而职场却是现实的，充满着激烈残酷的竞争。当面对挫折坎坷时，很多人会感到迷茫。但是，迷茫并不可怕，因为那是人生必经的旅程，当你能够立足现实，脚踏实地地去拼搏，在职场中尽展个人价值的时候，才能逐渐摸索出属于自己的路，而你内心所向往的理想，才会一步一步地走入现实。

身在职场，就应该尊重职场的“游戏规则”。职场是以实力论英雄，有多大的实力，就能承担多大的责任。能承担多少责任，便能实现多大的价值。所以，职场中人，应当专注于自己的领域，打磨自己的技能，提升经验，才能获得认可。

职场不仅要会做事，更需要会做人。职场不是孤立存在的，每一个项目完成都需要人与人之间的协同奋斗。在这个过程中，人际关系的处理也就成了一门必修课，那些有着文艺情怀的人更应该试着用良好的人际关系让你的职场之路更加通达，你的才华更能得到充分展示。反之，只会处处碰壁。

我曾接触过一位咨询者，他是一位设计师，设计水平很高，获得过很多大奖，业余爱好摄影、绘画，是学校里有名的“大神”，毕业后他顺利地找到了工作，在一家不错的公司担任设计师。但是，入职半年后他就离职了，此后一年间，他又先后换了不少公司，最后都不欢而散，始终找不到一家适合自己的公司，进而陷入了迷茫和困惑。

按理说，这样优秀的人应该是各大公司都很需要的人才，不应该会面临这样的困惑，通过详细的沟通我找到了他的问题所在。

虽然这位设计师在专业能力上是很强的，对自己的工作也很上心，经常为了让自己设计的作品精益求精，主动加班。但有时候方案提交给甲方后，被甲方以一些极其不专业的理由否定，甚至有时候那些要求在他来看是荒唐可笑的。

面对这种情况，他非常坚持自己的设计观念，并且不会按照甲方的要求修改，有同事给他提出修改方法，他充耳不闻。最后领导让另外一位同事修改了他的设计稿，他愤怒地和同事争吵起来。最后，领导决定把他辞退。在后来的几份工作中也出现过类似的情况，他却始终都会觉得领导、同事以及甲方都不尊重自己的创作。

我建议他换个角度看问题，站在领导、同事和甲方的角度，重新审视自己，就会对问题产生全新的认识。从甲方的角度来看，他的设计能力不错，但是却不符合他们的商业需要，他们面对的是大众客户，而不是艺术观赏者。

从同事的角度来看，他是个有才华的异类，听不得劝告，不好相处。为他提供帮助，不能换来好的结果，索性只好主动远离他。

从领导的角度来看，在他初入职场时，会被他过往的成绩所打动，认为他是个可以重用的人才，但是真正把项目交付给他的时候，他会完全沉浸在自己的世界里，听不见任何其他的声音，不服从管理，甚至会与其他员工产生矛盾。

这样，他再有能力，也无法为公司实现价值，公司也只能将他辞退。而这一切，都是因为他过于理想的文艺情怀。他追求艺术性的设计，但是却忘了自己身在职场，需要尊重职场的规则，尊重商业设计的需求，在自我表达和客户需求间找到平衡点。而在面对同事和领导时，要学会适当地妥协，处理好人际关系，才能成为一个成熟的职场人。否则，为了所谓的文艺理想一意孤行，注定要失去自己的舞台。

职场不需要文艺青年，更需要理智成熟的奋斗者，身在职场就要按照职场规则行事，练好一身技能，才能游刃有余，成为驰骋职场的达人。

远离道德绑架

职场最有杀伤力的一句话是："我是为你好，你应该完全按照我的命令去做……"这背后的潜台词就是我用道德绑架的方式要合情合理地干涉你的生活或工作，你又不能提出任何反对意见，因为我是"为你好"。而这样的"为你好"都是典型的道德绑架和道德勒索。因为真正对你好的人，只会默默地为你着想，而不是以"为你好"的名义对你的行为进行管控。

我在做职业咨询的过程中，遇到这样一个案例：A 女生的直接领导脾气不好，每次打着"我为你好"的旗号，总会莫名其妙对她大喊大叫甚至进行人身攻击。

这其实是最无能的道德绑架行为，这样的事情只能说明你遇到了糟糕的领导，而对于这样的人，最好的选择就是离开，因为我们根本无法改变一个人的行为和思维方式，离开这样的领导，也许对你来说，才是对自己职场生涯负责，才是最好的选择。

在职场中，还有一种现象，就是当你和领导意见发生分歧或在某件事情上判断不一致时，他总是很生气地对你说，"我吃过的肉，比你见过的猪都多"；或者说，"我走过的桥比你走过的路还多，我会害你吗？我都是为你好，你应该听我的话"。发表这样言论的人，都将自己放在了"上帝视角"，他们无法用事实说服别人，只能用自己的经验对别人进行道德绑架。

道德的作用只能约束人们自身行为，不能成为一些别有用心的人绑架他人的砝码。任何一种美德都是用来弘扬，而不是用来强迫的，一旦用道德去强迫别人，其本质就发生了变化。

还有这样一个案例，某公司的一位运营经理张先生，由于能力出色但又不会隐藏自己的锋芒，遭到其他人妒忌。

有一次，在团建的时候，同事对她说，“小张，你能力强，咱们分公司有一个好机会，在××市要提拔一位运营总监，你应该去找领导聊聊。这对你来说是个很好的机会。”然后，又压低声音、遮遮掩掩地说：“千万不要向领导说是我告诉你的，这都是为你好。”

这位运营经理听到这个消息后，心里有些激动，但又拿不准，便来找我做咨询，问我该怎么办。我告诉他，你应该反问告诉你消息的同事，这么好的事情，他为什么不自己去？

人的本性是趋利的，大部分人都想“闷声发大财”。当别人把所谓的好消息分享给你的时候一定要慎重考虑。或许是因为你能力强，想要支开你，不让你成为他晋升的对手或绊脚石。这样的同事，一定要格外小心，她只是打着“为你好”的旗号完成自己的目的。

在面对这种情况时，一定要清楚两件事，再慎重做出选择。

首先，你的工作一定要在领导视线范围内。当你离开领导视线范围，领导可能就把你忘记了。如果领导忘记你了，你就会因此而失去很多晋升的机会。即使有好事情，领导也不会想到你。因为地理差距的确会造成心理距离，人们会习惯在心理上就近选择。

其次，只有离权力中心越近，你被提拔或重用的机会才越大。当你进入分公司，虽然做了分公司的总监，但都是负责执行层面的事情，这也许就意味着你永远离开了公司权力中心。你可能会认为，只要自己做得好，还能再回到集团中心，回到老领导身边。可一旦失败，或许你的职业生涯到此就开始了下坡路。

所以，要想获得好的职业发展，一定要保持清醒的头脑，不要被他人道德绑架。其实，职场并非到处都是“冷枪暗箭”，该如何认清真正的好？尤其是面对领导时，要认清真正对你好的人。一般情况下，真正对你好的领导都有这样的特征：

在工作项目中，当你遇到无法解决的问题时，对你好的领导绝不是“破口大骂”，然后让你回去自己想办法解决问题，或者是打击你，动不动就把你当准备离职的人。他会悉心地指导你或者辅助你解决一些问题，帮你攻克难关，真正的好，是行动，而不是指责和绑架别人的说辞。

真正对你好的上司会给你在公司大领导面前展现自己的机会。在职场中，你只有不断向上司或更高级领导展现自己的能力，才有被提拔的可能。他也希望你获得重用获得更好的发展。

而那些道德绑架是以“为你好”的名义为自己索取利益，而真正为你好的人会默默用行动给予你最大的支持。面对道德绑架要远离，面对真正对你好的人要珍惜。那么如何远离道德绑架呢？

第一，己所不欲，勿施于人。首先我们要做到不去用道德绑架别人，有的人很讨厌别人的道德绑架，却常常不自觉地道德绑架了别人。以“为他人好”的名义，强迫别人做着不喜欢的事。人与人的关系是平等的，无论是面对父母、朋友、同事、领导、员工……成熟的人，都会先管好自己，才有资格拒绝别人。

第二，提高自己辨别是非的能力。我们不管身在职场，还是在生活中，都要提高自己辨别是非的能力，不要人云亦云，听风就是雨。当你清晰地看清问题本质，便能够不被他人的意见左右，按照自己的原有计划开展工作。

第三，遇到道德绑架你的人，要勇敢拒绝。在职场中，存在一种能量的博弈，它关乎职位，更关乎每个人的尊严和底线。

职场上的道德绑架可能不会停止，但是我们可以做到保护好自己。而当我们以强者的姿态击溃了道德绑架的假面，才能更加集中精力，为了自己的目标去奋斗，获得更好的发展。

职业走下坡路的6个迹象

很多职场人已经在工作中感觉到了“七年之痒”的魔力，不知不觉中走到下坡路。要么是对工作提不起任何精神，要么就是感觉工作中出现了很多拦路虎，精神上时刻处于非常痛苦的状态，对前途感到一片迷茫。

其实衡量一个人的职业发展状态有一个很简单的指标，就是今天的自己与过去相比是否有进步。曾经有心理学者这样评价一个人的职场成长价值，就是你刚毕业时的工资和你现在的工资进行比较。如果你现在的工资是你刚毕业时工资的100倍，说明你足够厉害、足够成功。

当然，这个100倍的数据是否科学，仁者见仁智者见智，但是其中的观点对于职场人来说很有价值。职场是否成功不需要和他人比较，而是要和自己比较。有些人一出生就站在了罗马，甚至我们终其一生奋斗的财富都敌不过别人的一辆座驾。但是，这并不妨碍我们学习、成长、自强不息。每个人活着都有自己的使命。无论站在怎样的起点，都不能停止奋斗，因为奋斗是每个人真正的价值所在。

当下社会竞争激烈，如果你不思进取，就随时可能会被超越，如果没有察觉，就会不知不觉走入职场困境，进而被职场淘汰。职场总是不进则退，一旦遇到以下6种情况，就证明你已经在不知不觉中走入职场下坡路。

第一，缺少执行力，习惯于让自己变得头脑简单。

每天睡到自然醒，是很多人向往的舒适生活。但是人在奋斗的年纪，不要苛求每天睡到自然醒，而是应该严格地管理自己，克服身体和思维的惰性。

一些职场人最大的缺点就是懒惰：说得多，做得少；批评的多，反省的少。特别是一些工作过几年，积累了一些经验的人开始自以为是，看待世界时总采取挑剔和批评的眼光。这样的人，特别容易被自己狭窄思维逼到死胡同，满足于自己当下的一点点成绩，拒绝新鲜的事物，轻蔑别人的进步。

当你带着挑剔和批评的眼光看待世界时，你就会习惯于现在的环境，也会满足于现在的生活，然后逐步变得懒惰，不愿意改变，不愿意接受新事物、新思想。因为在交流中，需要学习和适应新的变化，甚至要试着包容和接纳别人的处事方式。每个人都如此具有个性，协作从来都是极具挑战性的。你如果选择舒适、安逸、稳定，长此以往，就会变得头脑简单，四肢发达，思维迟缓。

第二，不愿意主动思考，习惯于接受无须动脑子就可以获取的信息。

为什么娱乐和短视频传播如此之快？那是因为看这些内容不需要动脑子，还不断享受到各种有趣内容带来的快感和愉悦。而在学习的时候，思维高速运转会让人感觉疲惫，所以很多人更喜欢休闲娱乐的内容，而不愿意费神阅读，更不愿意深度思考。

第三，习惯于自我安慰，更习惯于拿自己长处和别人短处相比较。很多人用这样的阿Q精神来麻痹自己，让内心得到片刻的虚假的快乐。在职场中，你会发现一种很有趣的现象，当自己受委屈了，或在自己不如意的时候，你可能就会说，××人能力一般，根本不如自己，就是喜欢在领导面前显摆……

现实真的是这样吗？当然不是。这些是心理学中所讲的自我错位比较。当身边的同事发展比自己更好、薪资更高，说明他已经在某方面超过你。你却还停留在最初的位置看待已经超越你能力的同事。

所以，只有正视这种差距，直面他人的优点，才能知道自己真正的弱点在哪里，才会更努力地挖掘自己的强项，提升自己的能力。

我曾遇到过这样一个案例，一家互联网公司的运营人员小张，他的沟通能力很好，工作业绩也很出色，常常获得领导的赏识。而同部门小李却认为小张是靠拍马屁获得领导认可的，还为此愤懑不平，时常和身边的人抱怨，满身的负能量。眼看着小张风生水起，自己却被糟糕的情绪搅得不得安宁，工作也提不起精神。

可是他不明白，在职场中，抱怨是最无用的情绪，因为它解决不了任何问题，同时还会束缚我们的积极性，让人走向堕落。别人得到领导的欣赏，一定是在某些工作中，有着出色的表现和过人之处。聪明的职场人不应该只看到领导眼中对他的赞赏，更应该看到那些获得赞赏的同事在工作中付出的努力和成功的方法。只有你真正看到了他人的优点，才能向光而行，把自己打造成为一个更优秀的人。

第四，习惯于自我设限、画地为牢，永远跳不出自己的思维怪圈。

在职场中，人与人之间最大的区别就是是否自我设限。有些人习惯了这种工作方式，遇到问题连思考都不思考就说自己不会或不行。正是这种心理暗示，会束缚自己的潜能。他们习惯于画地为牢，永远不敢或不想跳出自己预设的圈子。

优秀的职场人，遇到自己不会或不擅长的问题，首先考虑的是如何解决问题或找谁来帮助自己解决，从来不会给自己设限，所以他们总能一次又一次地突破和成长，获得更多的发展机会。

第五，习惯于接受碎片化的知识，从来不进行梳理和归纳。

这种人缺少系统化的思维方式，习惯于用碎片化的知识跟别人抬杠。这些人只是接受别人给的结果，却不研究结果产生的过程。其实，碎片化的知识本身不可怕，可怕的是你一直停留在碎片化的知识中，不能跳脱出来。

在职场中，你随处可见，很多人习惯于拿碎片化知识抬杠，知其然而不知其所以然，最后被别人贴了“杠精”的标签。真正厉害的职场人，都会把碎片化的知识梳理成体系知识。唯有如此，才能真正了解知识形成的过程，才会避免眼高手低的现象发生在你身上。

第六，过于看重人脉，忽略了自己的能力提升，不愿意投资自己。

人脉很重要，但是若要人脉产生价值，需要自己具备较强的能力。当你的能力和交往对象不匹配时，你的人脉也就一文不值了。真正的人脉一定是建立在对等的基础之上，想打造自己的人脉，首先要打造优秀的自己。

在职场中，最可怕的是自己一生碌碌无为，还安慰自己平凡可贵。用这样的想法来自我麻醉，但这是你颓废的标志，也是你职业走向下坡路的开始。所以，职场人要时刻警惕，保持进步和学习，才能在激烈的竞争中力争上游。

后　记>>>

用“一技之长”来“登峰造极”

想要在职场“登峰造极”，离不开“一技之长”。它像是一个圆心，我们的有效成果都是围绕这一点所做出的强化和努力。

我们可以将金钱聚焦于“一技之长”。购买专业资料，参加专业培训，结识与之有关的资源、人脉与平台。这是一个信息发达的时代，也是一个拥有大量社交工具的时代，足以帮助我们最大化地实现链接和合作。

我们可以将时间聚焦于“一技之长”。因为时间花在哪里，成果就必然出现在哪里。从 21 天养成一个习惯，到 10000 小时成为一个专家，再到一生成就一个梦想。有了这样的付出与坚持，才有事业的长线回报。

也许你会问：我已经超过了 35 岁，现在再来寻找和锻造“一技之长”，是不是已经晚了？

其实，种一棵树，最好的时间是 10 年前，其次是现在。

对于职场而言，如果你不想做一枚被人说丢就丢的螺丝钉，就要勇于改变，变为一台发动机，建造一个完善的个人品牌，将职场的原动力牢牢把握在自己手中。

本人在猎头与职场咨询的道路上深耕十余年，本书内容皆是真实所感。其中一定有你所遭遇过的情形，挣扎过的困境，面临过的挑战，如果你看过可以会心一笑，或是有所顿悟，便是本人莫大的荣幸。

“一技之长”，是一个职场人最安稳的依靠。最后，祝愿所有看过此书的人，都可以在所从事的领域登峰造极。

2020 年 7 月于南京

图书在版编目（CIP）数据

造极：重新定义“一技之长”/王付有著. —北京：中国工人出版社，2020.6
ISBN 978-7-5008-7418-8

Ⅰ.①造…　Ⅱ.①王…　Ⅲ.①职业选择—通俗读物　Ⅳ.①C913.2-49

中国版本图书馆CIP数据核字（2020）第091666号

造极——重新定义“一技之长”

出 版 人	王娇萍
责任编辑	左　鹏　刘　药
责任印制	黄　丽
出版发行	中国工人出版社
地　　址	北京市东城区鼓楼外大街45号　邮编：100120
网　　址	http://www.wp-china.com
电　　话	（010）62005043（总编室）　（010）62005039（印制管理中心）
发行热线	（010）62005996　82029051
经　　销	各地书店
印　　刷	三河市国英印务有限公司
开　　本	710毫米×1000毫米　1/16
印　　张	17
字　　数	260千字
版　　次	2020年7月第1版　2020年7月第1次印刷
定　　价	68.00元